ASSIM
MORRERAM
OS RICOS E FAMOSOS

Michael Largo

ASSIM MORRERAM OS RICOS E FAMOSOS

Como foi a morte das grandes personalidades da história

Tradução
Clara Allain

LAROUSSE

Título do original em inglês: *The Portable Obituary*
Publicação autorizada por Harper Collins Publishers
Todos os direitos reservados.

Copyright © 2007 by Michael Largo
Copyright © 2008 by Larousse do Brasil

Edição original
Projeto gráfico **Justin Dodd**
Ilustração e capa **Gregg Kulick**
Fotos da contracapa:
Hitchcock – New York World-Telegram and Sun Newspaper Photograph Collection
Monroe – U.S. National Archives and Records Administration
Ruth – George Grantham Bain Collection
Lincoln – Library of Congress Prints and Photographs Division

Edição brasileira
Gerente editorial **Solange Monaco**
Editor **Isney Savoy**
Assistência editorial **Leila Toriyama**
Coordenação **Estúdio Sabiá**
Edição **Fernando Wizart**
Preparação de texto **Julia Thomas**
Revisão **Ceci Meira e Capitu Escobar de Assis**
Capa e diagramação **SGuerra Design**
Produção gráfica **Marcelo Almeida**

Dados Internacionais de Catalogação na Publicação (CIP)
(Câmara Brasileira do Livro, SP, Brasil)

Largo, Michael
   Assim morreram os ricos e famosos : como foi a morte das grandes personalidades da história / Michael Largo ; tradução Clara Alicia Allain. -- São Paulo : Larousse do Brasil, 2008.

   Título original: The portable obituary
   ISBN 978-85-7635-283-9

   1. Biografias coletivas 2. Celebridades - Biografia 3. Obituários I. Título.

08-00638   CDD-920.02

Índice para catálogo sistemático:
1. Obituários : Personalidades célebres :
   Coletânea de perfis : Biografia   920.02

1ª edição brasileira: 2008
Direitos de edição em língua portuguesa, para o Brasil, adquiridos por Larousse do Brasil Participações Ltda.
Av. Profª Ida Kolb, 551 – 3º andar – São Paulo – SP – CEP 02518-000
Telefone (11) 3855-2290 – Fax (11) 3855-2280
E-mail: info@larousse.com.br
www.larousse.com.br

Saudoso de seu amor, não importa o que eu tenha feito ou deixado de fazer, pois foi ela quem me mostrou que devia ter outro livro para ler assim que tivesse terminado o anterior — a ela, minha mãe, Diana

PRÓLOGO

A VIDA DE TRÁS PARA DIANTE

Todas as semanas, mais de 50 milhões de pessoas sintonizam programas de televisão que exibem cadáveres. Os dramas forenses populares começam quando os mortos são dissecados, colocados sobre uma balança e examinados ao microscópio. As imagens costumam ser um tanto ou quanto sangrentas, mas as pessoas parecem sentir-se compelidas a assistir a elas. Um caso típico de homicídio requer que seja elucidada a maneira como a pessoa viveu, para descobrir como morreu. A realidade não é diferente: o modo como morreu representa o resumo mais conciso da vida de uma pessoa, e, possivelmente, seu epitáfio mais fiel. Neste livro, não são as derradeiras palavras, mas os derradeiros dias que revelam a vida vivida até então, pois, como bem disse Matthew Arnold, "a verdade tem assento nos lábios dos moribundos".

Nas páginas a seguir, são examinados detalhes de como os atos, os hábitos íntimos e os estilos de vida — bons ou maus — de pessoas famosas e célebres acabaram por influenciar sua morte e, no devido tempo, determinar seu papel na história e na cultura. Com freqüência, a verdadeira causa da morte é o único fato omitido nos relatos populares, mas é ela, na realidade, que nos proporciona o instantâneo mais revelador da vida de um indivíduo. Depois de ler esta obra, creio que você concordará que a vida, famosa ou não, só pode ser plenamente compreendida de trás para diante.

Ao escrever estas linhas, optei por rever as vidas de pessoas eminentes, ilustres e lendárias sob a óptica da causa de sua morte. Os resumos biográficos tradicionais costumam terminar por aí, e raramente explicam o como e o porquê do falecimento da pessoa. Com a ajuda de registros arqueológicos, obituários publicados, relatórios de autópsias, certidões de óbito e documentos médicos, procurei reexaminar os dados padronizados para tentar apresentar estudos e referências culturais de maneira nova. Esta obra revela exatamente como morreram pessoas que povoaram os noticiários e os livros de história que ajudaram a definir nossa cultura e nossos tempos. Ao fazer o relato dos últimos dias e horas de vida de heróis e ícones, políticos e celebridades, inventores e exploradores, empresários e atletas, além dos finais improváveis de vencedoras de concursos de beleza, ganhadores de loteria, figuras ousadas e outros, espero, com otimismo considerável, ter concretizado o livro definitivo de informações sobre as verdadeiras causas das mortes de figuras públicas.

Ficamos fascinados com as celebridades que parecem assumir dimensões míticas, mas raramente somos informados de como elas realmente enfrentaram a morte ou percebemos como seus atos e suas conquistas influenciaram seu processo de morte. Em um nível, eu quis descobrir se as mortes dessas figuras corresponderam à coragem, ao espírito de aventura, às dificuldades, alegrias ou ações que marcaram sua vida. E, em outro nível, tratou-se de pura curiosidade: o que foi feito dos artistas e cantores de nossas canções favoritas? Como morreram os astros populares dos programas de televisão das últimas décadas? Será que as causas de morte de laureados com o Nobel refletiram o que eles fizeram em vida? Os autores de *best-sellers* teriam sucumbido aos próprios problemas ou conselhos sobre os quais escreveram? Os santos morreram por ser santos, ou foi a busca da santidade o que os matou? O inventor da roda foi morto pelo progresso — atropelado, poderíamos dizer, por sua própria criação? Em última análise, eu queria saber como realmente morreram os ricos, famosos e poderosos, desde a alvorada da civilização até nossos tempos.

Os famosos têm tudo o que muitas pessoas poderiam desejar: reconhecimento, dinheiro, autoridade, *glamour*. Mas, quando se trata de morte e de tragédia, às vezes nos sentimos melhor ao perceber que as mesmas adversidades que nos abalam também afetam a eles. Talvez o desejo de conhecer os detalhes sombrios seja inato à natureza humana. Poder-se-ia imaginar que esse tipo de investigação zombeteira começou quando nossos antepassados, que viviam em cavernas, colhiam informações (quanto piores, melhor) para usar contra seus rivais potenciais. Aqueles que não se interessassem pelos detalhes íntimos seriam rejeitados por seu grupo social. Para muitos, embora poucos gostemos de admiti-lo, as tragédias envolvendo celebridades se revestem de um fascínio eterno. Por exemplo, o assassinato de John Lennon, o suicídio de Kurt Cobain, o acidente aéreo sofrido por Buddy Holly e o ataque cardíaco que acometeu Elvis Presley, todos calaram fundo numa geração de jovens que perdeu um de seus ídolos. Os detalhes do que aconteceu com eles continuam a nos fascinar e a dar lugar às diversas teorias conspiratórias que sempre parecem acompanhar a morte precoce de famosos. Os que foram eminentes e celebrados em vida com freqüência o são ainda mais em sua morte.

Mesmo no caso de celebridades menores, as pessoas se sentem fascinadas pelos detalhes escabrosos de sua queda. Ver o grande número de celebridades mortas em aviões e automóveis ou por suicídio é tão ilustrativo quando a surpreendente longevidade dos incluídos no Hall da Fama do Beisebol, dos ganhadores de vários Oscars e até mesmo de palhaços de circos — os quais incluí nas biografias de morte aqui reunidas.

Todos os jornais do país possuem uma seção diária de falecimentos. Além disso, quando uma pessoa morre, a informação é transmitida aos jornalistas da redação, cujos editores decidem se o papel exercido pelo morto na comunidade torna sua morte digna de ser objeto de notícia mais alongada. Se a morte de uma pessoa não merece virar notícia, ela é candidata a figurar na seção de "Mortes", feita de anúncios pagos e que, diferentemente dos obituários, costuma incluir informações sobre o funeral. Para as pessoas comuns, quer paguem por isso ou não, geralmente existe um momento em que seu nome aparece nos jornais: o da morte.

Já no caso das celebridades, cada gesto das quais é alvo de atenção das publicações populares, a morte é inteiramente outra história: entre elas, a verdadeira causa do falecimento em geral é o detalhe final que costuma ser omitido ou oculto. Existem centenas de revistas que se dedicam a acompanhar os atos mais insignificantes de pessoas famosas. Livros e programas de televisão documentam os altos e baixos de suas carreiras. Quando elas morrem, porém, seu decesso é sujeito à maquiagem final: assessores de imprensa, agentes, empresários e curadores de suas heranças procuram evitar que a verdade chegue aos jornais. Embora reis, políticos e membros da alta sociedade sempre tenham sido fonte de notícias e fofocas, hoje a mídia transforma muitas figuras públicas em artistas, de certa maneira, cuja imagem precisa ser "administrada" mesmo após sua morte. No entanto, como observou o escritor irlandês Percival Arland Usher, "um homem não morre de amor, do fígado ou mesmo de velhice — ele morre de ser homem".

Nesta obra, examinamos exatamente o que "ser homem" (ou mulher, por sinal) significou para as personalidades mais conhecidas da história. Na verdade, não existe história sem morte; a morte sempre definiu e definirá a história. Outro fenômeno interessante que pude observar inúmeras vezes é como os doentes ou supostos moribundos se revigoraram e, usando sua força de vontade, conseguiram continuar a viver por mais tempo, até ser alcançado um momento, um evento ou um marco em suas vidas. É por isso, aparentemente, que tantas pessoas morrem a poucas semanas de seu aniversário, aniversário de casamento ou alguma outra data importante. Igualmente surpreendentes são as derradeiras palavras ou conselhos proferidos por esses famosos antes de morrer. Quem poderia imaginar, por exemplo, que o eminente arquiteto Frank Lloyd Wright, indagado sobre o segredo de seu sucesso, teria feito questão de falar de um condimento específico? No caso de muitos famosos, foram pequenos fatos de suas vidas pessoais, uma desordem física prolongada ou um estilo de vida que a pessoa escondeu do público que acabaram por levá-los à morte. Para outros, foi um desejo: não um desejo de morte, mas uma premonição repetida muitas vezes, como por exemplo o astro do *rock* que declarou muitas vezes que não viveria até os trinta anos — e morreu num desastre aéreo não explicado, três meses apenas antes do prazo que ele próprio determinara. Desde ases do beisebol até astros do cinema que seguiram o exemplo de seus próprios heróis, muitos morreram de maneira semelhante às pessoas que tinham imitado, como se atraíssem não apenas a grandeza de seus exemplos, mas também seu destino. Uma vez que você toma conhecimento desses detalhes íntimos, torna-se impossível enxergar a vida e as realizações de uma pessoa notável com os mesmos olhos de antes.

Tanto no caso da vida de estrelas de cinema e de ícones do passado como nos detalhes íntimos de sua biografia, procurei oferecer informações sobre tópicos e personalidades que interessam a todos. Quem não gostaria de saber o que aconteceu com o inventor do código de barras, do picolé ou da máquina fotográfica descartável? Todo o mundo gostaria de saber se os pioneiros da indústria do *fast-food* sucumbiram às devastações provocadas pela dieta que venderam aos americanos. Quando passamos sobre uma ponte ou olhamos para um rio, seria interessante saber algo sobre os exploradores que deram seu nome a eles, e o que foi feito deles. Quando ouvimos no rádio uma canção antiga, por exemplo "Under the Boardwalk", torna-se difícil cantarolar junto exatamente da mesma maneira depois que tomamos conhecimento dos fatos misteriosos e fatídicos ocorridos poucas horas antes de ela ter sido gravada.

Desde o frívolo até o sublime, folheie este livro e veja a morte como conclusão, realização e culminação. Quer seja a última jogada na vida e na morte de Babe Ruth, o momento final das pessoas captadas na famosa foto de Iwo Jima, a morte improvável do "santo padroeiro" da prevenção de incêndios ou o falecimento do "Perito no Funcionamento do Universo", morto num acidente esdrúxulo aos quarenta anos de idade, os fatos são às vezes cômicos, outras vezes informativos, mas sempre fascinantes.

É minha esperança que possamos todos ter vida longa, próspera e pacífica. Mas ofereço este conselho ao leitor, não importa em que etapa da vida se encontre: escreva seu próprio epitáfio agora. Como você lerá em seguida, quando chegar o dia de alguém como eu resumir sua vida numa frase ou escrever sua biografia abreviada em quinhentas palavras ou menos, você talvez deseje ter escolhido com cuidado as coisas que fez ou que deixou de fazer. Não há como saber devido a qual delas será lembrado.

INTRODUÇÃO

CADÊ A PROVA?

Já em 440 a.C. os romanos contavam a população por meio do censo, para determinar a disponibilidade de recursos humanos. Mas não mantinham registros de quantas das pessoas riscadas da lista do censo do ano seguinte tinham morrido. Foi apenas em meados do século XVII que os registros formais de óbitos passaram a ser compilados nas "Bills of Mortality" [Relações de Mortalidade] de John Graunt, que traçou um rol das causas de morte das pessoas e da idade em que morreram. Sua listagem tornou-se a precursora das estatísticas de óbito modernas. Muitas das causas de morte apresentadas em sua "Tabela de Sinistros" continuaram presentes por 250 anos na necrologia — a ciência da coleta, classificação e interpretação de estatísticas de mortalidade. Além disso, as técnicas de coleta de dados empregadas por Graunt foram usadas em modelos posteriores de recenseamento. Graunt também é visto como o primeiro epidemiologista, tendo estudado a saúde e a doença em sua relação com as populações. Pessoalmente, John Graunt foi autodidata, comerciante de roupas masculinas, chapéus e luvas que tinha loja em Londres, mas foi considerado notável por possuir "uma excelente cabeça pensante [...] algo muito raro num comerciante ou mecânico". Seu *hobby* era visto por alguns como mórbido, pois ele tinha paixão por saber as causas de morte das pessoas e tornou-se ávido coletor de estatísticas necrológicas. O valor de seu trabalho foi reconhecido ainda em vida, tanto que Graunt foi aceito na Royal Society, apesar de pertencer à classe dos comerciantes, cujos membros não costumavam ser reconhecidos pelas camadas sociais superiores. Graunt morreu em 1674, uma semana antes de seu 54º aniversário, de icterícia e doença hepática. Embora tenha sido descrito em seu obituário como "companheiro agradável, brincalhão e muito hospitaleiro", ele gostava de tomar uma dose reforçada de bebida alcoólica ao fim de cada dia, vendo nisso o melhor remédio para tirar o fedor da morte de suas narinas e o gosto dela de sua boca, depois de ter visitado necrotérios para averiguar como os mortos recentes haviam falecido.

De *Observações naturais e políticas* [...] sobre as relações de mortalidade em Londres, de Graunt, durante um ano típico da década de 1650:

Abortados e natimortos: 2.005
Alvejados: 15 (termo usado quando a morte se dava após a pessoa ficar descorada)
Apoplexia e repentina: 421 (apoplexia significava derrame cerebral, e repentina dizia respeito à morte repentina)
Apostema: 428 (qualquer pessoa presa ao leito)
Arruinados: 14 (os casos em que o cadáver se apresentava com aparência debilitada ou estragada)
Assassinados: 27
Assustados: 9 (mortos de medo)
Cólicas e gases: 497 (flatulência excessiva precedendo a morte de bebês ou adultos)
Corte da pedra: 48 (tentativa de expulsar cálculo renal)
Dentes e vermes: 3.915 (dentes apodrecidos e infecções)
Desmaiou no banho: 1
Encontrados mortos na rua: 29
Enforcados e que puseram fim à própria vida: 47
Excesso de bebida: 2 (Apenas dois em toda a cidade de Londres. É difícil imaginar quanto seria preciso beber para enquadrar-se nessa categoria, mas o número pequeno pode ser visto como uma negativa ao assunto por parte de Graunt, levando-se em conta seus próprios hábitos.)
Executados: 79
Fluxo sangrento, purgação: 7.858 (disenteria e tumores cancerígenos)
Gangrena e fístula: 609 (infecções decorrentes de ferimentos e abscessos fatais)
Icterícia: 212 (ficaram amarelados)
Lunáticos: 39 (desordens mentais)
Mortalhas infantis e bebês: 4.519 (qualquer doença infantil no primeiro ano de vida)

Parada do estômago: 186 (prisão de ventre)
Parto: 3.364 (morte da mãe durante o parto, ou logo após)
Pesar: 59
Privados de ama-de-leite: 213 (possivelmente mortos por SMSI, ou quando a mãe faleceu e não foi encontrada outra pessoa para amamentar o bebê)
Sangramento: 65 (sangramento bucal, nasal ou de outros orifícios, sem ferimento visível)
Sezões e febres: 6.235 (sezões eram calafrios, tremores e febres)
Varíola e varíola hemorrágica: 1.523
Varíola francesa: 130 (sífilis)

A PESTE BUBÔNICA DE 1665 MATOU 100 MIL HABITANTES DE LONDRES, SEGUIDA PELO GRANDE INCÊNDIO DE 1666, QUE DESTRUIU 80% DA CIDADE. JOHN GRAUNT SOBREVIVEU ÀS DUAS CALAMIDADES.

Na América, nos tempos coloniais, os registros de nascimentos, casamentos e mortes foram feitos desde 1632 por pastores e curadores de diferentes vilas e igrejas. Esse método dependia exclusivamente da devoção dos guardadores individuais de registros e, normalmente, era incompleto. Entre 1700 e 1910, as causas de morte, em sua maioria, eram as mesmas encontradas nos dados de John Graunt. Como a maioria das doenças não era classificada como é hoje, as causas da morte apresentadas freqüentemente refletiam a tentativa da pessoa que cuidava do moribundo, ou dos presentes à morte, de descrever o falecimento da melhor maneira possível. Por exemplo: "febre", uma das principais causas de morte na época colonial, poderia hoje ser usada para descrever o resultado final de mais de uma centena de enfermidades distintas. Causas ainda mais estranhas eram encontradas, como a "comoção", citada como causa de morte no século XVIII, possivelmente relacionada a ferimentos na cabeça, concussão cerebral, empregada para descrever como a cabeça da pessoa foi sacudida, ou, possivelmente, até mesmo a "síndrome do bebê sacudido". "Velhice" ou "debilidade" era outra causa abrangente citada para explicar o falecimento de qualquer pessoa com mais de 50 anos. Desde 1951, os atestados de óbito nos EUA deixaram de ser aceitos se a "velhice" fosse dada como causa da morte.

Em 1989, patologistas do Hospital Johns Hopkins estudaram mais de 45 mil atestados de óbito de 1889 a 1987 e compararam a causa da morte registrada nos atestados oficiais com os relatórios das autópsias. O estudo constatou que mais de 25% das causas de morte apresentadas nos atestados de óbito eram incorretas. A porcentagem de erros permanece inalterada hoje, apesar dos esforços para empregar termos padronizados.

A CONTAGEM DOS MORTOS

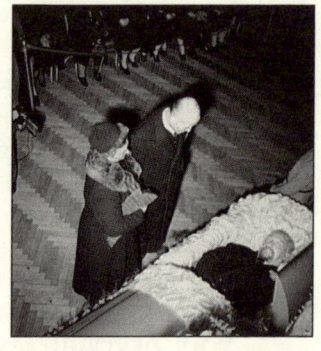

A primeira coisa que os Estados Unidos fizeram depois de o país se formar foi proceder a uma contagem de cabeças. Em maio de 1787, quando os delegados das 13 colônias originais se reuniram para ratificar os Artigos da Confederação, decidiram que era preciso fazer um recenseamento para equilibrar de maneira proporcional tanto os impostos quanto a representação política. Para criar um sistema justo, decidiram basear a igualdade não na riqueza fundiária, mas na população. Muitos, na época, acreditavam que o tabu bíblico contra o recenseamento faria as pessoas hesitar em serem contadas. E as famílias relutavam em informar ao governo sobre seus filhos homens, para evitar que fossem convocados a combater em outra guerra. Apesar disso, porém, o espírito patriótico saiu vencedor, e em 1790 os Estados Unidos tornaram-se a primeira nação moderna do mundo a realizar um recenseamento. Desde então, o país o vem fazendo a cada dez anos.

O censo registrava os vivos, mas ainda não havia uma maneira uniforme de classificar como as pessoas morriam, com que freqüência e em que número. A primeira tentativa de algo que se assemelhasse a um registro governamental de óbitos e enfermidades aconteceu com a criação do Serviço de Hospital Marítimo (SHM), em 1798. Essa agência governamental tinha por objetivo cuidar dos marinheiros, que eram peças fundamentais da nova república, necessários ao comércio próspero e à segurança nacional. Com o passar do tempo, o SHM, precursor do Serviço de Saúde Pública (SSP), foi sendo convocado a fazer mais que apenas dar assistência a marinheiros doentes. O órgão assumiu a responsabilidade de supervisionar as quarentenas nacionais, a inspeção médica dos imigrantes e a prevenção da difusão interestadual de doenças. Ele mantinha excelentes registros dos óbitos e das epidemias de marinheiros. Até 1850, não era comum que os dados vitais fossem registrados. A pessoa morria e era enterrada. Foi apenas em 1893 que o SSP lançou o Relatório Semanal de Morbidez e Mortalidade, e foi preciso esperar até 1905 para a maioria dos estados americanos contribuir para ele. Até a Segunda Guerra Mundial, porém, não foi mantida uma fonte nacional única de informações sobre óbitos nos EUA. Como bem sabe qualquer pessoa que busque informações genealógicas sobre seus antepassados, os documentos estão espalhados de maneira que causa incerteza e confusão.

Hoje, médicos, enfermeiros, paramédicos e até mesmo policiais são autorizados a declarar mortes nos Estados Unidos. Preencher um atestado de óbito é um processo normalmente restrito a médicos, mas declarar uma morte e executar um atestado de óbito são dois procedimentos distintos que não precisam necessariamente ser realizados pela mesma pessoa. Um atestado de óbito é a declaração oficial de que a pessoa está classificada entre os não-vivos. Historicamente, porém, mesmo quando era feito esse registro formal, ele podia ser tudo, menos preciso. O problema era que a causa precisa da morte não podia ser facilmente reconhecida, ou que quem preenchia o formulário não tinha conhecimento médico do defunto. Com freqüência, a letra manuscrita dos atestados era ilegível, e os erros ortográficos eram comuns. "Causas naturais", seja lá o que se quisesse dizer com isso, era um termo padronizado empregado sempre que houvesse dúvida em relação a um atestado de óbito. Presumia-se, supostamente, que, se não houvesse trauma externo evidente, a morte parecia bastante natural.

OBITUÁRIO *VERSUS* REALIDADE

Não obstante tudo isso, os atestados de óbito costumam ser mais precisos que os obituários. A maioria dos obituários parece relutar em responder à pergunta mais importante: como a pessoa morreu? Muitos não revelam a causa da morte, citando razões de privacidade. Os anúncios de falecimentos podem ser especialmente frustrantes, pois não é incomum, até hoje, ver a morte descrita com frases como "faleceu em casa, cercado por seus familiares e amigos", deixando por completo de citar a causa real. Alguns obituários, porém, oferecem pistas quanto aos hábitos e estilos de vida que provocaram a morte. Às vezes, ao final do obituário, a família pede que sejam feitas doações em lugar do envio de flores. Se é mencionada a Sociedade de Combate à Leucemia, por exemplo, são grandes as chances de uma desordem sanguínea ter sido um fator a contribuir para a morte.

A arte da redação de obituários passou por modificações freqüentes, acompanhando as mudanças na atitude da sociedade em relação à morte. Entre 1800 e 1838, os falecidos que tivessem tido alguma ligação com a Guerra da Independência costumavam ser homenageados com obituários. Quase todo o mundo, ao que parecia, morria de "um velho ferimento de guerra" e tinha tido contato com George Washington ou outra figura de destaque, em algum momento de sua vida. Em 1820, o obituário de Daniel Boone afirmou que ele "deu seu derradeiro alento com a arma nas mãos, no ato de disparà-la", procurando firmar Boone como ícone do muito elogiado espírito pioneiro, embora isso fosse invenção total. Outro obituário escrito naquele mesmo ano, de uma mulher comum chamada Christina Magill, de Cumberland, em Maryland, dizia que ela morreu "após doença que durou duas semanas, deixando uma filha dessa idade". Não há dúvida de que complicações decorrentes do parto, possivelmente aquela descrita como "perna-de-leite" ou "febre puerperal", causaram a morte dessa mulher. Outro obituário de mulher dizia: "Dentro do curto período de um ano ela foi noiva, esposa e companheira amada, mãe e cadáver!"

À medida que o século XVIII foi avançando e que mais médicos formados começaram a praticar a medicina, os obituários deixaram de citar a "doença prolongada e dolorosa" ou "a morte rápida mas aflitiva" como causas, começando, em lugar disso, a mencionar doenças, como a escarlatina e a "doença do coração". Durante a Guerra Civil, e depois dela, quando os mortos estavam por toda parte, a atitude dos EUA em relação à morte começou a mudar. A única maneira de sobreviver à magnitude psicológica desse ataque avassalador era que as pessoas se distanciassem rapidamente dos falecidos. O setor funerário começou a prosperar desse momento em diante, e, a partir de então, os americanos passaram a preferir entregar a terceiros os cuidados com seus mortos.

> A **perna-de-leite**, doença hoje conhecida como tromboflebite pós-parto, era uma infecção que levava as pernas da mulher a inchar após o parto. Ela assinalava o início de uma infecção que conduzia à morte. As mortes de mães durante o parto eram tão freqüentes — chegavam a duzentas em cada mil partos — que não era incomum que um homem se casasse com uma mulher e acabasse casado com a irmã ou a prima dela. Tão grande era a incidência de mortes de bebês que muitos optavam por não dar nome a seus filhos enquanto estes não chegassem a pelo menos um ano de vida.

Os obituários passaram a focalizar as realizações do falecido, normalmente relacionadas à quantidade de riqueza adquirida e legada, com freqüência deixando de fora os dados sobre o que causara a morte, vistos como pouco importantes.

Atualmente, os obituários, encontrados nos jornais e na internet, vêm ganhando popularidade. De acordo com o estudo sobre o impacto de jornais feito pelos institutos verificadores de circulação, os obituários possuem maior potencial, comparados a outras notícias, de ganhar mais leitores, mesmo que as verdadeiras causas de morte ainda demandem análise mais apurada.

Nota editorial: as personalidades abordadas neste livro são apresentadas por ordem alfabética de sobrenome. Exceção é feita a personagens de ficção, como o Happy Face (na letra H) e o Lone Ranger (Cavaleiro Solitário, na L), e também a vultos da história antiga e medieval, como Heron de Alexandria (que está na letra H) e Joana d´Arc (na J).

NICK ADAMS

O ator Nick Adams (Nicholas Aloysius Adamshock) representou um papel coadjuvante, ao lado de James Dean, em *Juventude transviada* [*Rebel Without a Cause*] e atuou no seriado de televisão *The Rebel* (1959-1962), no papel de Johnny Yuma, ex-soldado confederado que corrigia as injustiças que encontrava pela frente. Em 1968, aos 36 anos de idade, Adams morreu de overdose de paraldeído. Ao voltar do Japão, quando suas opções profissionais começaram a se reduzir, depois de fazer um papel coadjuvante no sexto filme da série *Godzilla*, Adams começou a aludir a seus antigos encontros homossexuais com James Dean e Elvis Presley. Uma semana antes da filmagem programada por Elvis de seu concerto *Memphis Comeback*, Adams foi encontrado morto com paraldeído de teor industrial nas veias suficiente para causar perda de consciência e morte imediatas. O silêncio repentino dessa fonte de informações negativas sobre Presley levou alguns a especular sobre a coincidência da morte oportuna do "Rebelde".

FELIX ADLER

Felix Adler foi apelidado de "Palhaço da Casa Branca" depois de apresentar-se para três presidentes dos Estados Unidos: Warren Harding, Calvin Coolidge e Franklin D. Roosevelt. Era um palhaço de cara alegre cuja marca registrada era sempre usar um chapéu minúsculo e carregar um guarda-chuva em miniatura e um porquinho vivo. Foi o primeiro palhaço a aparecer na televisão. Adler fugiu de casa aos 10 anos para entrar no circo. Tentaram fazê-lo trabalhar com os acrobatas chineses, mas ele era desajeitado demais. Logo, a melhor maneira de fazer uso

de seu talento era ser palhaço. Embora fizesse os outros sorrir, seu próprio sorriso tinha de ser pintado em seu rosto. Ele morreu de úlcera em 1960, aos 64 anos.

> A ÚLCERA COSTUMA SER PROVOCADA POR UM ESTILO DE VIDA MARCADO PELO ESTRESSE E A PREOCUPAÇÃO. É AGRAVADA PELO CONSUMO DE CAFÉ E ALIMENTOS CONDIMENTADOS. EM 2006 HOUVE 850 MIL NOVOS CASOS DE ÚLCERA PÉPTICA NOS EUA; 4.976 DOS DOENTES MORRERAM.

ALEXANDRE

Alexandre, o Grande, conquistou a maior parte do mundo conhecido em sua época e foi considerado o comandante militar mais bem-sucedido da história. De acordo com algumas lendas, ele teria sido envenenado por um remédio enviado por Aristóteles, pois, acreditavam alguns, estaria revoltado com seu tutor por ele não ter salvo a vida de seu amante, Heféstion. Contudo, as descrições feitas da febre que acometeu Alexandre são mais condizentes com os sintomas do que é hoje conhecido como vírus do Nilo Ocidental, uma bactéria transmitida pela picada de um mosquito. Alexandre morreu em 323 a.C., aos 33 anos.

DUANE ALLMAN

A revista *Rolling Stone* saudou Howard Duane Allman como um dos melhores guitarristas de *rock* de todos os tempos, abaixo apenas de Jimi Hendrix. Depois de ficarem órfãos de pai ainda jovens, quando seu pai, militar, foi assassinado por um veterano de guerra, Howard e seu irmão mais velho Gregg se uniram na vida e na música, formando a popular Allman Brothers Band e tornando-se um dos grupos de *rock* mais influentes dos anos 1970. A fama de Duane, conhecido por "Midnight Rider", durou pouco, já que a canção que virou sua assinatura também tornou-se seu epitáfio: ele morreu num acidente de motocicleta em 1971, aos 24 anos. Três meses mais tarde o grupo lançou o álbum *Eat a Peach* [Coma um pêssego], e os fãs acharam que o título fazia referência à colisão de Duane com a traseira de um caminhão de pêssegos, em Macon, na Geórgia. Na realidade, foi um caminhão carregado de madeira, do qual se desviou, que o levou a cair da moto e morrer. Duane aparentava estar bem, tendo sofrido apenas alguns arranhões, mas morreu de hemorragia interna algumas horas mais tarde, perto da meia-noite, como sempre quisera — um cadáver bonito.

DESASTRES ENVOLVENDO MÚSICOS

Em 1955, o popular acordeonista de música country **Iry LeJeune**, conhecido pelo sucesso "I Made a Big Mistake" [Cometi um grande erro], fez exatamente isso quando escolheu o lugar errado para trocar um pneu furado — foi atingido fatalmente por outro veículo, aos 27 anos. Em 1960, **Eddie Cochran** (Edward Ray Cochrane), conhecido por "Summertime Blues", morreu de trauma cerebral após uma colisão de veículos, aos 21 anos de idade, e no ano seguinte o cantor do sucesso "It Could Happen To You" [Poderia ter sido com você], **Scott LaFaro**, conferiu todo um novo significado a sua canção, morrendo num acidente automobilístico aos 25 anos.  Em 1967, "Rockin'" **Robin Roberts**, que cantava "Louie Louie" e era fã das aliterações, encarou a dissonância da morte, falecendo aos 27 anos num desastre automobilístico. Em 1973, **Clarence White**, do grupo The Byrds, estava carregando instrumentos numa perua quando foi atingido lateralmente por um motorista embriagado que saía de um de seus *shows*, morrendo aos 29 anos de hemorragia. **Marc Bolan,** do T-Rex, bateu a cabeça contra a direção de seu veículo depois de arremessar o carro contra uma árvore, falecendo aos 29 anos, em 1977. **Rushton Moreve**, motorista imprudente e baixista do Steppenwolf, grupo célebre por "Born to Be Wild", morreu num acidente de carro em 1981, aos 33 anos de idade. No mesmo ano, enquanto estava ao volante de seu Fusca, **Harry Chapin**, conhecido por "Cat's in the Cradle", teve o carro abalroado por trás no pedágio da via expressa de Long Island, sofrendo morte instantânea por ataque cardíaco aos 38 anos. E, em 2002, **Lisa "Left Eye" Lopes**, do TLC (apelidada "Left Eye" porque usava uma camisinha na armação esquerda de seus óculos de sol), morreu num acidente automobilístico, um mês antes de seu 31º aniversário.

LOUIS ARMSTRONG

Louis Armstrong nasceu numa noite quente e abafada em Nova Orleans (4 de agosto de 1901); um homem foi morto a punhaladas numa briga de rua que corria solta do lado de fora do quarto de sua mãe no momento em que Louis chegava ao mundo. Ele foi criado no lado pobre da cidade, onde, às vezes, vasculhava latas de lixo à procura de uma refeição decente. Acabou praticando pequenos delitos, e até foi cafetão durante um período, antes de ser enviado a um reformatório. Foi ali que aprendeu a tocar corneta. Assim que Armstrong começou a fazer música, todos os que o ouviram perceberam que ele era músico nato, dotado de afinação perfeita e ritmo inato. Aos 23 anos já era saudado como talento inovador e pioneiro do *jazz*, e a partir desse momento começou a gravar um disco após outro, culminando com o lançamento de "What a Wonderful World" (1967) e "Hello, Dolly!" (1969).

Ao longo de toda a vida de Armstrong, sua intensidade e seu amor pela vida superavam apenas seu pendor pelo *gage* (como a maconha era co-

nhecida na gíria dos jazzistas), que ele fumava quase diariamente. Armstrong acreditava que três cigarros diários de maconha, do tamanho de charutos, o ajudavam a relaxar e lhe permitiam encontrar a grande gama de emoções que saíam de sua corneta. Esse vício pode ter sido o que o matou. Armstrong foi preso por posse de maconha em 1931, e seu uso do *gage* foi mencionado num arquivo mantido pelo FBI sobre ele. A droga certamente afetou seus pulmões, tanto que, com o passar dos anos, ele foi se tornando incapaz de tocar por muito tempo ou de alcançar tantas notas quanto antes. O uso prolongado da maconha desencadeou um problema do coração, provocando seu primeiro ataque cardíaco, em 1959, que resultou no enfraquecimento de seus músculos labiais. Em lugar de abandonar a erva, Armstrong começou a vocalizar mais, tocando apenas algumas poucas notas no pistom, para dar efeito à música. Satchmo, como era chamado, desprezava as preocupações e dava outra baforada. Depois de passar três meses internado no Hospital Beth Israel, em Nova York, após outro ataque cardíaco, em 1971, sobreviveu mais três meses por força de sua vontade. Continuou firme até participar do Festival de Jazz 4 de Julho, em Newport, onde comemoraria seu 70º aniversário. Dois dias mais tarde, em 6 de julho de 1971, Louis Armstrong morreu de ataque cardíaco em sua casa em Corona, no Queens, em Nova York. Tinha 69 anos. Em 2001, Nova Orleans rebatizou seu aeroporto, que passou a se chamar Aeroporto Internacional Louis Armstrong.

"Quando você está morto, está terminado." – LOUIS ARMSTRONG

ARQUIMEDES

A catapulta e a arte da guerra em Siracusa deitaram as bases para a fama e o desenvolvimento do grande matemático Arquimedes. Ele projetou armas cada vez mais esdrúxulas, como uma garra que era esticada e agarrava embarcações que velejassem perto das muralhas fortificadas, afundando-as — tudo isso usando os princípios da alavanca, da roldana e do parafuso, conceitos revolucionários na época, delineados e inventados por suas fórmulas matemáticas. Arquimedes também é lembrado por ter descoberto os princípios da flutuação enquanto tomava banho. Ficou tão excitado com a teoria, a qual permitiria a construção de grandes embarcações capazes de velejar sem afundar, que saiu da banheira ainda nu e partiu correndo pelas ruas para dividir com outros a notícia de sua descoberta. Segurando as bolas, ele gritava: "Ele bóia!" Anos mais tarde, quando soldados romanos cercaram a cidade, Arquimedes não foi reconhecido e acabou sendo imediatamente empalado com uma lança. Ele morreu em 212 a.C., aos 75 anos.

FRED ASTAIRE

Apesar de suas letras tolas, *Voando para o Rio* [*My Rio by the Sea-o*] cativou a imaginação do público, em 1933, por mostrar uma fuga da realidade para uma aventura em lugares exóticos. O filme foi estrelado por Fred Astaire e Ginger Rogers, dupla dançante que personificou no cinema uma harmonia e uma simetria em movimento dificilmente encontradas na vida real. O virtuosismo de Astaire (nascido Frederick Austerlitz) como dançarino pode ser visto em outros 35 musicais, tendo seu último papel no cinema sido em *História de fantasmas*, em 1981, antes de

ele morrer em 1987, aos 81 anos, de pneumonia. Ginger Rogers (Virginia Katherine McMath) fez nove musicais ao lado de Astaire e acabou por atuar em um total de 73 filmes. Quando foi homenageada pelo Kennedy Center, em 1992, os herdeiros of Fred Astaire se negaram a permitir que clipes de Ginger dançando com Fred fossem exibidos na transmissão. Ela morreu em 1995, aos 83 anos, de infarto do miocárdio.

__Will Glahe__, acordeonista célebre por tocar polca, lançou uma mania dançante: "Ponha o pé direito para dentro, o pé esquerdo para fora". Levou algum tempo para ele compreender o que isso significava, mas presume-se que já soubesse do que se tratava quando morreu, aos 87 anos, de falência cardíaca, em 1989.

JOHN JACOB ASTOR

John Jacob Astor partiu para a América em 1784, vindo da pequena cidade alemã de Waldorf com sete flautas debaixo do braço e a esperança de tornar-se comerciante de instrumentos musicais. Pouco depois de fixar-se em Nova York, descobriu que as peles eram o "ouro macio" do Novo Mundo e o produto mais desejado pelos mercados europeus. Começou viajando a pé, sozinho, para as regiões na época incultas do interior do estado de Nova York a fim de comerciar com índios, de onde voltava com a mochila cheia de peles, e acabou por erguer seus próprios entrepostos comerciais. Com os lucros obtidos em cada empreendimento bem-sucedido (principalmente a venda de peles de castor), investiu em imóveis em Manhattan, e quando morreu de fraqueza, em 1848, aos 74 anos, era o primeiro milionário da América, dono de uma fortuna de mais de US$ 20 milhões e proprietário de quase metade de Manhattan. Antes de falecer, deu um conselho final a sua prole aristocrática: "Sirvam as classes e vivam com as massas. Sirvam as massas e vivam com as classes". Aparentemente, porém, **John Jacob Astor IV**, a pessoa mais rica que se encontrava a bordo do *Titanic* quando o navio afundou, esqueceu-se do conselho do patriarca da família. Suas últimas palavras foram: "As damas primeiro. Entrem no bote salva-vidas,

por favor. Adeus, querida. Eu a verei mais tarde". Ele morreu esmagado por uma chaminé que desabou enquanto o navio afundava, em 1912, aos 47 anos de idade.

ÁTILA

Um dos bárbaros mais temidos de todos os tempos foi Átila, o Huno, que reinou sobre o maior império europeu ao norte de Roma, pois seu território se estendia desde as estepes da Ásia central até a Alemanha, a Holanda e partes da França, entre 433 e 453 d.C. O que fazia Átila ser tão temido era o desejo de fazer guerra pelo prazer da guerra. Ele ergueu palácios, embora os tenha abandonado para seguir outros caprichos. Usava roupas simples, não ostentava jóias e preferia usar uma caneca de madeira para beber. Matar era algo que o excitava; todos os que atravessavam seu caminho ou fugiam ou morriam. Átila saqueava igualmente povoados e mosteiros, de modo que a fama de seu caráter implacável acabou superando seus atos reais. Aos 47 anos, em 453 d.C., ele tirou uma folga das pilhagens para casar-se pela sétima vez. Depois de uma festa tresloucada, retirou-se para a tenda nupcial na companhia de sua mulher mais recente, Ildico, jovem germânica conhecida não apenas por sua beleza mas também por seu soco poderoso com o punho direito. Quando foi encontrado morto, na manhã seguinte, com hemorragia nasal, alguns disseram que Átila tinha sido envenenado. Outros acharam que o guerreiro feroz gostava de enfrentar resistência não apenas no campo de batalha, mas também na cama — e que sua nova esposa também seria capaz de infligir dor. Embora Átila sofresse havia anos de desvio de septo, fato que o tornava propenso a sofrer sangramentos nasais, acredita-se que morreu naquela noite graças ao excesso de vinho e a sexo violento. Ao descobri-lo morto, seus guerreiros disseram que um homem da estatura de Átila não precisava ser chorado com lágrimas. Em lugar disso, os soldados cortaram as próprias mãos e pingaram gotas de sangue sobre seu cadáver. Átila não deixou monumentos, museus ou escolas; seu império era composto de terras. Sem o medo de sua espada para conter as fronteiras, seu reino desmoronou.

MACHADINHA ANÔNIMA

Antes da invenção da machadinha (muito usada nos tempos de Átila), os seres humanos se alimentavam de carniça e figuravam atrás das hienas na cadeia alimentar, mais ou menos no mesmo nível que os urubus. Há cerca de 75 mil anos, viveu o primeiro ser humano a descobrir que uma pedra afiada presa a um pedaço de pau era uma ótima arma. A machadinha é considerada a primeira ferramenta criada na história da humanidade. O inventor da machadinha, assim como os inventores anônimos de outras criações que transformaram a sociedade, como a primeira roda e o primeiro eixo, provavelmente morreram antes dos 18 anos, que era o tempo de vida médio do homem pré-histórico. A julgar pelos fragmentos de ossos que restaram, assassinato ou acidente foram as prováveis causas de morte dos inventores da machadinha e da roda.

JOHANN SEBASTIAN BACH

Johann Sebastian Bach foi um prolífico compositor e tecladista alemão que deixou mais de mil composições, as quais sobrevivem até hoje. Ele criou uma música cerebral e intrigou os ouvintes da época com linhas musicais separadas sendo tocadas simultaneamente, na técnica chamada de contraponto e no estilo musical hoje conhecido como barroco. Suas composições não eram tão elogiadas em seu tempo quanto suas improvisações ao órgão, e Bach ganhava a vida principalmente tocando para acompanhar corais de igrejas. Perto do fim da vida, sua vista estava enfraquecendo, e ele procurou dois médicos para ser submetido a cirurgias que lhe melhorassem a visão. Como era de praxe na época, os procedimentos incluíram a drenagem de seu sangue, o pingar de preparados químicos sobre o globo ocular e a abertura de pequenos furos perto das têmporas, para aliviar a pressão. Essas operações provocaram a perda total de visão de Bach e o deterioramento de seu estado de saúde. Ele morreu de derrame cerebral aos 65 anos de idade, em 1750.

MAXIE BAER

"Madcap" [Doido] Maxie Baer foi um boxeador famoso na década de 1930, especialmente depois de ter derrotado o alemão favorito de Hitler, Max Schmeling, no Yankee Stadium. Nessa luta Baer usou uma estrela de Davi sobre o calção, em homenagem a seu avô judeu, e conservou a insígnia como sua marca registrada pelo resto da carreira. Baer desenvolveu a força, ainda menino, trabalhando primeiro em fazendas de gado, depois como açougueiro, carregando carcaças. Seu soco era mortífero. Em 1930 ele derrubou o lutador Frankie Campbell com apenas dois socos rápidos. Campbell ficou deitado na lona por quase uma hora e morreu de hemorragia cerebral maciça. Com seu 1,92 metro de altura e sua longa envergadura, Baer fizera o cérebro de Campbell soltar-se do tecido conectivo do tronco cerebral. Durante outra luta, Baer aplicou um soco na têmpora de Ernie Schaff e deixou na lona seu adversário de 24 anos e 1,87 metro de altura. Schaff levou três minutos para levantar-se. Depois da luta, ele se queixou de dores de cabeça e perda de memória. Em sua luta seguinte, pouco tempo depois, Schaff morreu no ringue depois de receber o primeiro soco leve. Max conservou o título mundial por apenas um ano e o perdeu para o pouco conhecido lutador James L. Braddock, conforme se vê no filme *A luta pela esperança*. Na tentativa de recuperar-se, Baer enfrentou Joe Louis no Yankee Stadium, mas foi nocauteado no quarto assalto. Foi o único nocaute técnico na carreira de Baer, que terminou em 1941 com 72 vitórias e 12 derrotas, sendo que mais de cinqüenta das vitórias foram por nocaute. Depois disso Baer partiu para a carreira de ator, tendo trabalhado em mais de vinte filmes; abriu boates e, conforme boatos, teve casos com várias estrelas menores de Hollywood. Ele morreu aos 50 anos, em 1959, de ataque cardíaco, enquanto se barbeava no Roosevelt Hotel, em Hollywood. Seu filho, Max Baer Jr., fez o papel de Jethro Bodine na série televisiva *Beverly Hillbillies* [*A família Buscapé*].

1953 FOI O ANO QUE TEVE O MAIOR NÚMERO DE MORTES DE PUGILISTAS PROFISSIONAIS: 25. ENTRE 1979 E 2001, 118 BOXEADORES MORRERAM NO RINGUE.

VASCO NÚÑEZ DE BALBOA

Balboa foi um homem simpático e tolerante que, com o dinheiro que ganhou em sua primeira viagem ao Novo Mundo, tentou criar porcos em Hispaniola. Fracassando na empreitada, voltou a explorar e conquistar novas terras e a levar embora o ouro dos nativos — um modo mais lucrativo de progredir. Ele fundou no atual Panamá a primeira colônia ocidental no continente americano e, durante uma exploração por terra em busca de mais riquezas, acabou descobrindo o Pacífico. Em 1513, entrou andando no mar e, erguendo a espada acima da cabeça, declarou o domínio da Espanha sobre tudo o que podia ver. Seis anos mais tarde, porém, em função de rivalidades entre sucessivos governadores e do rancor de outro navegador espanhol invejoso de seu charme, Balboa foi acusado de deslealdade para com a Espanha. Apesar de ele ter recebido títulos e honrarias por sua descoberta, seus acusadores montaram um julgamento apressado e o condenaram à morte. "Mentiras!", declarou ao ser conduzido ao cadafalso. A condição de herói entre seus pares era uma desvantagem. Balboa foi decapitado aos 44 anos de idade. Sua cabeça foi exposta em praça pública por alguns dias e depois jogada aos porcos.

LUCILLE BALL

Até 1951, todos os programas de televisão eram transmitidos ao vivo. Um dos primeiros a ser pré-gravado foi "I Love Lucy". Durante quatro de suas seis primeiras temporadas completas, até ser encerrado, em 1957, o programa foi o mais assistido nos EUA. "I Love Lucy" converteu a comédia de costumes, ou *sitcom*, de meia hora de duração, em um dos elementos básicos da tevê. O programa era estrelado por Lucille Ball e seu marido, Desi Arnaz (Ricky Ricardo). "I Love Lucy" nunca chegou a sair do ar e ainda está sendo exibido em algum lugar do mundo a cada minuto do dia. Lucy é vista como uma das maiores humoristas do sexo feminino, mas quando as câmeras eram desligadas ela deixava de ser palhaça e se revelava séria e perfeccionista. Seu casamento com o chefe de orquestra cubano Desi Arnaz, fruto de amor à primeira vista, foi marcado por infidelidades e apenas intensificou a visão sombria que Lucy tinha da realidade, tornando-a mais intransigente no trato e levando-a a ser vista por muitos como mesquinha. Lucy acabou se divorciando de Desi em 1960, mas eles continuaram amigos até a morte de Arnaz, de câncer de pulmão, em 1986, aos 69 anos. Lucy se recusou a aposentar-se na velhice, apesar do fracasso comercial dos filmes de sua última fase. Ela se ocupava de participações em programas de entrevistas e eventos de entrega de prêmios. Parou apenas quando foi obrigada a isso, por ter sido anestesiada para ser submetida a uma cirurgia. Ela não chegou a recobrar a consciência e faleceu em 1989, aos 77 anos, enquanto era operada para reparar uma ruptura de aorta.

BARÃO VERMELHO

A Primeira Guerra Mundial teve heróis que foram aos céus em lonas voadoras e aviões com estrutura de madeira que alcançavam velocidade máxima de 160 km/h. Do lado alemão, o ex-treinador de cavalos Manfred von Richthofen, conhecido como "Barão Vermelho", dominou os céus e contabilizou oitenta aviões inimigos derrubados. Quando seu Fokker Albatros vermelho-vivo despontava no céu, espalhava o terror pelas nuvens. Ele morreu aos 25 anos, de um tiro que atravessou seu peito enquanto ele estava no ar, disparado do solo por um soldado desconhecido. Muitos reivindicaram a autoria do disparo, mas os registros médicos, levando em conta a trajetória da bala e outras evidências forenses, indicam que o tiro fatal só pode ter vindo de uma saraivada de balas disparada por metralhadoras de uma colina no momento em que Richthofen desceu demais com sua aeronave. Em seu derradeiro vôo, o Barão Vermelho ignorou todos os procedimentos de segurança que ele próprio instituíra: ou seja, deixou-se obcecar por um alvo que não conseguia atingir. Seu aparente pouco-caso pela segurança pessoal pode ser atribuído a uma forma de suicídio heróico que freqüentemente acometia combatentes que sofriam de fadiga de batalha.

O americano que derrubou o maior número de aeronaves inimigas na Primeira Guerra Mundial — 26, no total — foi o incontrolável ex-piloto de carros de corrida **Eddie Rickenbacker**. *Não apenas Rickenbacker voltou da guerra são e salvo, como acabou fundando a Pan American Airlines. Durante seus anos como civil, ele sobreviveu a várias experiências de quase-morte, incluindo uma ocasião em que passou três meses à deriva no mar e a queda de um de seus próprios aviões comerciais em 1941, nas proximidades de Atlanta. Morreu em 1973, aos 82 anos, de complicações decorrentes de um AVC.*

JACK BARRY

Jack Barry foi o produtor e apresentador do mais notório *game show* da história da televisão, "Twenty-One", que foi ao ar em 1956. A idéia do programa era colocar os participantes em cabines à prova de som e fazer-lhes perguntas, mas, depois do primeiro dia, Barry se deu conta de que o participante mediano não conseguia responder a nenhuma delas. Para não perder o patrocínio da empresa Geritol, os produtores decidiram passar as respostas ao participante do qual o público parecia gostar mais. Entretanto, um participante acabou delatando o esquema, depois de ter sido orientado a perder e dar a resposta errada apesar de saber a correta, o que desencadeou uma investigação do Senado sobre fraudes nos *game shows*. Barry nunca se recuperou do estresse decorrente desse dissabor. Morreu de ataque cardíaco enquanto praticava corrida no Central Park, em 1984, duas semanas antes de seu 66º aniversário.

DESÇA DAÍ

Os *game shows* têm custo baixo de produção e obtêm grande audiência desde que a televisão começou. Mais de mil programas de tevê já aderiram ao formato do *game show*, tendo contado com a participação de muitos atores famosos e de três presidentes dos EUA. "*Come on down*" [Desça daí] era o bordão constante de "The Price Is Right", mas a frase adquiriu todo um outro significado para alguns indivíduos que serão citados aqui. Larry Blyden, apresentador de "What's My Line?", morreu num acidente automobilístico, ao sair da estrada enquanto viajava no Marrocos, em 1975, aos 49 anos. Paul Lynde, que fazia o quadro central de "Hollywood Squares", foi encontrado sozinho em sua casa, morto de ataque cardíaco, aos 55 anos de idade. Ray

Combs, apresentador de "Family Feud", enforcou-se com uma corda feita de lençóis, devido a um desentendimento prolongado com um sócio em torno de questões financeiras, entre outras coisas, em 1996, aos 40 anos. George Fenneman, de "You Bet Your Life" [Você aposta sua vida], morreu justamente por apostar sua vida: de tabagismo e enfisema pulmonar, em 1997. O locutor de "Concentration", Art James, teria sido sério demais, segundo alguns, e morreu em 2004, aos 74 anos, de falência cardíaca. O locutor Ron Roddy ("Price Is Right") morreu de câncer em 2003, e o participante regular de "Your Number's Up" Nipsey Russell agüentou firme por bastante tempo até entregar os pontos, em 2005, aos 80 anos, de câncer do estômago.

JOHN E LIONEL BARRYMORE

Lionel Barrymore recebeu o Oscar de melhor ator pelo papel do patético advogado alcoólatra Stephen Ashe em *Uma alma livre*, de 1931. Ele morreu em 1954, aos 76 anos, de miocardite crônica (prejuízo da função cardíaca devido à redução no fluxo sanguíneo), depois de sofrer edema pulmonar agudo e nefrite (problemas renais). Seu irmão mais jovem, o ator John Barrymore, nunca ganhou um Oscar nem representou um alcoólatra na tela, mas, em lugar disso, o fez na vida pessoal. Alguns dizem que Lionel pôde representar com tanta autenticidade o papel que lhe valeu o Oscar porque estudou o exemplo do irmão. John Barrymore morreu de miocardite e nefrite, como seu irmão, acrescidos de cirrose hepática. Ele faleceu em 1942, aos 60 anos de idade. De acordo com seu obituário, foi considerado "um dos maiores intérpretes de Shakespeare no século XX". Não surpreende que suas últimas palavras tenham sido: "Morrer? Eu diria que não, meu caro. Nenhum Barrymore permitiria que algo de tão convencional lhe acontecesse".

Durante a primeira metade do século XX, o teor de álcool das bebidas alcoólicas era cinco unidades percentuais superior ao de hoje. Em 1960, 80% das bebidas destiladas vendidas poderiam ser qualificadas como uísque. Hoje, 80% das bebidas alcoólicas vendidas são cervejas. Naquela época, como hoje, aproximadamente 4% dos adultos consumidores de álcool se tornavam alcoólatras. A cada ano 100 mil pessoas alcançam status *obituário precoce em função do álcool.*

WARNER BAXTER

A infeliz distinção de ter sido o primeiro e último ganhador do Oscar a sofrer uma lobotomia pertence a Warner Baxter. Ele recebeu o prêmio de melhor ator pelo papel de Cisco Kid em *No velho Arizona* (1929), apesar de ter recebido o papel apenas depois de o astro que se pretendia que o representasse, Raoul Walsh, ser obrigado a abandonar o filme em decorrência de um acidente bizarro: uma lebre atravessou o vidro da janela de seu carro, provocando no ator a perda de um olho. Durante algum tempo Baxter converteu a perda de Walsh em seu proveito, e, em 1936, foi declarado a maior atração das bilheterias e o ator mais bem pago. Pouco depois disso, o estresse gerado pelo esforço de conservar sua posição o levou a sofrer um colapso nervoso. Na década de 1940, Baxter podia se dar por satisfeito quando conseguia algum papel em filme B. Ele atribuiu sua decadência à artrite, e não à queda de popularidade. Em 1951 concordou em submeter-se a uma lobotomia, acreditando, estranhamente, que seria uma maneira de recuperar a saúde. Morreu aos 62 anos de idade, de complicações decorrentes da cirurgia.

LUDWIG VAN BEETHOVEN

Pode-se afirmar que Ludwig van Beethoven é o compositor clássico mais conhecido de todos os tempos. Suas sinfonias grandiosas, marcadas por disparos de canhões, estrondos de pratos e finais dramáticos, repletos de intensidade emocional, ainda são apresentadas pelo menos uma vez ao dia em alguma parte do mundo. Beethoven estudou com o pai, alcoólatra e músico da corte que, conta-se, certa vez amarrou seu filho pequeno à banqueta do piano, exigindo perfeição e dedicação do candidato a gênio de apenas 5 anos de idade. Quando seu pai morreu, Beethoven assumiu as funções dele na corte e, com apenas 22 anos, começou a ter contato constante com membros da realeza, que acabaram por tornar-se seus patronos. Aos 30 anos, começou a ficar surdo — algo que, para um músico, era pior que a cegueira. Suas obras foram imediatamente reconhecidas como as obras-primas que são, e Beethoven foi procurado por editores musicais. Apesar de ter chegado ao final da vida rico, ele participava de poucas atividades sociais, procurando esconder seu problema auditivo, e em conseqüência disso nunca se casou, tendo desfrutado desde a juventude da companhia de prostitutas. Compôs seus melhores trabalhos inteiramente surdo, ouvindo a música apenas em sua cabeça e sentindo a vibração sutil das teclas do piano. Oficialmente, Beethoven morreu em 1827, aos 56 anos, de hidropisia, mas a verdadeira causa da morte foi cirrose provocada por uma sífilis cada vez mais grave e pela contaminação com chumbo. No dia em que ele morreu, uma tempestade violenta sacudiu as janelas, e consta que Beethoven teria sacudido os punhos para os céus antes de dar seu último suspiro. Um cacho de seus cabelos foi cortado e um pedaço de seu crânio foi retirado antes do enterro, para servirem de relíquias do grande homem. Esses itens foram testados com técnicas modernas, e foi constatada a presença de grande quantidade de chumbo, uma razão possível de sua surdez.

Naquele tempo, o termo "hidropisia" era usado para descrever qualquer doença na qual o paciente tivesse dificuldade em se manter de pé ou sofresse de fraqueza, quedas ou desmaios. Não se sabia que o chumbo provocava doenças, e o metal era usado para adoçar vinhos e conservar alimentos, além de ser utilizado na fabricação de pratos e xícaras feitos de ligas de estanho com chumbo. Além disso, era empregado em remédios contra a hidropisia e muitos outros males.

SAUL BELLOW

Saul Bellow recebeu o Prêmio Nobel em 1976, após uma longa carreira iniciada escrevendo resenhas de livros. Ele foi elogiado por muitos, como Philip Roth, que o descreveu como "a espinha dorsal da literatura americana do século XX", apesar de, hoje, a obra de Bellow ser vista por alguns como convencional e antiquada. Em 1976 Bellow também recebeu o Prêmio Pulitzer por *O legado de Humboldt*, que celebra com grande habilidade a melancolia da alma humana. Os louvores que recebia o mantiveram resmungão e arguto até o fim, e ele morreu em 2005, aos 89 anos, segundo alguns de irritabilidade perpétua.

INGRID BERGMAN

A sueca Ingrid Bergman, dotada naturalmente de beleza escultural e conhecida sobretudo pelo papel de amada de Humphrey Bogart no clássico *Casablanca*, de 1942, recebeu dois Oscars de melhor atriz, por *À meia-luz* (1944) e *Anastácia, a princesa esquecida* (1956). Morreu de câncer de mama em 1982, mas, eterna embaixadora da classe e da cortesia, esperou para morrer até sua festa de 67 anos ter terminado.

MILTON BERLE

Nos primórdios da televisão, os anunciantes tinham peso tão grande que era praxe incluir seus nomes nos títulos dos programas. Em 1951, "The Texaco Show Theater", com Milton Berle, já era o programa de maior audiência da televisão americana, atraindo 87% dos telespectadores. Aos 40 anos de idade e depois de 35 no *show business*, Berle, conhecido como Tio Miltie, tornou-se a primeira "sensação imediata" criada pela televisão, um fenômeno que esse meio de comunicação iria recriar muitas vezes. Berle também era apelidado de Mr. Television, porque o *boom* astronômico nas vendas de televisores era atribuído a sua popularidade; cada vez mais pessoas compravam aparelhos de tevê só para saber o que estava causando tanto rebuliço. O programa terminou em 1956, mas Berle continuou ativo na tela até depois dos 80 anos. Seus três casamentos e a longa lista de parceiras, que incluiu Lucille Ball e Marilyn Monroe, deixaram outro legado: dizia-se que seu pênis era gigantesco. Seu filho, Bradley Lewis, contou que Berle tinha uma estátua em gesso de seu membro, que media mais de 30 centímetros. Tio Miltie supostamente guardava a estátua no sótão e de vez em quando a trazia para baixo para deixar espantados os convivas do jantar. Dizia-se que foi o orgulho que sentia por sua virilidade que manteve Berle vivo por tanto tempo, apesar de ter fumado charutos por toda a vida. Quando ele morreu, em 2002, de câncer do cólon, aos 93 anos, a estátua não foi encontrada. Seu paradeiro continua desconhecido.

IRVING BERLIN

Irving Berlin (Israel Isidore Baline) teve um grande sucesso em 1927 com "The Song Is Ended" [A canção chegou ao fim]. E então, como se o próprio sucesso tivesse lançado uma maldição sobre seu talento, passou cinco anos sem conseguir compor outra música; sofreu um bloqueio criativo que o deixou à beira da penúria. O lugar que ele ocupa na história e na cultura dificilmente será igualado. Berlin compôs "God Bless America" (1918), "White Christmas" (1942), "There's no Business Like Show Business" (1954) e 3 mil outras canções, 17 trilhas de filmes e 21 musicais da Broadway. No final da vida tornou-se praticamente recluso, morrendo de ataque cardíaco aos 101 anos de idade, em 1989.

CLARENCE BIRDSEYE

As comidas congeladas, refeições prontas e entradas prontas para ir ao microondas consumidas hoje por muitos americanos foram criações de Clarence Birdseye. Tendo abandonado a faculdade antes de se formar, ele conseguiu um emprego do governo dos Estados Unidos no pólo Norte, onde observou que os peixes que acabavam de ser pescados paravam de mover-se quando colocados sobre gelo e, sob a ação do vento, ficavam completamente congelados quase que de imediato. Ao ser descongelados, conservavam quase todas as qualidades do peixe fresco. Clarence vendeu esse conceito ao mercado e fundou o setor dos transportes refrigerados. Contraiu um resfriado e morreu de pneumonia e ataque cardíaco aos 69 anos, em 1956.

> TREZE POR CENTO DE TODOS OS PERUS ASSADOS
> EM CASA NO DIA DE AÇÃO DE GRAÇAS, NOS EUA, SÃO
> DESCONGELADOS DE MANEIRA INCORRETA
> E CONTAMINADOS PELA SALMONELA, CAUSANDO
> DOENÇAS A 1,3 MILHÃO DE PESSOAS E 500 MORTES POR ANO.

ELIZABETH BLACKWELL

A primeira mulher a tornar-se médica nos Estados Unidos teve sua inscrição no Geneva College, em Nova York, aceita em 1847 como brincadeira, e a previsão era que desistiria do curso em poucos meses. Mas Blackwell superou o preconceito e as ofensas e diplomou-se na escola de medicina dois anos depois. Em seu último ano de treinamento médico, estava limpando o olho infeccionado de um bebê quando, acidentalmente, deixou uma gota de água espirrar em seu próprio olho. Seis meses mais tarde, teve o olho extirpado e substituído por um olho de vidro. Depois disso, os hospitais americanos se negaram a contratá-la. Blackwell pegou emprestados alguns milhares de dólares para abrir uma clínica, à qual deu o nome de Enfermaria para Mulheres e Crianças Carentes de Nova York. Ela cobrava das pacientes apenas 4 dólares por semana por tratamentos completos que custariam pelo menos 2 mil dólares por dia em outros hospitais. Durante a Guerra Civil, criou uma organização de treinamento de enfermeiras, a Associação Central de Assistência Feminina, que mais tarde se converteria na Comissão Sanitária dos Estados Unidos. Blackwell morreu em 1910, aos 89 anos de idade, após uma queda da qual nunca se recuperou plenamente.

SONNY BONO

Em 1998 Sonny cantou "I Got You Babe" para Cher e mais tarde chocou-se com uma árvore enquanto esquiava, morrendo aos 62 anos de idade. Durante os anos 1970, Bono e sua então esposa Cher formaram um dos casais mais conhecidos dos EUA, graças a seus programas populares de variedades, que foram ao ar na televisão sob títulos diversos entre 1970 e 1977. Quando o público se cansou de seu humor amalucado, e depois de divorciar-se de Cher, Bono começou a trabalhar com restaurantes e fez grande sucesso também nesse setor. Apesar de sua ligação com Cher — ou, segundo alguns, justamente em razão dela —, ele entrou para a política, e também nessa área desmentiu os céticos, fazendo-se eleger para o Congresso. Salvatore Bono, nascido numa família imigrante italiana pobre e tendo abandonado a escola antes de concluir o ensino médio, deixou uma herança considerável: os direitos de suas músicas ainda rendem mais de US$ 1 milhão por ano. Ele foi visto vivo pela última vez às 13h30 do dia 5 de janeiro de 1998, deixando a trilha de esqui na estação de Lake Tahoe para esquiar sozinho entre as árvores. Seu corpo congelado foi resgatado seis horas depois; ele morrera por chocar-se com um pinheiro de 12 metros de altura. Seu epitáfio diz: "E a música continua".

ACIDENTES QUE ENVOLVERAM MÚSICOS

Em 1954, **Danny Cedrone** (Donato Joseph Cedrone), integrante do grupo Bill Haley and His Comets, despencou por um lance de escadas e morreu.

Tinha 34 anos. Nesse mesmo ano, o artista de *blues* **Johnny Ace** (John Marshall Alexander Jr.) perdeu uma "brincadeira" de roleta russa nos bastidores do teatro e morreu, aos 25 anos. Em 1973, **Roger Durham**, cantor de "Natural High", estava à procura justamente de emoções fortes naturais quando morreu depois de cair de um cavalo, aos 27 anos. Em 1978, um integrante do grupo Chicago, **Terry Kath**, apreciador de armas, tentava acalmar seus colegas de banda enquanto, depois de um espetáculo, começava a limpar uma de suas pistolas semi-automáticas de 9 mm: "Não se preocupem, não está carregada", disse ele, e encostou o cano em sua cabeça. Estava enganado, porém, e morreu do disparo, uma semana antes de seu aniversário, aos 31 anos. Em 1993, **Wong Ka Kui**, da banda Beyond, conhecido por tocar com grande liberdade de movimentos, estava filmando um segmento para um programa de televisão quando caiu do palco, de uma altura de 2,5 metros, e morreu, também aos 31.

DANIEL BOONE

Daniel Boone, o mais célebre herói pioneiro dos Estados Unidos, partiu para enfrentar um mundo hostil e sem estradas levando apenas uma faca e uma espingarda de pederneira. A região era tão selvagem que, conta a lenda, ele teria matado mais de 10 mil ursos enquanto mapeava grandes extensões de área recoberta de mata em Kentucky, Virgínia Ocidental e Missouri. Em 1820, quando tinha 85 anos, Boone saiu para a derradeira caçada perto de sua casa em St. Charles, no Missouri, contraiu pneumonia e morreu. Apesar de ter passado a vida na floresta e de ter reivindicado muitas terras para si e para seus familiares, Boone perdeu tudo para investidores astutos que aproveitaram títulos de terra pouco claros e garantias de credores para expoliá-lo de tudo, menos seu nome. Muitas pessoas se recordam de um programa de tevê que mostrava Daniel Boone usando chapéu de pele com cauda. Na realidade, porém, ele usava um chapéu de feltro com abas do estilo quacre mostrado em caixas de aveia. A música-tema do programa dizia: "Daniel Boone era um homem. Sim, um homem grande. Com olhos de águia e altura de montanha", mas a descrição era exagerada. Boone media 1,73 metro e pesava cerca de 80 quilos. Sua mente era arguta e ativa, e ele se manteve fisicamente em forma, fato que o levou a viver por muito tempo após a idade hoje vista como própria para a aposentadoria.

> "Nunca estive perdido, mas confesso que já estive confuso por algumas semanas."
> DANIEL BOONE

BETTY BOOP

Helen Kane (Helen Schroeder) representou a garota festeira maluquinha da década de 1920, época conhecida como "Roaring Twenties", quando cantou o sucesso de 1928 "I Wanna Be Loved By You, Boop-Boop-a-Doop" numa voz aguda e bonitinha, com distinto sotaque do Bronx, que a converteu numa sensação adorável, mas passageira. Ela gravou outras 22 músicas durante o auge de sua fama, que em 1930 já havia praticamente terminado. Apesar de ter sido a inspiração evidente da personagem de desenho animado Betty Boop, ela não recebeu *royalty* nenhum por isso e perdeu o processo que moveu contra os criadores do desenho. Kane abriu um restaurante em Nova York, o Healy's Grill, do qual foi proprietária até a morte, em 1966, aos 63 anos de idade. Poucos na época se deram conta do fato de que "Betty Boop" morrera de câncer de mama.

GAIL BORDEN

O leite condensado foi inventado por Gail Borden em 1853. Depois de sucessivas invenções fracassadas, ele finalmente teve a idéia dos concentrados alimentares como meio econômico de conservação dos alimentos. Borden declarou certa vez que teve a idéia ao observar a esposa acrescentar açúcar ao leite para conservar sua voluptuosidade robusta, vista na época como sinal de beleza e riqueza (foto à direita). Até então, o leite era transportado em barris de carvalho pouco higiênicos e se estragava rapidamente. Embora Borden não tenha inventado a lata, foi seu tino mercadológico que, na prática, deu origem à indústria dos alimentos enlatados. A conservação em latas reduzia as possibilidades de os alimentos se estragarem, de serem contaminados por insetos ou de se tornarem escassos em decorrência dos caprichos do clima. Gail morreu em Borden, no Texas, em 1874, de intoxicação gastrointestinal (possivelmente contraída por ter bebido de um recipiente amassado), e, atendendo a seu pedido, seu corpo foi embalado numa lata em um vagão ferroviário, para ser enterrado no cemitério Woodlawn, em Nova York.

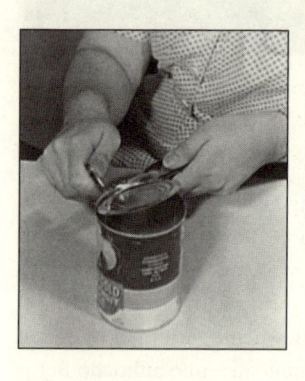

AS LATAS CONQUISTAM O MUNDO

A técnica de produção em massa de latas é atribuída a Peter Durand, que recebeu uma licença para isso do rei da Inglaterra, em 1810. Até então, caldeirões de ferro com tampas eram empregados para conservar alimentos, e muitas pessoas morriam de botulismo, salmonela e intoxicação por chumbo. O responsável pelo surgimento de métodos alternativos de conservação de alimentos foi Napoleão. Ele ofereceu um prêmio a quem descobrisse uma forma de conservar e transportar alimentos em bom estado para suas tropas, declarando que "a força militar se move sobre o estômago". Durand aproveitou a idéia do francês Nicolas Appert, ganhador do prêmio de Napoleão, que descobriu que qualquer método de conservação precisava ser à prova de ar (Appert empregava garrafas fechadas com rolha e seladas com cera). Sem a lata, a Inglaterra não teria erguido seu império. Os alimentos em conserva permitiam que os marinheiros viajassem por longas distâncias e que os exércitos no exterior não passassem fome. A Guerra Civil Americana não teria durado tanto quanto durou, não fossem as latas de leite de Gail Borden que mantiveram os soldados alimentados. Hoje, os americanos usam 130 bilhões de latas por ano. Quem come alimentos saídos de vidros com tampas soltas ou de latas amassadas ou inchadas, ou, ainda, comidas deixadas em latas depois de abertas, pode sofrer intoxicação pela bactéria do botulismo, que já causou mais de 25 mil mortes desde 1975.

SYLVANUS BOWSER

Nos primórdios da era do automóvel, a gasolina era comprada aos baldes em oficinas e empórios. Sylvanus Bowser teve a idéia de criar uma bomba hidráulica que empregasse um êmbolo mergulhador capaz de erguer uma coluna de fluido para a superfície. Sua invenção levou à construção do primeiro posto de gasolina, em 1905, quando Bowser vendeu sua invenção à empresa Standard Oil of California (a atual Chevron). Dizia-se que ele mantinha em seu escritório uma lata de gasolina que cheirava quando não conseguia sair a campo para supervisionar a instalação de novas bombas de combustível. Bowser dizia que adorava o cheiro da gasolina, tendo chegado a escrever que, para ele, a gasolina tinha "cheiro de dinheiro". Depois de ficar rico, ele construiu sua mansão num lugar que dava vista para sua fábrica de bombas de gasolina, em Fort Wayne, em Indiana. Hoje sua obsessão em inalar o vapor de gasolina é conhecida como dependência dos hidrocarbonos presentes na gasolina, o que leva à deterioração do sistema nervoso central, além de causar danos ao fígado, pressão alta e problemas digestivos. Quando Bowser morreu, em 1938, aos 66 anos, seu obituário elogiou sua invenção, mas não mencionou a causa da morte, nem seu suposto fraco por cheirar gasolina. Seu atestado de óbito deu como causa da morte "problemas hematológicos [sanguíneos]".

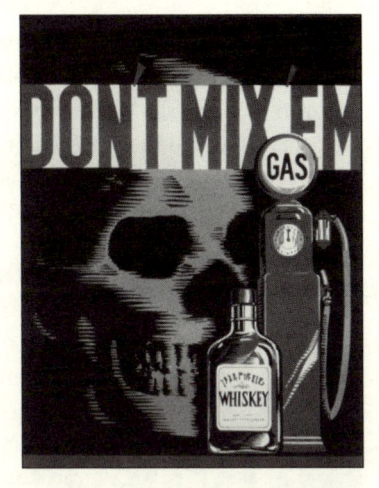

BOZO
Bob Bell representou o personagem do palhaço Bozo por 25 anos. Houve muitos que representaram Bozo, mas esse Bozo mais famoso morreu aos 75 anos de idade, em 1997, de doença cardíaca. Nenhum palhaço foi visto por mais pessoas que o Bozo de Bob Bell, com seus cabelos cor de laranja espetados, rosto e careca brancos, semelhantes aos do palhaço Krusty, de *Os Simpsons*. O personagem de Bozo não pertencia a Bell, mas ao detentor de sua marca registrada, Larry Harmon, que comprou a imagem da Capitol Records. Apesar disso, foi Bell quem recebeu um Emmy em 1970 por suas palhaçadas, que foi candidato nominalmente na eleição presidencial americana de 1984, teve o nome incluído no Hall da Fama dos Palhaços em 1996 e ainda é visto pelos fãs leais como o melhor Bozo de todos.

ATÉ OS PALHAÇOS TRISTES TÊM VIDA LONGA
Emmett Kelly, pai, começou como trapezista, mas encontrou seu nicho no papel do palhaço-vagabundo Weary Willy. Seu personagem de olhos e ros-

to tristonhos foi uma das imagens de palhaço mais reconhecíveis do século XX e aparece em mais pinturas sobre veludo e estampas litografadas que qualquer outro artista. Kelly se aposentou depois de 65 anos trabalhando no circo, mas continuou a apresentar-se em feiras comerciais e a fazer apresentações modestas e melancólicas em *shopping centers* do interior. Morreu em Sarasota, na Flórida, em 1979, aos 80 anos, de falência cardíaca.

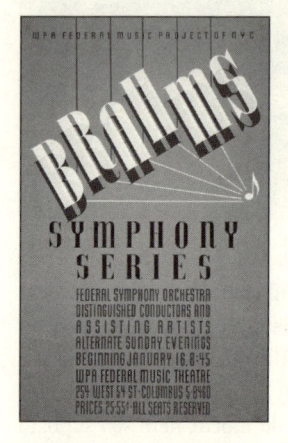

JOHANNES BRAHMS

Johannes Brahms foi o último dos grandes compositores do período clássico e romântico. Era menos ardente que Beethoven e seu fraseado musical era mais lógico e reservado, resultando num som mais delicado (como na "Canção de ninar e boa-noite", também conhecida como "Canção de ninar de Brahms"). Sua vida foi dedicada quase exclusivamente à música, de modo que, como Beethoven, ele nunca se casou, embora fosse apaixonado por Clara, mulher do compositor Schumann. Autocrítico ao extremo — não suportava que uma composição sua fosse imperfeita — , Brahms queimou boa parte de seus trabalhos, com exceção de cerca de duzentas peças. Morreu em 1897, aos 63 anos, de consumpção, um definhamento de dentro para fora que hoje conhecemos como câncer. Foi o primeiro grande compositor a ter sua voz gravada no aparelho de gravação sonora de Thomas Edison: ainda restam vinte segundos de uma gravação de Brahms tocando parte da *Dança húngara número 1*.

MARLON BRANDO

Nascido de pai e mãe alcoólatras, Marlon Brando foi o terceiro ator a receber dois Oscars de melhor ator: por *Sindicato de ladrões* (1954) e *O poderoso chefão* (1972). Ele recusou o segundo troféu, em protesto contra o tratamento dado aos indígenas americanos e também por relutância em glorificar a máfia. Perto do fim de seus dias, sua vida se converteu num drama mais dilacerante que qualquer um que já tivesse retratado nas telas: seu exílio auto-imposto no Taiti, o julgamento de seu filho por homicídio (no qual Brando se negou a prestar juramento sobre a Bíblia, alegando ser ateu), e sua obesidade e cegueira crescentes. Marlon Brando morreu em 2004, aos 80 anos de idade, de falência pulmonar resultante de fibrose pulmonar. Ele disse: "Não me incomoda o fato de ser gordo. Ainda ganho tanto quanto antes". Brando recebeu US$ 4 milhões por sua participação de dez minutos em *Superman – o filme*.

PEARL S. BUCK

Pearl S. (Sydenstricker) Buck foi criada na China e aprendeu a escrever inglês apenas como sua segunda língua. Escreveu o primeiro romance em 1930, e seu mais célebre, *A boa terra*, em 1932, tendo com ele se tornado a primeira mulher a receber um prêmio Pulitzer. Depois de escrever por apenas oito anos, tornou-se a primeira americana a ser agraciada com o Nobel da Literatura, em 1938. Pearl Buck era mais que prolífica: acabaria por escrever mais de cem livros, além de trabalhar em prol das adoções inter-raciais. Morreu em 1973 de falência cardíaca congestiva.

ROBERT O'HARA BURKE

Os mais célebres exploradores da Austrália foram a dupla estranha formada por Robert O'Hara Burke e William Wills. Eles foram os primeiros a atravessar o continente à procura de um lendário mar interior, motivados pelo prêmio oferecido a quem retornasse com informações geográficas que possibilitassem a construção de uma conexão telegráfica entre Melbourne e o golfo de Carpentária, no norte do país. Burke, que não tinha nenhuma experiência prévia como explorador, e Wills, agrimensor, acharam que seriam capazes de cobrir o percurso a pé, empreitada vista como temerária até mesmo por mateiros experientes. Impulsivo e impaciente, Burke achou que poderia ser bem-sucedido e organizou uma caravana fartamente abastecida, com um estoque de alimentos suficiente para dois anos, dezenas de cavalos e camelos, oitenta pares de calçados, trinta chapéus e mais de cinqüenta baldes de contas para fazer trocas com os aborígines. Porém, quando descobriu que puxar essa carga toda era um processo lento, abandonou boa parte dos suprimentos em favor da velocidade, abrindo mão da prudência para tentar fazer história e tornando-se o primeiro a atravessar o país. Na metade do caminho, Burke, Wills e dois outros homens — Charles Gray e John King — acabaram se vendo sozinhos, e completaram o percurso com seis camelos, um cavalo e alimentos suficientes para doze semanas. Eles conseguiram chegar à outra costa, mas três dos quatro morreram menos de seis meses depois — até junho de 1861 — , durante a viagem de retorno. Gray foi espancado por Burke por roubar comida da carroça de suprimentos e morreu de exaustão logo depois. Burke morreu de desnutrição, aos 40 anos, e Wills, aos 27, de escorbuto. King sobreviveu com a ajuda de aborígines e acabou sendo resgatado. Faleceu nove anos mais tarde, aos 31 anos de idade.

GEORGE BURNS

Nos primórdios da televisão, muitos atores de teatro de variedades que não conseguiam trabalhar no cinema ou que não tinham talento suficiente para atuar na Broadway foram para a televisão. Um casal de atores, George Burns e Gracie Allen, que formava dupla na rádio, fez a transição para a tevê com sucesso, em 1950, com "The Burns & Allen Show", retratando a si próprios em esquetes cômicos. O programa ganhou grande popularidade e ficou no ar até 1958, quando Gracie decidiu se aposentar. Uma fala célebre do programa, "*Say good night, Gracie*" [Diga boa-noite, Gracie], se concretizou definitivamente em 1964, quando Allen morreu de ataque cardíaco, aos 69 anos. George Burns, fumante de charutos, continuou a apresentar-se como humorista e atuou em mais de doze filmes, até fazer o papel de Deus, aos 88 anos, em *O céu continua esperando* (1984). Burns faleceu em 1996, aos 100 anos de idade, de parada cardiorrespiratória, provando que, pelo menos em seu caso — apesar de ter fumado charutos por quase um século —, a longevidade se deve à leveza de espírito.

> "Não acredito em morrer. Isso já foi feito antes."
> — GEORGE BURNS

WILLIAM BURROUGHS

William Burroughs fez seu nome como renegado das letras. Ele foi o *junkie* aristocrata, vagabundo e antiautoritário que escreveu o bizarro romance *Almoço nu*. Em 1951, enquanto brincava de Guilherme Tell, acertou uma bala na cabeça de sua segunda mulher. Norman Mailer certa vez declarou a seu respeito: "É o único romancista americano de que se pode dizer que seja dotado de genialidade". Burroughs morreu em 1997, aos 83 anos, de ataque cardíaco. Ele acreditava que o uso de ópio e opiáceos em sua juventude, uma época em que as substâncias eram puras, o conservara forte.

RICHARD BURTON

Richard Burton possui a distinção de ser o maior perdedor de Oscars: recebeu mais de sete indicações ao prêmio, mas não chegou a levá-lo para casa nunca. Apesar disso, foi o ator mais bem pago de Hollywood em sua época e chegou perto do recorde de maior número de casamentos — cinco, no total —, dois dos quais com Elizabeth Taylor. Sofreu de insônia durante a vida toda e era conhecido como grande consumidor de álcool, além de fumar cinco maços de cigarros por dia. Teve morte repentina, de hemorragia cerebral, em 1984, aos 58 anos. A atriz que teve o maior número de indicações ao Oscar (seis), mas nunca chegou a receber o prêmio, foi Thelma Ritter. Ela é lembrada como a mãe angustiada em *De ilusão também se vive* que não consegue encontrar o brinquedo de Natal que Kris Kringle prometeu a seu filho. Em 1968, sofreu um ataque cardíaco no palco do "Jerry Lewis Show" e morreu aos 62 anos de idade, duas semanas antes de seu aniversário.

OS FILHOS DE PAIS DIVORCIADOS OU SEPARADOS APRESENTAM RISCO MAIOR DE SOFRER MORTE PRECOCE. OS HOMENS QUE PERDERAM PAI OU MÃE TÊM PROBABILIDADE MAIOR DE VER SEUS PRÓPRIOS CASAMENTOS TERMINAR EM DIVÓRCIO. RICHARD BURTON PERDEU A MÃE AOS 2 ANOS DE IDADE E, POUCO DEPOIS, FOI ENTREGUE A UMA TIA PARA SER CRIADO POR ELA. COMEÇOU A BEBER E FUMAR AOS 8 ANOS.

C

JOÃO CABOTO

Muitos crêem que os primeiros mapas do Novo Mundo foram traçados a partir de anotações do explorador João Caboto [John Cabot], que viajava sob a bandeira inglesa mas nasceu na Itália com o nome de Giovanni Caboto. Não há dúvida de que Caboto foi um dos navegantes mais experientes da geração que explorou a costa norte-americana em 1497 e possivelmente chegou ao litoral norte da América do Sul no ano seguinte. Caboto foi morto por piratas espanhóis quando retornava de sua segunda viagem, em 1499, aos 49 anos. Seu navio foi afundado, e seu corpo nunca foi encontrado. Alguns dizem que os Estados Unidos deveriam ter recebido o nome de Giovânia ou Estados Unidos da Cabótica. Na verdade, no início do século XVIII o nome do país quase foi mudado, e por pouco os EUA não ganharam o nome de Estados Unidos da Colúmbia, em homenagem a Cristóvão Colombo.

ALBERT CAMUS

O laureado com o Nobel da Literatura que morreu mais jovem foi Albert Camus. O escritor e filósofo francês recebeu o prêmio em 1957, quando tinha 43 anos. Sua obra postulava o absurdo inerente da vida. Três anos mais tarde, em 1960, Camus morreu num acidente automobilístico. No bolso de seu casaco foi encontrada uma passagem de trem, não utilizada, para o mesmo destino ao qual se dirigia. O trem chegara em segurança. Camus observou certa vez que morrer num carro seria uma morte destituída de mérito e supremamente absurda.

> "Todos os grandes feitos e as grandes reflexões têm origens ridículas. Grandes obras com freqüência nascem numa esquina de rua ou na porta giratória de um restaurante."
> — ALBERT CAMUS

DALE CARNEGIE

O ano de 1948 elevou Dale Carnegie à fama, depois que seu livro *Como evitar preocupações e começar a viver* se tornou *best-seller*. Carnegie já tinha escrito outros livros de auto-ajuda nos anos 1930, incluindo *Como fazer amigos e influenciar pessoas* (1936), mas foi *Como evitar preocupações...* que o transformou em "indústria". Suas técnicas foram usadas como currículo de um curso de doze semanas e são usadas até hoje para ensinar vendedores a ganhar mais. Carnegie começou como vendedor de sabão e banha, e então criou uma espécie de filosofia do sucesso a partir do estilo que desenvolveu para transformar todos em fregueses. Seus livros já venderam mais de 30 milhões de cópias. Ele morreu aos 67 anos, em 1955, da doença de Hodgkin.

WILLIS CARRIER

Antes do surgimento do ar condicionado, os índices de produtividade em praticamente todos os setores econômicos caíam 40% nos meses do verão. As tentativas de resfriar edifícios envolviam ventiladores elétricos usados para circular ar refrigerado produzido com grandes blocos de gelo, que se derretia. Em 1902, Willis Carrier queria mostrar a sua mãe que ela não tinha desperdiçado seu dinheiro quando pagara seus estudos universitários. A primeira empresa para a qual trabalhou, uma firma de engenharia mecânica, recebeu de uma gráfica do Brooklyn a encomenda de uma solução para o calor e a umidade que faziam a tinta escorrer e paralisavam as máquinas, e seus colegas mais graduados passaram o pedido a Carrier, certos de que ele fracassaria e seria demitido. O jovem Carrier, que tinha 25 anos e acabara de formar-se pela Universidade

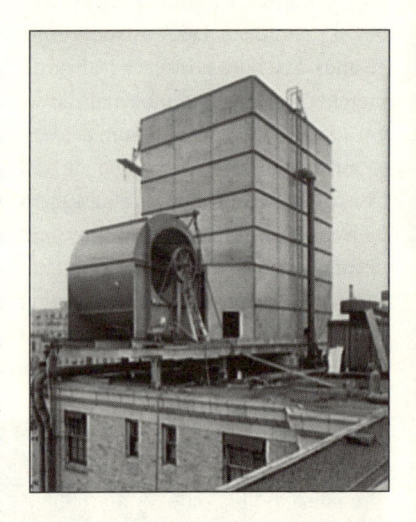

Cornell, suou frio; teve medo de ser obrigado a dizer à mãe que fora demitido meses apenas depois de começar em seu novo emprego. Esse medo o motivou a analisar o problema sob uma óptica inusitada. Em poucas semanas, inventou uma nova maneira de fazer água salgada passar sobre uma serpentina e depois redirecionar o ar evaporado, mais fresco, de volta para o ambiente. A invenção de Carrier controlava a umidade e resfriava o ar melhor do que um caminhão de gelo derretido poderia fazer. Ele a chamou de Artefato para Tratamento do Ar, mas o nome não tinha o tom comercial necessário. Sua invenção resolveu o problema da gráfica, mas demorou a ser adotada por outras indústrias. Contudo, acabou sendo experimentada por alguns cinemas. O Congresso ganhou ar condicionado em 1928, e a Casa Branca, em 1929. O primeiro automóvel a ter ar condicionado foi o Packard modelo 1939. Willis Carrier não chegou a lucrar com seu invento. Passou a maior parte da vida com a cabeça quente devido a problemas financeiros, morrendo de um problema cardíaco em 1950, aos 73 anos. Deixou uma invenção que ajudou o resto do mundo a ficar frio.

Quando os dutos de ar ficam molhados devido a vazamentos em telhados ou por ficar demasiado próximos de tubulações de encanamento, vários tipos de fungos e bactérias podem proliferar. As pessoas que vivem ou trabalham em ambientes resfriados com dutos de ar condicionado comprometidos sentem cansaço e freqüentemente apresentam tosse persistente e dores musculares, além de poderem desenvolver falta de ar, febre e calafrios. Mais de 6 mil mortes precoces por ano são atribuídas a dutos de ar condicionado comprometidos, e os atestados de óbito freqüentemente citam como causa da morte a pneumonite de hipersensibilidade, um distúrbio pulmonar inflamatório.

JOHNNY CARSON

O programa "The Tonight Show" foi apresentado pelo humorista Johnny Carson de 1962 a 1992 e liderou o horário do final da noite na televisão durante a maior parte de seu reinado. Johnny assumiu o lugar de Jack Paar, cujas improvisações durante comerciais ao vivo provocaram o repúdio de alguns patrocinadores. Seu comentário mais clássico foi pronunciado durante um comercial de cuecas, ao qual ele acrescentou, com uma gargalhada: "São tão apertadas que é como ser abraçado por um anão". Paar morreu em 2004, aos 85 anos, depois de sofrer arteriosclerose e derrame cerebral e ser submetido a cirurgia de tripla ponte de safena. Carson, que fumou durante a vida inteira, morreu de enfisema pulmonar em 2005, aos 79 anos.

GEORGE WASHINGTON CARVER

George Washington Carver era fascinado por plantas silvestres, e na fazenda do Missouri onde trabalhava como escravo era conhecido como "o Médico das Plantas". Quando a escravidão foi abolida, ele começou a freqüentar a escola, acabando por tornar-se o primeiro aluno negro da Universidade de Iowa, onde cursou agronomia. Carver desenvolveu maneiras de as fazendas do sul dos EUA cultivarem outro produto — em especial o amendoim — além do algodão. Em 1896 o Departamento de Agricultura o encarregou de estudar o solo e práticas agrícolas na Universidade de Tuskegee, onde permaneceu até sua morte, em 1943, decorrente da queda de uma escadaria. Carver tinha aproximadamente 79 anos, mas sua idade exata não era conhecida porque sua data de nascimento não chegou a ser registrada. Ele se tornou conhecido por inventar mais de trezentas maneiras de usar o amendoim, convertendo a semente, antes vista como exótica, na base de uma indústria que hoje movimenta US$ 5 bilhões.

A PASTA DE AMENDOIM FIGURA EM
QUINTO LUGAR — ATRÁS DE CACHORRO-QUENTE,
UVAS, NOZES, CENOURAS CRUAS E AIPO — NA LISTA
DOS ALIMENTOS QUE MAIS PROVOCAM
ENGASGAMENTOS RESULTANTES EM MORTES.

MARY ANN SHADD CARY

Mary Ann Shadd Cary (1823-1893) foi educadora e abolicionista. Ela foi a primeira mulher negra a formar-se pela Escola de Direito da Universidade Howard e a primeira negra a votar numa eleição federal. Cary ajudou o presidente Lincoln a recrutar negros para combater pela União, e sua casa era usada com freqüência como abrigo seguro para escravos que fugiam do sul do país, na rota conhecida como "ferrovia subterrânea". Depois da guerra, tornou-se diretora de escola e, aos 60 anos de idade, advogada em Washington. Cary morreu em 1893 de falência cardíaca, aos 70 anos e dona de um patrimônio avaliado em US$ 150.

JOHNNY CASH

Ele vendeu 50 milhões de álbuns numa carreira que durou cinqüenta anos, cantando os oprimidos e os fora-da-lei. Conhecido por usar ternos pretos — como dizia, "eu adoraria vestir terno branco, mas só quando o mundo for franco" — , Cash equilibrou-se à beira da autodestruição durante anos de alcoolismo e vício de drogas, mas voltou a se preservar depois de casar-se com o grande amor de sua vida, June Carter. Ela faleceu — em 2003, aos 73 anos, durante uma cirurgia cardíaca — , e seu marido, o "Homem de Preto", de coração partido, morreu oficialmente quatro meses mais tarde, aos 71 anos, de falência respiratória decorrente de diabete. O artista, que iniciava cada apresentação sua dizendo simplesmente "Alô, sou Johnny Cash", despediu-se e, é claro, foi enterrado de terno preto.

MÚSICOS, SEUS FÍGADOS E SEUS ESTILOS DE VIDA

Em 1965, **Alan Freed** (Aldon James Freed), DJ que ficou conhecido por ter cunhado o termo "*rock and roll*" (embora o grupo Boswell Sisters tenha cantado uma música intitulada "Rock and Roll" na década de 1940), morreu de uremia (falência renal) e cirrose aos 42 anos, alguns anos depois de declararse culpado de receber propinas para tocar determinadas canções. Em 1972, **Clyde McPhatter**, do grupo Dominoes, morreu de falência hepática aos 39 anos de idade. Em 1973, **Ron "Pigpen" McKernan**, tecladista do Grateful Dead, ingeriu mais álcool do que seu fígado conseguiu processar e acabou morrendo de hemorragia gastrointestinal, com apenas 27 anos de idade. Embora **Florence Ballard**, do trio The Supremes, tivesse cantado "Stop in the Name of Love" [Pare em nome do amor], ela não conseguiu parar de beber, nem por amor nem por qualquer outra razão, e por esse motivo morreu aos 32 anos de idade, em 1976, de trombose coronária. Amigo e ex-colega de quarto de Johnny Cash, **Waylon Jennings**, conhecido pela música "I'm a Ramblin' Man", encontrou o descanso final quando a diabete o matou, em 2002, aos 64 anos.

Quando **Ray Charles** tinha 4 anos, seu irmão um ano mais velho caiu numa banheira ao ar livre. Ray não conseguiu tirá-lo da banheira a tempo, e o irmão se afogou. Pouco depois, Ray começou a perder a visão, chegando aos 7 anos totalmente cego. Quem poderia saber o que "Georgia on My Mind" [A Geórgia em minha mente] realmente queria dizer para o cantor popular — embora seus 17 anos de dependência de heroína possam ter tido alguma relação com isso. Ray Charles morreu de falência hepática em 2004, aos 73 anos.

De membro de gangues a "Rei da Música para Namorar", **Barry White**, conhecido por "Can't Get Enough of Your Love, Baby" e "You're the First, the Last, My Everything" não conseguiu evitar ser consumido pela paixão. A hipertensão crônica da qual sofria provocou uma falência renal que o levou à morte, aos 58 anos, em 2004. No ano seguinte morreu o cantor **Luther Vandross**, célebre pelos sucessos "Endless Love" e "Dance With My Father". Tinha 54 anos. Luther passou a maior parte da vida combatendo a obesidade, e em 2003 adotou uma dieta rígida que excluía todo carboidrato. Perdeu mais de 45 quilos. Pouco depois, sofreu um derrame. Alguns dizem que a pressão sofrida para emagrecer foi o que o matou; seja como for, a causa de sua morte foi um ataque cardíaco.

WILLA CATHER
Willa Cather lecionou inglês num colégio de Pittsburgh antes de tornar-se editora da revista *McClure's*. Recebeu o Prêmio Pulitzer em 1923 por *One of Ours* e persistiu em escrever num estilo visto como "arte de alto nível", influenciado por Henry James. Apesar de sua linguagem formal e empolada, emplacou um *best-seller* em 1932 com seu romance *Shadows on the Rock*, sobre uma viúva parisiense e sua filha, ambientado no Quebec do século XVII. Willa Cather sempre foi lésbica e teve vários casos com mulheres de destaque, mas permaneceu fiel, na maior parte do tempo, a uma certa Edith Lewis, tendo vivido na Rua Five Bank, no Greenwich Village, em Nova York, por mais de quarenta anos. Morreu em 1947, aos 73, de hemorragia cerebral.

Uma hemorragia cerebral, ou aneurisma, é o que acontece quando um vaso sanguíneo estoura repentinamente no cérebro. O processo nem sempre é fulminante; freqüentemente é anunciado por uma dor de cabeça acompanhada de pescoço rígido, náuseas, irregularidade repentina nas habilidades verbais ou dificuldade de engolir. Aproximadamente 50 mil pessoas por ano morrem nos Estados Unidos de hemorragia cerebral espontânea.

SERGI CHALIBASHVILI
O mergulho é um esporte ousado e competitivo. Um, dois ou três saltos corridos, e então o atleta salta do final da prancha, mergulhando no ar. Quanto maior a altura, melhor, e maior a possibilidade que o atleta tem de completar giros e manobras difíceis antes de atingir a água. De acordo com o Burô de Estatísticas do Trabalho dos Estados Unidos — que, surpreenden-

temente, mantém um registro das mortes de atletas — , a cada ano morrem dois mergulhadores e vinte ou mais sofrem danos graves na espinha dorsal. A coisa geralmente se passa como aconteceu nos Jogos Universitários Mundiais de 1983, quando Sergi Chalibashvili subiu tão alto para fazer seu mergulho de três giros e meio inversos que bateu a cabeça na lateral da prancha enquanto descia. Ele ficou uma semana em coma antes de morrer, aos 21 anos. Chalibashvili continua vivo em vídeos de treinamento que são vistos por outros mergulhadores, que estremecem ao ver o impacto de sua cabeça contra a prancha, mas, esperemos, aprendem com isso a evitar sofrer destino semelhante.

JOSHUA CHAMBERLAIN

O general Joshua Chamberlain participou de 24 batalhas e foi ferido em seis ocasiões. Ele foi escolhido por Ulysses S. Grant para receber (em 12 de abril de 1865) a rendição formal das armas e da bandeira das mãos de Robert E. Lee, líder dos sulistas na Guerra Civil Americana, no Tribunal de Appotomax, na Virgínia. Durante a cerimônia, saudou os soldados confederados, num gesto que provocou reações ultrajadas no Norte mas que ele defendeu como sendo um ato de honra entre guerreiros. Depois da guerra, Chamberlain foi eleito governador do Maine pela mais expressiva maioria da história desse estado. Morreu aos 85 anos, de complicações decorrentes de seus ferimentos de batalha, que, ao que parece, levaram bastante tempo para provocar seu efeito fatal.

OS CLAMPETTS

Em 1963, quando os Estados Unidos estavam de luto, acompanhando na televisão os fatos que cercaram o assassinato do presidente Kennedy, o programa mais popular na televisão era *The Beverly Hillbillies* (*A família Buscapé*). Mais pessoas sintonizaram seus aparelhos para ver Jed Clampett (Buddy Ebsen) e Granny (Irene Ryan) que para assistir ao funeral de Kennedy. A *sitcom* chegou ao primeiro lugar na audiência semanas apenas depois de estrear, deixando perplexos os críticos que a haviam desancado. Era uma história do tipo daquelas que os americanos tanto amavam — sobre pessoas pobres que enriquecem por seu próprio esforço —, relatada com humor escrachado e trocadilhos em abundância. Era divertido ver os simpáticos caipiras se mudarem do Tennessee para Beverly Hills. Buddy Ebsen, ator do programa, viveu sua própria história de enriquecimento graças ao suor de sua fronte. Depois de chegar à Broadway vindo de Orlando, na Flórida, em 1928, com menos de 30 dólares no bolso, começou a trabalhar como dançarino no teatro de variedades. Foi o primeiro escolhido para representar o Homem de Lata em *O Mágico de Oz*, mas adoeceu com a tinta corporal prateada e foi substituído por Jack Haley. Mais tarde, perdeu outra grande oportunidade, a de ser escolhido para o papel de Davy Crockett no seriado da Disney do mesmo título, pois foi preterido em favor de Fess Parker. O sucesso passou longe dele até o momento em que foi chamado para representar Jed Clampett. Esse trabalho acabou levando-o a representar outro protagonista popular em *Barnaby Jones*. Longe das câmeras, Buddy Ebsen tinha o mesmo temperamento simpático que o converteu em personalidade amável na televisão. Ele atribuía sua longevidade às férias que passava no mar, em seu catamarã. Faleceu em 2003, aos 95 anos, de complicações decorrentes de uma pneumonia. Cinco outros personagens de *Beverly Hillbillies* marcaram presença em obituários: a Prima Pearl Bodine, representada por **Bea Benaderet** (que também fez a voz de Betty Rubble, em *Os Flintstones*), morreu de câncer do pulmão em 1968, aos 62 anos. A rabugenta Granny (Vovó), representada por **Irene Ryan**, faleceu no palco em 1973, aos 70 anos, de tumor cerebral, enquanto atuava em *Pippin*, na Broadway. Mr. Drysdale (**Ray Bailey**) morreu aos 75 anos, de ataque cardíaco, em 1980. Mrs. Margaret Drysdale (**Harriet MacGibbon**) fez o mesmo em 1987, de falência pulmonar, aos 81 anos. Jane Hathaway, representada por **Nancy Kulp**, sucumbiu ao câncer em 1991, quando tinha 69 anos.

ROBERTO CLEMENTE
Roberto Clemente Walker foi o primeiro hispano-americano a ter seu nome incluído no Hall da Fama do Beisebol, se bem que a homenagem tenha sido póstuma. Com seu braço lançador que lembrava uma catapulta, ele quebrou recordes como jogador do campo externo durante os dezoito anos em que jogou em times da primeira liga, tendo fixado um recorde impressionante com seu bastão ao alcançar a média de 0,317 ao longo da carreira. Nascido em família pobre em Porto Rico, Roberto estabeleceu como missão de vida voltar à sua ilha, fora das temporadas do beisebol, para dar ajuda à população carente. Aos 38 anos de idade, em 1972, estava a caminho da Nicarágua para levar suprimentos às vítimas de um terremoto, quando o avião sobre-

carregado em que voava caiu no oceano Atlântico, menos de 2 quilômetros depois de decolar do aeroporto de San Juan. Embora gozasse de saúde perfeita, Roberto disse muitas vezes à mulher que achava que morreria jovem. Apesar disso, diferentemente de algumas celebridades que são recordadas por seus excessos extraprofissionais, Roberto Clemente ainda é visto por muitos como herói, já que morreu tentando fazer o bem. Seu corpo nunca foi recuperado.

UM ERRO CAPITAL

Os jogadores de beisebol eram admirados por sua habilidade em campo, mas poucos renderam manchetes por suas ações fora dele. Em 1935, **Len Koenecke** jogava no Dodgers, mas foi mandado para casa na metade da temporada devido a uma seqüência de erros que cometera. Durante o vôo de volta a Buffalo, no estado de Nova York, ele se embriagou e provocou uma confusão no avião. Quando resolveu tentar arrancar os controles das mãos do piloto, teve início uma escaramuça violenta. Para evitar a queda do avião, alguém golpeou Koenecke na cabeça com um extintor de incêndio. Ele tinha 31 anos quando morreu.

JOGADORES DE BEISEBOL MORTOS EM AVIÕES

20 de setembro de 1956: **Tom Gastall**, apanhador do Baltimore Orioles, morreu num desastre aéreo em Maryland. 27 de novembro de 1956: o apanhador do St. Louis Cardinal **Charlie Peete** faleceu num desastre aéreo na Venezuela. 13 de fevereiro de 1964: **Ken Hubbs** (23 anos), jogador da segunda base do Chicago Cubs considerado Revelação do Ano em 1962, morreu quando o avião em que viajava caiu em Provo, em Utah. 2 de agosto de 1979: **Thurman Munson** (32), apanhador do New York Yankees, estava tendo aula de pilotagem quando seu avião caiu em Canton, em Ohio. Morreu ao iniciar o pouso alguns metros antes da pista.

CLEÓPATRA

Cleópatra foi a última rainha do Egito. Além de muito bela, era inteligente. Nas palavras de Plutarco, "ouvir o som de sua voz era um prazer, e ela afinava sua língua com habilidade ao idioma que desejasse, como um instrumento de muitas cordas". Cleópatra chegou ao poder aos 17 anos e manipulou as leis que proibiam que a soberania fosse exercida por uma mulher, até exercer controle indiscutível sobre seu país. Quando foi exilada, apresentou-se a Júlio César enrolada num tapete, oferecendo-se como presente, sob a condição de que lhe fosse devolvido o poder sobre o Egito. O governante do país na época, seu irmão Ptolomeu, foi imediatamente afogado no Nilo. Quando Cleópatra deu a César um filho, que recebeu o nome de Cesárion, o ditador chegou a contemplar a idéia de dividir com ela o governo do Egito, mas foi assassinado nos degraus do Senado por cogitar tal bobagem. Pouco depois, Marco Antônio, o líder mais poderoso de Roma, marcou encontro com Cleópatra e apaixonou-se instantaneamente por ela. Quando Marco Antônio foi derrotado em sua tentativa de dominar Roma e pôs fim à própria vida, Cleópatra logo seguiu seu exemplo, morrendo, segundo reza a lenda, pela picada de uma víbora. Mas isso é altamente improvável, já que ela evitava sofrer dor e cuidava de seu corpo como poucas mulheres antes ou depois dela. A picada de uma víbora norte-africana teria causado convulsões, vômitos e inchaço. É fato que Cleópatra decidiu morrer e deitou-se num leito real dourado, cercada por seus criados. Ela conhecia as serpentes e gostava de seu simbolismo, tanto que teria rido quando se ouviu ser descrita como Víbora do Nilo por sua capacidade de hipnotizar os homens. Parece mais provável que ela tenha bebido uma poção que continha veneno de naja, que garantiria uma morte mais rápida, e mandado colocar um cesto de víboras ao lado de sua cama apenas para criar efeito maior. Tinha 39 anos.

A MORTE COMO PARTE DO CARDÁPIO

Os romanos adoravam os venenos. No século III a.C., um vilarejo inteiro foi envenenado quando as autoridades acharam que uma epidemia tinha se originado de seus moradores. Em 211 a.C., pelo menos 20 mil moradores de Cápua (cidade ao sul de Roma) foram envenenados. Os registros indicam que a rainha Sofosniba, da Numídia, foi assassinada em 203 a.C. com a ajuda de uma poção letal. A toxicidade de insetos, cobras, aranhas e escorpiões venenosos era do conhecimento comum, embora esse meio raramente fosse empregado em homicídios. Os venenos favoritos eram de origem vegetal, como a beladona e a mandrágora. Cícero escreveu que cicuta com mel rendia uma bebida palatável para os fadados à morte, sem mencionar o açafrão-outonal, o extrato de teixo e o ópio.

KURT COBAIN
Em 1994, recém-saído de uma clínica de recuperação de viciados em drogas, Kurt Cobain, o líder de 27 anos da banda de *rock* Nirvana, foi encontrado morto em sua casa em Seattle, com um ferimento de bala na cabeça. A autópsia mostrou que havia 225 miligramas de heroína em seu sangue — três vezes a quantidade necessária para uma overdose letal. O *junkie* mais inveterado ficaria imediatamente incapacitado depois de consumir tamanha quantidade da droga e estaria sem condições de segurar uma arma na mão ou disparála, fato que motiva suspeitas de que sua morte, apesar de atribuída a suicídio, possa ter incluído elementos mais sinistros.

SUICÍDIOS DE MÚSICOS
Ronnie Smith foi escolhido para tomar o lugar de Buddy Holly pelo restante de uma turnê de *rock* em 1959, depois de o cantor morrer num desastre aéreo. Atormentado por fantasmas, Ronnie se enforcou em 1962, aos 28 anos. **Joe Meek** (Robert George Meek) fez algum sucesso com "Ridin' the Wind", mas, aparentemente, não o bastante, já que atirou na dona de seu apartamento e em seguida matou-se com um tiro, em 1967, quando tinha 37 anos. **Mike Furber**, líder do grupo Mike Furber and the Bowery Boys com o sucesso "Just a Poor Boy" [Apenas um rapaz pobre], parece ter dado crédito demais a essa autodescrição negativa e se enforcou aos 25 anos de idade, em 1973. Nesse mesmo ano, **Paul Williams**, vocalista do grupo Temptations, matou-se com um tiro, aos 34 anos. Em 1976, **Phil Ochs**, cantor de "Draft Dodger Rag", matou-se por enforcamento. Tinha 35 anos. Em 1979, **Donny Hathaway**, conhecido pela canção "Where Is the

A "Freira Cantora" [Singing Sister], irmã Luc-Gabrielle (Jeanine Deckers), conhecida pela música "Dominique", virou sensação depois de aparecer no "Ed Sullivan Show" em 1964. Após gravar uma canção em favor do controle de natalidade, acabou por deixar sua ordem religiosa belga. Quando foi processada por sonegação de impostos, a Freira Cantora, que tinha 51 anos, e sua cara metade, uma mulher, se suicidaram juntas, em 1985.

Love" [Onde está o amor] — aparentemente sem tê-lo encontrado —, saltou da janela do 15º andar de um hotel em Nova York, aos 33 anos. **Tom Evans**, do Badfinger, enforcou-se aos 36 anos, em 1983.

Em 1986, **Richard Manuel**, de 46 anos, do The Band, enforcou-se. Dois anos depois, **Roy Buchanan**, cantor de *blues* conhecido por "My Baby Says She's Gonna Leave Me" [Minha garota diz que vai me deixar], aparentemente não conseguiu superar esse sofrimento, haja visto que se enforcou aos 48 anos numa cadeia distrital depois de ser preso por embriaguez em público. Em 1988, **Billy Nelson** (William Hugh Nelson Jr.), filho de Willie Nelson e autor de "Put Me on a Train Back to Texas", suicidou-se aos 33 anos por enforcamento. O cantor **Sims Ellison**, do grupo Pariah, conhecido pelo sucesso "Nobody Listens" [Ninguém ouve], parece ter acreditado no título da música, tanto que se matou com um tiro em 1995, quando tinha 28 anos. **Wendy O. Williams**, do grupo Plasmatics, provou que não estava brincando quando cantou "It's My Life" [A vida é minha]: também se matou com um tiro, aos 48 anos, em 1998. **Dave Blood** (David Schultise), da banda Dead Milkmen [Leiteiros Mortos], interpretou literalmente o nome de seu grupo e, para lhe dar maior autenticidade, suicidou-se aos 47 anos, em 2004.

UM NOVO TIPO DE "MILE-HIGH CLUB" *[O SUPOSTO CLUBE DAS PESSOAS QUE FAZEM SEXO EM AVIÕES À ALTITUDE DE PELO MENOS 1 MILHA]*
Em 2006, **Gerald Georgettis**, engenheiro de som de algumas das melhores bandas, incluindo Pink Floyd e Red Hot Chili Peppers, estava sentado ao lado de um bebê num vôo entre Miami e Los Angeles. Sem conseguir suportar o choro incessante da criança — entre outras coisas —, ele se enforcou no toalete do avião. Tinha 56 anos.

NAT KING COLE

Em 1948, **Nat King Cole** (Nathaniel Adams Coles) tornou-se músico de grande destaque ao lançar "Nature Boy", que vendeu 1 milhão de cópias e fez do cantor uma celebridade internacional. A música foi escrita por um iogue do Brooklyn, **eden ahbez** (que acreditava que apenas divindades mereciam nomes que comecem com letras maiúsculas), que deixou a letra pregada na porta do camarim de Cole. A voz aveludada de Nat King Cole e sua presença impecável no palco lhe valeram grande sucesso e a distinção histórica de ser o primeiro afrodescendente a apresentar um programa de variedades na televisão americana. Fora do palco, porém, Cole não se deixou influenciar pela defesa feita por eden de tudo o que era natural. Ele continuou a fumar cigarros em grande quantidade até falecer de câncer pulmonar, em

1965, aos 45 anos. Já eden ahbez pode ser visto como o primeiro *hippie*: calçava sandálias e usava barba e cabelos longos, quinze anos antes de a moda pegar. Viveu durante anos acampado debaixo do L da placa de "Hollywood", dormindo ao ar livre com sua família, alimentando-se de vegetais, frutas e sementes e estudando o misticismo oriental. Em 1966, foi visto num estúdio com os Beach Boys, atuando como consultor da banda. Rebelde até o final, morreu em 1995 ao ser atingido por um carro quando atravessava uma rua com o farol fechado, sem olhar para os lados. Tinha 86 anos.

CRISTÓVÃO COLOMBO

Poucas pessoas na época de Colombo acreditavam de fato que a Terra fosse plana. O medo de se aventurar pelos mares se devia ao fato de não ser conhecida toda a imensidão da esfera terrestre. A maioria dos marinheiros acreditava que, se partissem em direção ao oeste, em vez do leste, para chegar à Ásia, a Terra certamente era grande o suficiente para que morressem de fome e sede muito antes de alcançarem terras habitáveis. Colombo usou cálculos feitos com base em textos árabes e gregos, que citavam uma circunferência possível em milhas náuticas, e converteu esses números para milhas italianas, que eram mais curtas, concluindo então que a Terra tinha a metade do tamanho real. Seu erro lhe deu a coragem necessária para colocar seu plano em ação. Colombo tinha altura um pouco superior à normal da época (1,67 metro) e longos cabelos ruivos que caíam dos lados de sua cabeça calva, que lembrava a de um frade. Sua tez era pálida, e ele enrubescia rapidamente quando outros tachavam suas idéias de tolas. Apesar disso, a rainha Isabel e o rei Fernando da Espanha o consideraram o melhor homem para enfrentar a aposta política da exploração dos mares, necessária para manter

*A rainha **Isabel, da Espanha**, morreu em 1504, vítima de câncer pancreático. Ela é recordada não apenas por ter patrocinado as viagens de Colombo, mas por ter autorizado a mais brutal inquisição já conduzida pela Igreja Católica. Ela própria, enquanto definhava, pôde sentir uma pequena amostra das torturas infligidas a milhares de pessoas. Sua filha, Joana, a Louca, última descendente da realeza espanhola de sua linhagem, passou mais de quarenta anos trancada em uma sala sem janelas, provavelmente sofrendo de esquizofrenia, até morrer em 1555, aos 74 anos de idade.*

a paridade com o vizinho Portugal, e acabaram concordando com as condições que ele impôs — participação nos lucros do que quer que descobrisse —, em parte porque presumiram que ele não fosse retornar. No ano de 1492, Colombo desembarcou nas Baamas, de onde navegou para as atuais Cuba e República Dominicana, antes de retornar à Espanha um ano mais tarde. Ele fez outras três viagens, mas foi detido e encarcerado em 1500, acusado de incompetência como governador. O rei e a rainha espanhóis acabaram por libertá-lo, mas descumpriram a promessa feita de lhe ceder 10% dos lucros. Os anos que Colombo passara no mar, incluindo um ano parado na Jamaica depois de um naufrágio, já tinham deformado seu corpo com artrite e enfraquecido sua vista devido a uma conjuntivite bacteriana. Além disso, ele dizia ouvir vozes divinas e começou a usar vestes de frade. Colombo morreu aos 55 anos, em 1506, em sua residência de Valladolid, na Espanha, vítima da síndrome de Reiter — condição caracterizada por edemas articulares provocados por intoxicações alimentares repetidas ou doença venérea prolongada. Após a morte, ele foi considerado digno do custo adicional da excarnação, ou remoção da carne de seus ossos para a conservação de seu esqueleto. Esse caro tratamento era concedido apenas a pessoas de condição elevada ou ícones em potencial. Assim como Colombo fez em vida, seus ossos foram trasladados diversas vezes, da Espanha para São Domingos, dali para Havana, em Cuba, e de volta à Espanha outra vez. Por essa razão, ninguém sabe ao certo onde estão seus verdadeiros restos mortais, nem se todos estão reunidos em um só local.

A NOVA PISTOLA METÁLICA COLT, MODELO DO EXÉRCITO, COM CARTUCHO ROTATÓRIO.

A ilustração tem metade do tamanho da pistola, calibre 0,45 polegada. Preço: US$ 20,00.

PISTOLA MILITAR METÁLICA DE CARTUCHO COLT, COM CORONHA AFIXÁVEL

SAMUEL COLT

Samuel Colt patenteou a pistola de câmera rotatória em 1839. Adolescente, trabalhara como marinheiro e passara horas olhando fixamente para a roda do leme do navio. Colt usou o mesmo princípio da roda para inventar uma arma de fogo capaz de disparar várias balas sem precisar ser recarregada. Ele se destacava como inventor e promotor de suas idéias, e, se vivesse hoje, seria visto como trabalhólatra compulsivo. Esforçou-se por encontrar uma forma de produzir suas armas a baixo custo, mas foi obrigado a encontrar um método de produzi-las em massa depois de receber do governo americano uma encomenda de mil revólveres, em 1847. Quando morreu de exaustão, aos 47 anos, Samuel Colt já tinha produzido mais de 400 mil revólveres Colt calibre .45. Em seu funeral, em 1862, foi dito a respeito do Colt .45, que ele inventou: "Deus criou o homem, mas Sam Colt (o Colt .45) tornou todos os homens iguais".

MAIS DE 34 MIL PESSOAS, SENDO EM MÉDIA 75 ADULTOS E DEZ CRIANÇAS POR DIA, MORRERAM VITIMADAS POR ARMAS DE FOGO NOS ESTADOS UNIDOS EM 2006. AS ARMAS DE FOGO MATAM MAIS PESSOAS POR SEMANA NOS EUA QUE EM CADA ANO INTEIRO NA EUROPA. APENAS EM DOIS ANOS (2006-2007), A ARMA DA FOTO MATOU MAIS CIVIS AMERICANOS QUE TODOS OS SOLDADOS DOS EUA MORTOS DURANTE OS NOVE ANOS DA GUERRA DO VIETNÃ.

JOHN COLTRANE

John Coltrane foi um saxofonista de *jazz* que buscou criar um som novo para o gênero. Ele é visto como revolucionário musical de vanguarda, embora muitos ouvintes casuais do *jazz* digam que suas últimas gravações soam como ruídos desconexos e nada mais. Durante a década de 1950 sua música era mais tradicional e foi bem recebida, embora o próprio Coltrane com freqüência se mostrasse imprevisível, devido a sua dependência de drogas e álcool. Em 1957 ele procurou uma solução espiritual para os demônios que o atormentavam. Ao final, pensava que, se pudesse encontrar a linguagem universal da música, ela seria forte o suficiente para curar as enfermidades. Apesar disso, Coltrane morreu em 1967, aos 40 anos, de uma doença hepática, que parece ter sido a hepatite C, freqüentemente contraída pelo uso de drogas intravenosas. Isso aconteceu muito antes de essa doença ser conhecida.

PERRY COMO

Perry Como (Pierino Ronaldo Como) entrou nas paradas de sucessos pela primeira vez em 1949 com "Far Away Places", inaugurando uma década de popularidade quase ímpar. O público adorava seu estilo descontraído, tanto que Como tornou-se o primeiro artista a ter mais de dez discos que venderam mais de 1 milhão de exemplares cada. Começando como barbeiro barítono que gostava de cantar, ele chegou a ter seu próprio programa de televisão na década de 1950. Durante 45 anos, até o início dos anos 1990, apresentou um programa tradicional de Natal. Morreu em 2001, aos 88 anos, de complicações decorrentes do mal de Alzheimer.

CONFÚCIO

Confúcio foi o fruto de um romance entre outono e primavera: seu pai tinha 70 anos, e sua mãe, 15. Quando o pai morreu, mãe e filho ficaram reduzidos à miséria. Confúcio conseguiu um emprego de baixo escalão no governo, onde, graças a sua sabedoria, acabou ganhando a atenção da classe governante e gerando prosperidade com seus conselhos. Ele deixou o cargo quando o comportamento pouco ético dos líderes o desagradou — especialmente um evento de entretenimento extravagante que envolvia cem dançarinas, o qual pareceu a Confúcio de mau gosto especial. Passou, então, a percorrer o país ensinando uma filosofia de moralidade e uma forma pragmática de viver. Anos mais tarde, foi acrescentado a suas doutrinas um conjunto de rituais que é praticado até hoje. Confúcio morreu em 479 a.C., aos 72 anos, de doença coronária — morte vista na época como provocada por causas naturais —, considerando-se um fracasso por não conseguir promover mudanças e acreditando, equivocadamente, que seus ensinamentos seriam esquecidos.

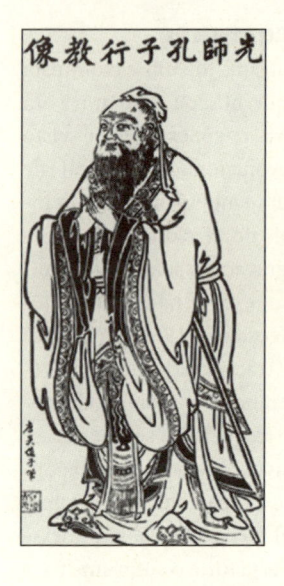

O POETA MÍSTICO CHINÊS LI PO MORREU EM 762 D.C., AFOGADO, AO TENTAR ABRAÇAR A LUA CHEIA REFLETIDA NUM LAGO.

CONSTANTINO

Constantino foi o imperador romano que pôs fim à perseguição dos cristãos e convocou o Concílio de Nicéia, em 325 d.C., para organizar os diversos ramos e divisões das seitas cristãs em uma só religião, estabelecendo determinadas mitologias ainda seguidas até hoje, sob muitos aspectos. Ele continuou a respeitar as divindades romanas durante toda a vida e optou por não ser batizado até estar perto de morrer. Constantino era um homem alto, com nariz adunco e maxilar proeminente, de presença majestosa e pose própria do general militar que era. Seu império se estendia da Bretanha até a fronteira da Pérsia, e, para mantê-lo intacto, ele promulgou leis severas que tinham que ser obedecidas ao pé da letra. Se os pobres atrasassem o pagamento de seus impostos, eram torturados, e, com freqüência, obrigados a vender as filhas para se tornarem prostitutas a fim de conseguir pagar a conta. Se uma moça fugisse com um amante, poderia ser queimada viva, e quem a ajudasse a fugir teria chumbo derretido derramado por sua garganta abaixo. Porém, Constantino proibiu a crucifixão e decretou que os pequenos criminosos não fossem mais marcados a ferro em brasa no rosto, mas apenas nas mãos ou nos pés. Ele morreu em 337 d.C. de doença coronária, aos 65 anos de idade.

NICOLAS CONTÉ

Em 1795, durante um embargo que impediu que se obtivessem da Inglaterra (única fonte de lápis até então) os "chumbos" usados para escrever, o militar e pintor de retratos francês Nicolas Conté criou uma maneira de levar argila ao forno e derramar a mistura fundida entre duas metades de madeira, com isso inventando o primeiro lápis tal como o conhecemos. Aquilo que as crianças conhecem como lápis de grafite número 2 sempre foi feito de carbono. Conté fundou uma empresa para vender sua invenção, mas seu empreendimento foi interrompido em 1805, com sua morte por intoxicação sanguínea, aos 51 anos. Os "chumbos" da Inglaterra na realidade eram feitos de grafite e não continham chumbo, mas a mistura de Conté, que transformava argila em carvão, sim. Foi a determinação de Conté em encontrar um instrumento que lhe permitisse continuar a desenhar num tempo de guerra que provocou sua morte.

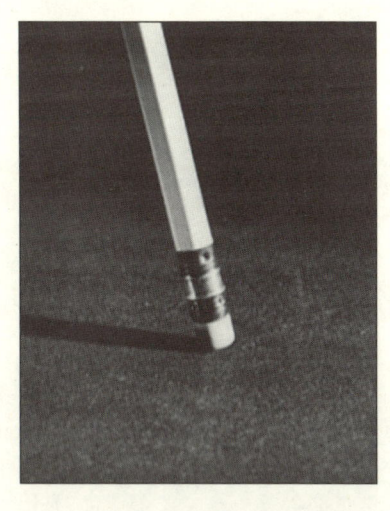

A intoxicação por chumbo age lentamente, mas já se constatou que prejudica o raciocínio e provoca comportamentos violentos. Pessoas de qualquer idade podem ser intoxicadas com chumbo, mas as crianças, com seu corpo menor, absorvem mais metal que os adultos. A intoxicação por chumbo prejudica mais as crianças menores. Vivendo em habitações de baixo padrão, 890 mil crianças em idade pré-escolar de zonas urbanas, especialmente no nordeste e no meio-oeste dos EUA, continuam expostas à intoxicação por chumbo. Elas apresentam alto teor desse metal no sangue, recebido não de lápis, mas de resíduos de tinta e gesso. Desde 1930, 49.212 obituários redigidos nos EUA fazem referência a mortes provocadas pela intoxicação por chumbo.

FERNÃO CORTÉS

Fernão (Hernán) Cortés derrotou os astecas mexicanos ao fazer-se passar por um deus. Aos 18 anos de idade, Cortés já era veterano de batalhas, tendo ajudado a conquistar Cuba. Em 1518, tentou obter autorização para liderar uma expedição ao México, mas não fez jus à confiança depositada nele e desobedeceu às ordens recebidas de retornar com os seiscentos homens que estavam sob seu comando. Ao chegar à costa oriental do México, conheceu uma bela indígena, que se tornou sua intérprete e amante. Graças às informações privilegiadas obtidas dela, Cortés descobriu a localização do lendário reino de ouro e marchou até a Cidade do México para encontrar-se com o governante **Montezuma**. Seguiram-se algumas batalhas, mas os astecas acharam que os espanhóis fossem deuses guerreiros e mais fugiram deles que os combateram. Cortés conseguiu manter Montezuma vivo e governar o povo por meio dele, mas, confrontado com um levante, apresentou o líder deposto à multidão para tentar acalmá-la; diante disso, Montezuma foi morto a pedradas por seu fracasso. Pouco depois o império asteca caiu, e a Espanha colonizou a região para valer. Cortés tornou-se governador e tentou promover a paz, plantando cana-de-açúcar. Ele foi o primeiro a importar escravos africanos para o Novo Mundo. Seus soldados desmantelaram a maior parte do império asteca, derreteram suas estátuas e enviaram os tesouros à Espanha. No final, Cortés foi acusado de diversos crimes por outros que invejavam seu poder. Tentou fazer a corte espanhola compensá-lo por suas expedições e descobertas, mas recebeu pouco. Cortés morreu de uma disenteria constrangedora (alguns ainda chamam a doença de "a vingança de Montezuma") e de pleurisia (água nos pulmões), aos 62 anos, em 1547.

*Sem **Malintzin**, a mulher tratada respeitosamente pelos espanhóis como Doña Marina, por quem Cortés se apaixonou e com quem teve um filho, a conquista do México teria sido evitada. Ela é vista como traidora, mas também como símbolo da mãe do povo mexicano de sangue mestiço. No entanto, seu museu na Cidade do México e a casa na qual teria vivido são evitados por muitos, devido a rumores sobre a presença de fantasmas e rostos de astecas mortos vistos nos vidros opacos das janelas. Malintzin morreu aos 34 anos, em 1529, não de amor nem de traição, mas de uma doença européia: a varíola.*

BOB CRANE

Uma *sitcom* tolinha, *Hogan's Heroes* (1965-1971), mostrava soldados rasos se divertindo num campo de prisioneiros de guerra da Alemanha. Mais bizarra ainda, talvez, que a idéia de que um campo de morte pudesse ser divertido era a vida secreta de Bob Crane, que representava o personagem principal, coronel Robert Hogan. Quando foi encontrado assassinado, em 1978, aos 49 anos de idade, uma investigação revelou que, ao mesmo tempo em que trocava piadas com o coronel Klink, o ator levava uma vida secreta de pornógrafo viciado em sexo. Depois de Crane ter sido morto por golpes de um macaco de automóvel, o produtor associado da companhia que Crane fundara pouco antes para produzir filmes pornográficos foi detido, mas não chegou a ser condenado. Pouco antes de morrer, Crane fez filmes em que ele próprio era o ator principal, contracenando com uma gama estranha de mulheres e participando de orgias. Alguns dizem que ele teria se arrependido da decisão de lançar os filmes. As autoridades acharam que seu sócio na produtora era quem deveria ter o melhor motivo para querê-lo morto, mas até hoje ninguém foi condenado pelo crime.

McHale's Navy (1962-1966), outro seriado de televisão que procurava mostrar a Segunda Guerra Mundial sob uma óptica cômica, incluía um grupo de marinheiros esdrúxulos em um navio-patrulha no Pacífico Sul. O capitão Wallace "Leadbottom" Binghampton, representado por Joe Flynn, não gostava da água. Essa atitude pareceu profética: em 1974 o ator foi encontrado afogado na piscina de sua residência em Beverly Hills, aos 49 anos, aparentemente depois de sofrer um ataque cardíaco.

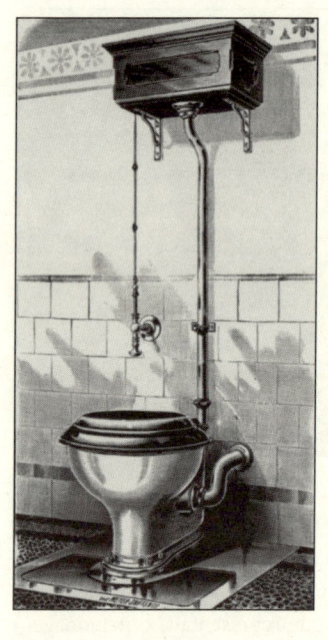

THOMAS CRAPPER

O encanador Thomas Crapper [seu sobrenome poderia ser traduzido como "defecador"] inventou, de fato, os componentes necessários para a construção da primeira privada com descarga, em 1864, e registrou nove patentes de aperfeiçoamentos da privada e da ainda muito útil bóia (que fica dentro do reservatório de água da descarga, garantindo que a água volte ao nível normal depois de cada descarga, sem ultrapassá-lo). Crapper demonstrou como alguns nomes acabam prevendo o destino de quem os ostenta, já que hoje "*crap*" é tanto substantivo quanto verbo em inglês, uma distinção rara no léxico das questões ligadas a privadas, sendo que, antes dele, o termo era usado para descrever os resíduos que ficavam no fundo de uma caneca de cerveja, as "fezes". Crapper morreu em 1910 — não, como rezam algumas lendas urbanas, de obstrução intestinal, mas de artérias obstruídas, aos 73 anos.

JIM CROW

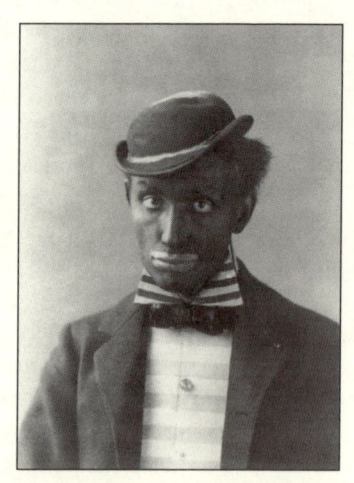

A partir de aproximadamente 1830, a forma mais popular de música ao vivo nos EUA era conhecida como "*minstrel show*". Trata-se de um fenômeno de difícil compreensão para os americanos de hoje, já que girava em torno de artistas que cantavam e dançavam imitando escravos, mas foi a primeira forma de entretenimento inteiramente americana. O responsável por sua criação foi **Thomas Dartmouth "Daddy" Rice**. Ele montou um roteiro de canto e dança, apresentando-se como um personagem de rosto pintado de preto, com carvão, que imitava um velho escravo aleijado que batizou de Jim Crow. Daquele momento em diante, todos os *minstrel shows* tinham um artista que representava Jim Crow. Daddy Rice ampliou seu repertório de personagens, criando também Sambo, Jim Dandy e Zip Coon, que se tornaram tão populares quanto Jim Crow e fizeram de Rice um dos artistas mais ricos de sua época. Mas seu amor por farras e promiscuidade o deixou paupérrimo quando morreu, em 1860, da doença hoje conhecida como sífilis, aos 52 anos.

MARIE CURIE

A primeira mulher a receber um prêmio Nobel foi **Marie Curie**, em 1903 — o da Física. E ela se tornou a única mulher a ser agraciada com dois prêmios Nobel, quando recebeu o da Química, em 1911. Seus trabalhos com a radiação e a descoberta dos elementos rádio e polônio abriram as portas para muitos avanços na ciência e na medicina. Pouco depois de receber o Nobel de 1911, Marie Curie foi hospitalizada, pois passara a sofrer de depressão e problemas renais. Sua saúde foi precária pelo resto da vida. Os perigos da radiação não eram conhecidos na época, e ela com freqüência trabalhava sem proteção contra substâncias radiativas. Morreu em 1934, aos 66 anos, de anemia aplástica, uma condição da medula óssea causada pela radiação. Em 1938 sua filha, **Irene Joliot-Curie**, recebeu o Prêmio Nobel da Química por seu trabalho com nêutrons, que criava as condições para a fissão nuclear. Irene morreu de leucemia em 1956, aos 58 anos de idade, em decorrência da exposição à radiação sofrida anos antes, quando ajudava sua mãe.

A exposição à radiação altera células e os meios normais pelos quais elas se dividem. O tipo de doença causada depende da intensidade e duração da exposição. Explosões de radiação podem provocar queimaduras imediatas, enquanto a exposição mais lenta, mas duradoura, é depositada nos tecidos orgânicos moles, como o cérebro. Medida em rems, a radiação afeta o corpo ao causar a formação de tumores de crescimento rápido, cânceres ou desordens sanguíneas. Nos EUA, cada pessoa é exposta a pelo menos 360 rems por ano, uma quantidade cumulativa que nunca sai dos tecidos moles do corpo. A partir do momento em que o organismo acumula 10 mil rems, formam-se cânceres.

JOHN B. CURTIS

A goma de mascar foi inventada por John B. Curtis em 1848. Ele tinha visto indígenas que mascavam a seiva de abetos vermelhos e passou horas trabalhando sobre um pequeno fogão para desenvolver a fórmula correta. Curtis mascou diversas preparações amargas até abrir a primeira fábrica comercial de chicletes dos Estados Unidos, a que chamou Empresa de Goma Pura de Abeto Vermelho do Estado do Maine e que acabou por empregar mais de duzentos funcionários. Sempre ansioso por mascar e experimentar suas novas linhas de produtos, ele morreu de asfixia causada por uma bola de goma que ficou presa em sua garganta.

MAIS DE 2.800 PESSOAS MORREM ENGASGADAS POR ANO, MAS APENAS TREZENTAS DESSAS MORTES SÃO CAUSADAS POR CHICLETES. ENTRE ELAS, AS VÍTIMAS MAIS COMUNS SÃO CRIANÇAS COM MENOS DE 3 ANOS. O AMERICANO MÉDIO CONSOME 0,8 KG DE CHICLETES POR ANO.

Walter E. Diemer criou o primeiro chiclete de bola em 1928, misturando num recipiente enorme 181 quilos de látex, gaultéria, hortelã, baunilha, canela e o único corante alimentício que tinha à mão, um preparado líquido cor-de-rosa. Ele atribuía sua longevidade e vida feliz ao hábito de andar de triciclo, fazendo bolas com chiclete, como uma criança. Morreu aos 94 anos de idade, em 1998.

D

DOROTHY DANDRIDGE

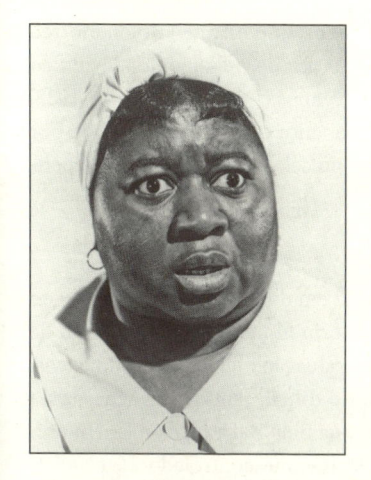

Dorothy Dandridge foi a primeira artista negra a ser indicada ao Oscar de melhor atriz — pelo papel principal no musical *Carmen Jones* (1954) —, embora tenha perdido para Grace Kelly nesse ano. Dandridge sofreu no casamento e, quando este chegou ao fim, se viu afundada em dívidas, tendo subseqüentemente se apresentado em boates para ganhar a vida. Morreu de overdose de antidepressivos aos 42 anos, em 1965. A primeira artista negra a receber um Oscar de melhor atriz coadjuvante foi **Hattie McDaniel**, por sua atuação em ... *E o vento levou* (1939). McDaniel atuou em mais de trezentos filmes, mas teve seu nome nos créditos de apenas cerca de oitenta e com freqüência precisou trabalhar como empregada doméstica para completar sua renda. Quando morreu, em 1952, aos 57 anos, de câncer de mama, tinha menos de US$ 10 mil em sua conta.

CLARENCE DARROW

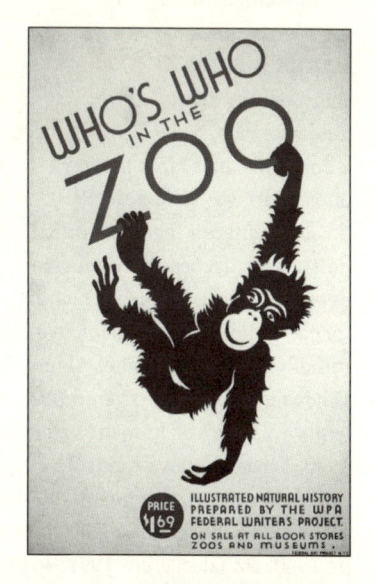

Lançada em 1932, a autobiografia de Clarence Darrow, *The Story of My Life*, foi um dos livros mais vendidos daquele ano, mostrando que já nessa época as pessoas que faziam manchetes gozavam de uma plataforma pronta para chegar ao sucesso público. Darrow foi o advogado de defesa no internacionalmente infame julgamento do caso Scopes Monkey, em 1925, em que um professor foi acusado de violar uma lei estadual do Tennessee que proibia o ensino da teoria da evolução. Darrow se opôs ao célebre orador **William Jennings Bryan**, para quem qualquer coisa além da criação divina, conforme ensinada na Bíblia, era irracional e imoral. Darrow acabou derrotado, e **John Scopes** foi multado em US$ 100. (Scopes abandonou a docência e foi trabalhar no ramo do petróleo. Morreu em 1970, aos 70 anos, de derrame.) Bryan morreu de ataque cardíaco cinco dias apenas após o fim do julgamento, devido ao estresse provocado por sua atuação, aos 75 anos. Darrow viveu até 1938, quando, aos 80 anos, também sucumbiu à doença cardíaca, que acabou por ser o elemento comum aos três envolvidos no célebre julgamento, independentemente de suas opiniões.

BETTE DAVIS

Bette Davis recebeu o Oscar de melhor atriz em duas ocasiões: por *Perigosa* (1935) e *Jezebel* (1938). Atuou em mais de cem filmes e teve uma legião de fãs atraídos por sua maneira de falar e sua atuação afetada. Nas filmagens, era vista como pessoa combativa e de trato difícil, tendo sido acusada de ser também assim em sua vida particular. Sua filha B. D. Hyman lançou um livro, *My Mother's Keeper*, que retratou Davis como controladora e egocêntrica. Depois desse ataque, Davis nunca mais falou com a filha, e a deserdou. Em seguida, encomendou o epitáfio de sua própria lápide, encontrando a frase perfeita que, a seu ver, resumia sua vida: "Ela o fez da maneira difícil". Bette Davis morreu em 1989, aos 81 anos, de derrame causado por complicações decorrentes de um câncer de mama. B. D. Hyman hoje é pregadora fundamentalista.

MILES DAVIS

Filho de um dentista de St. Louis, o trompetista foi celebrado como lenda ainda em vida. Miles Davis começou a tocar trompete quando tinha 13 anos, e dois anos mais tarde já estava tocando profissionalmente. Entre o final dos anos 1940 e a década de 1960 ele foi o músico mais inovador no cenário do *jazz*, embora lhe fosse difícil conservar uma banda regular em função de suas oscilações de humor, motivadas pelo perfeccionismo e pela forte dependência da heroína. Quando tocava, Davis, que chegara a treinar para tornar-se boxeador, se esforçava fisicamente como se estivesse enfrentando um adversário no ringue. Alguns críticos viram na música feita por Miles Davis nesse período o gênio puro, observando que o som de seu trompete lembrava uma voz humana cantando. No entanto, em meados da década de 1970, Davis já estava exaurido e sofria de problemas físicos graves, como o de ter dois tornozelos quebrados após um acidente de carro em 1972, o que o obrigou a aposentar-se. Ele continuou a tocar esporadicamente na década de 1980, até falecer, em 1991, aos 65 anos, depois de uma pneumonia prolongada e um derrame.

A CADA ANO SÃO RELATADOS 500 MIL CASOS DE PNEUMONIA NOS EUA, RESULTANDO EM CERCA DE 61 MIL MORTES. A PNEUMONIA É UMA INFECÇÃO PULMONAR PROVOCADA POR BACTÉRIAS TRANSMITIDAS EM GOTÍCULAS PELO AR, ATRAVÉS DE TOSSE, ESPIRROS OU, PROVAVELMENTE, NO CASO DE MILES DAVIS, POR COMPARTILHAR OU NÃO LIMPAR CORRETAMENTE O BOCAL DE UM TROMPETE.

JAMES DEAN

James Dean foi o único ator a receber duas indicações ao Oscar depois de morto: por *Vidas amargas* (1955) e *Assim caminha a humanidade* (1956). De acordo com sua certidão de óbito, Dean morreu por quebrar o pescoço numa colisão entre dois automóveis ocorrida em 30 de setembro de 1955, às 17h45. Tinha 24 anos. Na realidade, ele quase foi decapitado. Três horas antes do acidente ele tinha sido multado por excesso de velocidade, mas continuara a acelerar seu carro esporte a até 145 km/h. O Porsche 550 Spyder que Dean dirigia foi vendido e continuou a causar mortes e ferimentos a uma sucessão de donos, até desaparecer misteriosamente em 1960. Consta, porém, que teria sido avistado correndo em alta velocidade pela Rota 46 da Califórnia — local do acidente fatal de James Dean — sem motorista.

STEPHEN DECATUR

Stephen Decatur foi o mais célebre herói da Guerra de 1812, um capitão de fragata que acabou por render-se, entregando seu navio e sendo encarcerado nas Bermudas até o final das hostilidades. Em 1816, não obstante, foi nomeado comissário naval e passou a freqüentar a elite social de Washington. Com sua boa aparência e seu grande número de medalhas, não tardou a ganhar grande popularidade. Em um evento social de Washington, topou com um conhecido do tempo da guerra, o comodoro James Barron, que caíra em desgraça anos antes e fora submetido a corte marcial, da qual um dos juízes fora Decatur. Barron o desafiou então a resolver a questão de honra em um duelo. Acreditando ser o herói invencível que o povo dizia que era, Decatur não levou a questão muito a sério. Na manhã do duelo, fez seu desjejum habitual na Beale's Tavern, perto do Capitólio: frango à Hamburgo recheado de legumes e purê de batatas, seguido de pães, carnes frias e alguns pães doces holandeses fritos no óleo. Tudo isso foi acompanhado por alguns copos de rum, e assim, presume-se, Decatur deveria estar mais preparado para uma soneca que para um duelo quando chegou a hora marcada, 9h00. Além disso, para dar uma oportunidade melhor a Barron, que era mais velho e não enxergava tão bem quanto ele, Decatur concordara em reduzir para oito a distância normal de doze passos (aproximadamente 11 metros) dados antes de os adversários se virarem para atirar. Em 22 de março de 1820, Barron e Decatur se enfrentaram no campo de duelos de Maryland e imediatamente atiraram um no outro. Decatur foi ferido mortalmente no abdome e morreu na mesma noite, aos 41 anos, em sua casa na Rua H, a uma quadra ao norte do Capitólio. Suas últimas palavras foram: "Eu não sabia que um homem era capaz de sofrer tamanha dor".

*O duelo mais célebre ocorreu em 1804, quando **Alexander Hamilton**, primeiro secretário do Tesouro dos EUA, enfrentou o vice-presidente Aaron Burr. Embora Hamilton tivesse vencido catorze duelos anteriores, foi o mesmo erro de Decatur — subestimar seu adversário — que o levou a ser morto, aos 49 anos. Consta que Hamilton, por acreditar que Barr era mau atirador e não o acertaria, teria mirado acima da cabeça de Barr e quebrado um galho de árvore. Mas se equivocou: a bala disparada por Barr penetrou seu fígado, provocando dor intensa e causando a sua morte no dia seguinte. Dezessete políticos americanos eleitos, ao todo, faleceram em duelos.*

ED DELAHANTY

Casos de má conduta de jogadores de beisebol não são novidade. Em 1903, o batedor Ed Delahanty (de 26 anos), do time Washington da Liga Americana, foi encontrado sob uma ponte perto da catarata de Niágara, sem sua perna esquerda. Um repórter esportivo do *New York Times*, Robert Smith, descreveu Delahanty: "Era um sujeito bonitão, mas seu ar indicava que, no fundo, era um valentão desordeiro, alguém com quem não seria aconselhável brincar". Delahanty voltava de Detroit a Nova York quando um cobrador o expulsou do trem por estar embriagado, brigando e ameaçando outros passageiros com uma navalha. Largado no meio do nada, ele começou a seguir pelos trilhos do trem, até chegar a uma ponte levadiça aberta. Os guardas tentaram impedi-lo de passar, mas Delahanty jogou um deles ao chão com um soco e seguiu adiante. De acordo com a companhia ferroviária Pullman, ele caiu no desfiladeiro abaixo da ponte. Seu corpo só foi encontrado seis dias mais tarde, sem dinheiro e relógio. O cadáver de uma moça foi encontrado nas proximidades. Como os ferroviários da época costumavam ser pouco educados, o mais provável é que tenham tirado Delahanty do trem e lhe dado uma lição. A mulher morta teria sido testemunha do que aconteceu. A perna do jogador teria sido decepada pela hélice de uma embarcação que passava pelo lugar.

MORTE DUPLA

Em 1942 o jogador de beisebol **Gordon McNaughton** (de 32 anos) tinha o hábito de espancar a namorada, Eleanor Williams, e acusá-la de traição. Ele a conhecera enquanto praticava sua atividade favorita fora do trabalho: jogar dados. Mas terminou o namoro quando Williams sofreu um aborto espontâneo, perdendo o filho que teriam. Williams, porém, não desistiu dele. Quando bateu à porta de seu quarto de hotel e o encontrou com outra mulher, o caos se instalou. Eleanor viera armada com uma pistola, que roubara de um policial com quem estava saindo. Depois de uma discussão acalorada, McNaughton disse: "Sou covarde. Vá em frente, atire em mim. Estou cansado de discutir". Williams não se fez de rogada: deu-lhe um tiro no coração. Ela passou catorze anos presa. Quando o policial recebeu sua arma roubada de volta, dois meses mais tarde, usou o mesmo objeto que matara McNaughton para se suicidar.

*A morte mais bizarra na história do beisebol foi a do jogador **James Phelps**, que faleceu depois de ser picado por uma cobra venenosa. Em 1909 ele estava jogando por um time da Louisiana quando saiu de campo para pegar uma bola alta. Phelps sentiu que algo mordia sua perna, mas não fez caso disso. Concluiu a partida, mas morreu pouco depois do veneno da serpente que o picara.*

EARLE E. DICKSON

O Band-Aid foi inventado por Earle E. Dickson porque sua mulher, com quem acabara de se casar, cortava os dedos com freqüência na cozinha. Em 1927, Dickson pegou um pedaço de gaze hospitalar, cortou um quadrado pequeno e o colou com um pedaço de fita adesiva cirúrgica. Ele preparou várias dessas faixas previamente cortadas, com gaze ao centro, para sua mulher usar na cozinha. Dickson, na época, trabalhava como comprador de algodão para a Johnson & Johnson e mostrou à direção da empresa sua idéia de um novo produto. A direção a aprovou, e a empresa fez as primeiras gazes adesivas manualmente. Quando Dickson morreu, em 1961, aos 68 anos — de parada cardíaca, e não, segundo contam algumas lendas urbanas, de um corte que deixou de cobrir com Band-Aid —, sua invenção já rendia mais de US$ 30 milhões em vendas anuais. Embora a Johnson & Johnson o tivesse recompensado com o cargo de vice-presidente da empresa até a aposentadoria, sua viúva e seus herdeiros foram excluídos do legado dos direitos de sua invenção.

DIONÍSIO

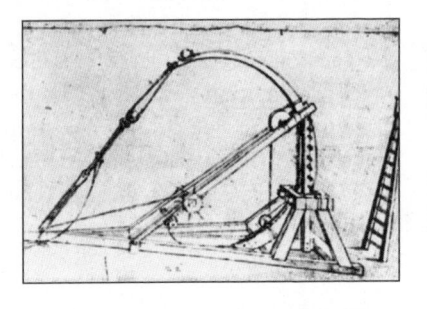

Em 399 a.C., Dionísio, o Velho, de Siracusa, observou que seu filho pequeno usava uma colher para atirar uma ervilha contra o irmão sentado na outra ponta da mesa do jantar. Em lugar de ficar furioso, como era a reação de praxe desse antigo copista — que, na época, já se tornara o comandante militar supremo da região, conhecido por seu espírito vingativo e pelas táticas implacáveis —, ele teve a idéia de criar uma arma militar: a catapulta. Dionísio rapidamente começou a construir um artefato capaz de atirar pedras de 160 kg ou outros projéteis em chamas a distâncias superiores a 100 metros. Sua arma, um braço de madeira preso por um dente de engrenagem e acoplado a uma faixa de couro, mudou a maneira como se travavam guerras e continuou a ser a arma-padrão da artilharia pesada ao longo dos tempos romanos, até a adoção da pólvora, na Idade Média. Sua invenção matou milhões de pessoas, mas, por outro lado, a fortificação da defesa de cidades com seu uso também permitiu que bolsões de civilização resistissem aos ataques de bárbaros. Durante o tempo em que Dionísio fez uso da catapulta, Siracusa, na Sicília, tornou-se a cidade mais poderosa do antigo mundo grego. Dionísio, o Velho, morreu dezoito anos mais tarde, em 367 a.C., aos 65, envenenado por seus médicos numa conspiração instigada por seu filho, o atirador de ervilhas, também conhecido como Dionísio, o Jovem — que então se tornou o governante no lugar do pai, convertendo-se num tirano tão cruel quanto este havia sido.

WALT DISNEY
Walt Disney foi animador, produtor cinematográfico, *showman* e inovador na criação de parques temáticos. Ergueu um império do entretenimento cuja receita anual atual supera os US$ 30 bilhões e detém o recorde de indicações ao Oscar: 59. Em sua vida pessoal, o criador do camundongo Mickey era fumante inveterado, fato que contribuiu para sua morte, em 1966, de parada cardíaca provocada por câncer do pulmão. De acordo com sua certidão de óbito, seu corpo foi cremado, dois dias após a morte, no Parque Memorial Forest Lawn, em Glendale, na Califórnia. Segundo boatos persistentes, seu corpo teria sido congelado (por processo criogênico) para ser futuramente reanimado e ressuscitado, tendo supostamente sido colocado sob a atração "Piratas do Caribe" da Disneylândia. O único fato inequívoco com relação a isso ainda é a assinatura com firma reconhecida do suposto cremador, já que o funeral de Disney foi realizado em segredo. Para dissuadir ainda mais os interessados em procurar a cripta congelada de Disney, os *press releases* oficiais insistiram enfaticamente na versão de que suas cinzas foram espalhadas no mar. Incidentalmente, um vizinho de Disney, o doutor James Bedford, psicólogo de 73 anos de Glendale, foi, de fato, congelado após sua morte, em 1967. (Bedford ainda detém o recorde de paciente que está sendo mantido em suspensão criogênica há mais tempo.)

A criogenia é um processo de congelamento pelo qual uma pessoa é conservada até o dia em que os avanços médicos permitam que seu corpo reanimado seja curado do mal que a matou, reconquistando vida saudável. Trata-se, em suma, da idéia de que a morte não passa de uma condição para a qual a medicina ainda não encontrou cura. Custa em média US$ 100 mil preservar um corpo inteiro dessa maneira, por tempo indefinido. De acordo com David Pascal, da Cryonics Society, existem hoje 1.443 pessoas nos Estados Unidos cadastradas para serem conservadas em criogenia e há 150 pessoas atualmente mantidas em suspensão.

HOWDY DOODY

"Howdy Doody" foi o primeiro programa infantil apresentado ao vivo por uma hora nas manhãs de sábado nos Estados Unidos; era estrelado por uma marionete com forma de garoto sardento. Quando crianças de todo o país começaram a gritar "É hora de Howdy Doody!", foi esse o marco do nascimento da primeira geração de crianças criadas com a televisão. O programa ficou no ar até 1960 e deu origem a alguns outros programas infantis baseados em personagens dele. "Buffalo" **Bob Smith**, apresentador do programa, além de fazer a voz de Howdy, morreu em

1998, aos 80 anos, de pneumonia. O palhaço Clarabell original foi representado por **Bob Keeshan**, que mais tarde se tornou o Captain Kangaroo e, em 1954, virou apresentador de um programa próprio. Keeshan faleceu aos 76 anos, em 2004, de insuficiência respiratória. **Lew Andersen**, que assumiu o papel de Clarabell, morreu em 2006, aos 84 anos, de câncer de próstata. As crianças achavam que Howdy Doody era uma pessoa real; em 1952, ele recebeu mais de 1 milhão de votos para presidente. Quando o programa terminou, Howdy passou muitos anos trancado numa mala escura, dentro de um depósito frio e solitário. Em 2000, após prolongada disputa nos tribunais para decidir a quem pertencia, ele finalmente foi libertado. Hoje, porém, está exposto, sem vida, na Coleção McPharlin de Fantoches do Instituto de Artes de Detroit.

DESMOND DOSS

Um homem recebeu a Medalha de Honra do exército dos EUA por negar-se a combater. Em tempos de guerra, os objetores de consciência freqüentemente são vistos como covardes, em especial quando o patriotismo está em alta. Historicamente, aqueles que faziam objeções ao uso da violência por alguma razão e se recusavam a prestar serviço militar foram executados ou presos. Durante a Primeira Guerra Mundial, 2 mil objetores de consciência se recusaram a prestar qualquer espécie de serviço militar e foram subseqüentemente presos.

DOIS OBJETORES PERTENCENTES À SEITA DOS *AMISHES*, MICHAEL (DE 25 ANOS) E JOSEPH HOFER (DE 24), MORRERAM SOB TORTURA NA PRISÃO DE LEAVENWORTH, EM 1918.

A política militar da Segunda Guerra Mundial ofereceu aos objetores a opção de realizar outras tarefas. Assim, quando Desmond Doss, que tinha 23 anos e media 1,67 metro, foi alistado mas recusou-se a portar uma arma devido a suas convicções religiosas, ele aceitou trabalhar para o exército no corpo médico. Foi ridicularizado e visto como motivo de vergonha para o uniforme militar que usava; costumavam dar-lhe golpes na cabeça quando ele se ajoelhava para rezar. Porém, quando chegou o momento de entrar em ação, ele se mostrou um herói inequívoco. Como membro do 77º de Infantaria, Doss, sozinho, salvou mais de 75 homens da morte e demonstrou bravura assombrosa, cuidando de soldados tombados em meio ao implacável fogo inimigo. Apesar dos morteiros, granadas e tiros que passavam a seu lado, ele enfaixava os feridos e os carregava, um a um, para onde estivessem protegidos. Tornou-se símbolo de bravura sem ter disparado um tiro sequer. Doss passou seis anos no hospital, recuperando-se de tuberculose e ferimentos de bala. Quando finalmente teve alta, estava quase completamente surdo. O presidente Truman lhe entregou a Medalha de Honra em 1945. Quando Doss morreu, em 2006, aos 86 anos, de edema pulmonar, quinhentas pessoas acompanharam seu enterro.

HERÓIS ANÔNIMOS
MAIS DE 75 MIL VETERANOS DO VIETNÃ SE SUICIDARAM DESDE O FINAL DESSA GUERRA, E MAIS DE 11 MIL VETERANOS DA PRIMEIRA GUERRA DO GOLFO JÁ MORRERAM DE ENFERMIDADES E FERIMENTOS DIVERSOS.

EDWIN DRAKE

Edwin Drake era um operário ferroviário demitido quando a empresa petrolífera Seneca o contratou para procurar petróleo nas colinas da Pensilvânia, por um salário de US$ 2,83 por dia. Em lugar de usar picareta para procurar poças subterrâneas de óleo, Drake inventou um método de perfuração direta. Em 1859 ele encontrou um oceano subterrâneo de petróleo e criou o primeiro poço petrolífero do mundo. Em poucos meses, imensas fortunas foram feitas, revoluções ocorreram na indústria e nos transportes, e homens como J. Paul Getty e John D. Rockefeller se tornaram bilionários. A companhia petrolífera não queria que Drake registrasse a patente de sua invenção, então o demitiu e se apossou das técnicas que ele inventara. Drake não recebeu direitos, aposentadoria nem indenização pela demissão, apesar de o trabalho duro da perfuração o ter aleijado. Quando morreu, na miséria, vinte anos mais tarde, seu atestado de óbito deu como causa de morte "invalidez".

MICHAEL DUNN

Michael Dunn representou o vilão Dr. Loveless, de 1,17 metro de altura, no seriado *Wild Wild West*. Neste e em muitos outros trabalhos no cinema e na televisão, ele nunca se contentou com os papéis simpáticos reservados a outros atores anões. Perto do final da vida, suas deformidades físicas — entre as quais a espinha malformada e a capacidade pulmonar irregular — lhe causavam dor constante. Mas ele estava determinado a continuar firme e foi tomando cada vez mais analgésicos, entre eles dois narcóticos diferentes receitados por médicos e um barbiturato. Em 1973, quando tinha 38 anos, Loveless ingeriu analgésicos demais de uma só vez e parou de respirar. Apesar da grande quantidade de narcóticos encontrada em seu sangue no momento da morte, o médico-legista anunciou como causa da morte a condrodistrofia congênita, ou nanismo.

*Outra pessoa pequena, **Hervé Villechaise**, ganhou popularidade entre os telespectadores no papel de Tattoo, de 1,17 metro de altura, no seriado de tevê* Ilha da fantasia *(1978-1984), mas no estúdio das filmagens discutia constantemente com os produtores e fazia propostas indecorosas às mulheres. Depois que o seriado chegou ao fim, ele passava as noites sentado numa sala escura, assistindo a reprises dos episódios, bebendo e gritando palavrões diante da tela. Embora tivesse começado a fazer trabalhos beneficentes em prol de crianças vítimas de abusos, ignorava as causas em prol das pessoas de baixa estatura como ele próprio e insistia em que todos o descrevessem como anão, e não com o termo politicamente correto "pessoa pequena". Em 1993, em sua casa, durante um de seus acessos de raiva, acabou se matando com um tiro, aos 50 anos de idade.*

E

JEANNE EAGELS
Jeanne Eagels foi indicada ao Oscar de melhor atriz em 1929 por *A carta*, depois de ter morrido naquele mesmo ano, aos 39 anos, de complicações decorrentes do consumo de álcool e heroína. Ela começou a carreira como corista do Ziegfield Follies, mas em pouco tempo seu talento e sua beleza a transferiram do coro para o centro do palco. Os tablóides da época acompanharam seu progresso e seu casamento secreto com um astro do futebol-americano de Yale, demonstrando apreciação especial por seu temperamento forte, as ocasiões em que ela faltava a espetáculos e seu hábito de abandonar peças quando lhe dava na veneta. Em certa época ela chegou a ser proibida de pisar no palco pelo Sindicato dos Atores, que a obrigou a transferir-se a Hollywood para fazer o filme falado *A carta*, um dos primeiros a demonstrar as possibilidades dramáticas reais do áudio no cinema. No outono de 1929, uma semana antes da queda da Bolsa, Eagels internou-se numa clínica particular para alcoólatras em Nova York. Infelizmente, sua saída se deu pelo necrotério.

Na década de 1920, a heroína era usada impunemente na Broadway. Muitos atores passavam diariamente pelas lojas de heroína do bairro de Chinatown, em Nova York, antes e depois de cada apresentação. Em 1929 já havia 200 mil viciados nessa droga nos EUA. O tratamento mais comum na época consistia em ministrar ao viciado mais drogas, especialmente derivados mais potentes da morfina, o que resultava freqüentemente em overdoses fatais.

AMELIA EARHART
Amelia Earhart foi a primeira heroína da aviação, uma mulher esbelta, simpática e dotada de espírito independente. Determinada a fazer qualquer coisa que um homem fosse capaz de fazer, apesar dos obstáculos, ela dirigiu um caminhão e trabalhou na companhia telefônica a fim de ganhar o dinheiro necessário para suas primeiras aulas de pilotagem. Possuía a imagem necessária e era suficientemente fotogênica para ser convidada a fazer a primeira travessia aérea patrocinada do Atlântico como co-piloto. O editor George

Putnam pretendia publicar um livro sobre a experiência e marcou um encontro com a jovem Earhart para avaliar suas pretensões. Ela, ao que tudo indica, era mais do que apenas fotogênica, já que o encontro acabou resultando no "casamento aberto" deles, uma relação com a qual Earhart concordou apenas sob a condição de que o "código medieval" da fidelidade não fosse respeitado por nenhuma das partes. Aos 39 anos de idade, em 1937, ela tentou circunavegar o planeta. De maneira análoga ao que aconteceu com Fernão de Magalhães, chegou a três quartos do caminho quando o combustível acabou e seu avião caiu no oceano Pacífico. Não se sabe o que de fato aconteceu com ela, e as teorias a respeito vão desde sua captura por japoneses, que a teriam tratado como espiã, até uma vida solitária numa ilha deserta, na companhia de um pescador nativo. O mais provável, porém, é que a razão de não se haver encontrado nenhum vestígio de seu corpo é que ela tenha sido devorada por tubarões.

GEORGE EASTMAN

George Eastman desenvolveu a máquina fotográfica portátil e diversos processos fotográficos. Antes dele, a fotografia exigia uma máquina maior que o monitor de um computador pessoal e um tripé que lhe servisse de apoio. O fotógrafo cobria a cabeça com uma espécie de pequena tenda, regulando a exposição da luz em chapas de vidro que seriam secadas e reveladas mais tarde. O processo exigia o conhecimento especializado de substâncias químicas. Com suas máquinas pequenas e instantâneas, Eastman levou a fotografia ao grande público. Já foram feitas até hoje 65 bilhões de fotos com o processo que ele inventou. Apesar de sua riqueza imensa, Eastman não gostava de ser fotografado; preferia viver na solidão — tanto que nunca se casou. Em 1932, quando tinha 77 anos, ele convidou alguns amigos para jantar em sua casa e, depois da sobremesa, pediu licença por alguns instantes. Subiu para seu quarto e, com mão firme, escreveu: "Meu trabalho foi concluído. Para que aguardar?" E então, num momento muito pouco "Kodak", pegou um revólver e desferiu um único tiro no coração.

MISTER ED

O "cavalo falante" Mister Ed estrelou um programa de televisão de enorme popularidade, que ficou no ar de 1961 a 1964, continuando a ser reprisado por muitos anos depois disso. Mister Ed era um cavalo cor creme, com crina e rabo brancos, de nome **Bamboo Harvester**, que morreu aos 19 anos de idade, dois anos depois de o programa ter saído do ar. Foi sacrificado, sem alarde, quando começou a sofrer de artrite. **Allan Lane**, que fazia a voz de Mister Ed, morreu de câncer em 1973, aos 64 anos.

THOMAS EDISON

A lâmpada incandescente foi a idéia luminosa de Thomas Edison, mas ele não a inventou propriamente; na verdade, o que fez foi realizar modificações em tentativas anteriores empreendidas por outros, até criar o filamento mais duradouro e tornar economicamente viável a luz elétrica. Mestre tanto da invenção quanto do *marketing*, Edison também inventou e aperfeiçoou várias outras coisas, como o toca-discos e a câmera de filmar. É dele a frase: "A genialidade é 1% inspiração e 99% transpiração". Edison morreu da doença de Bright aos 84 anos, em 1931, mas antes disso soprou sua última expiração para dentro de uma garrafa. Antes do surgimento da tecnologia que permite o congelamento de corpos, esperava que sua essência pudesse ser capturada dessa maneira. A garrafa selada continua exposta até hoje em Menlo Park, em Nova Jersey.

A CADA ANO QUINHENTAS PESSOAS MORREM ELETROCUTADAS EM CASA NOS ESTADOS UNIDOS — CINQÜENTA EM DECORRÊNCIA DE FIAÇÕES ELÉTRICAS DEFEITUOSAS, 150 ELETROCUTADAS POR ELETRODOMÉSTICOS GRANDES E O RESTANTE AO ROSQUEAR UMA LÂMPADA.

VINCE EDWARDS

Os seriados de televisão sobre médicos e hospitais são perenes, mudando apenas de canal, horário e elenco, como médicos a fazer suas rondas na vida real. Os primeiros programas do gênero a fazer sucesso em grande escala foram "Dr. Kildare" e "Ben Casey", na década de 1960. Vince Edwards representava o idealista cirurgião Ben Casey, que era contido pelo sábio doutor David Zorba, papel representado por **Sam Jaffe**. Edwards (Vincent Edward Zoino III) foi um garoto do Brooklyn de ascendência italiana, filho de pedreiro. Matriculado numa escola vocacional, não possuía a habilidade manual requerida e acabou estudando teatro. Era excelente nadador, com físico bem definido de atleta, fato que desde o início o levou a ser escolhido para papéis mais pela aparência que pelo talento. Aos 30 anos, Edwards já era um galã cobiçado por fãs de ambos os sexos. Infelizmente, ele teve a oportunidade de conhecer médicos de sobra na vida real, depois do câncer pancreático prolongado que provocou sua morte aos 67 anos, em 1996. Sam Jaffe conseguiu manter distância dos médicos até os 93 anos de idade, quando morreu, também de câncer, em 1984.

CÓDIGO VERMELHO

Nos anos 1970, "Medical Center" foi um programa médico popular que teve sete temporadas e terminou em 1977. Um ano mais tarde, seu astro, o doutor Paul Lochner, representado por **James Daly**, morreu de falência cardíaca, aos 59 anos. Os grandes programas dramáticos médicos da década seguinte foram "St. Elsewhere" e "Doogie Howser, M.D.". O personagem doutor Westphall, de "St. Elsewhere", era representado por **Ed Flanders**, que se matou com um tiro em 1995, quando tinha 60 anos. "ER" ["Plantão médico"] começou em 1994 e ainda estava no ar em 2007. Ao longo do seriado, quatro médicos da televisão já morreram: a estudante de medicina Lucy Knight foi assassinada por um paciente psicótico em 1999, Mark Greene morreu de tumor cerebral em 2001, o doutor Romano foi morto por uma hélice de helicóptero em 2003, e em 2006 o doutor Michael Gallant morreu na explosão de uma bomba no Iraque.

ALBERT EINSTEIN

Albert Einstein foi um físico e matemático agraciado com o Prêmio Nobel pela descoberta da teoria da relatividade: $E=mc^2$ foi a fórmula, criada por ele, que mudou a visão que se tinha da energia. Embora ele fosse pacifista, suas idéias indicaram o caminho para a fabricação da bomba atômica. Einstein morreu em 1955, aos 76 anos de idade, de aneurisma abdominal. Ele tinha pedido que seu corpo fosse cremado e seu cérebro retirado para ser estudado. Descobriu-se que Einstein pensava em imagens, não em números. Ele possuía uma quantidade maior de células gliais por neurônio no cérebro, células essas que necessitavam e consumiam mais energia — o que, para alguns, pode ter tido alguma conexão com o problema gastrointestinal que causou sua morte. O cérebro de Einstein passou anos conservado num recipiente de vidro, como um picles, sendo trasladado de uma parte a outra do país como objeto de pesquisas.

ANOMALIAS GRAVITACIONAIS

Em 2000, o doutor Jeffrey Willick, físico e astrônomo, considerado especialista no funcionamento do universo, estava prestes a encontrar uma resposta a sua pergunta hipotética — "A estrutura do universo contemporâneo emergiu a partir da distribuição primordial quase uniforme da matéria unicamente pelo processo de instabilidade gravitacional?" — quando morreu num acidente incomum, aos 40 anos. Ele estava sentado num café Starbucks em Englewood, em Nova Jersey, trabalhando em seu *laptop*, quando um carro atravessou a janela e invadiu o local, matando-o. A rede de cafés contestou uma ação movida contra ela pela morte do cientista, alegando que não existe exigência de barreiras em estacionamentos. Tecnicamente falando, Willick não morreu de instabilidade gravitacional, mas da instabilidade aleatória de um motorista descuidado. A cada ano, nos EUA, mais de 250 pessoas morrem atropeladas por automóveis que sobem nas calçadas e invadem restaurantes em que suas vítimas estão comendo.

DUKE ELLINGTON

Duke Ellington (Edward Kennedy Ellington) compôs mais de 2 mil canções e é considerado responsável por fazer do *jazz*, antes visto como música da classe pobre, um som americano respeitado. Morreu de câncer pulmonar em 1974, aos 75 anos, mas antes disso, em 1969, recebeu a Medalha Presidencial da Liberdade. Seu atestado de óbito cita a pneumonia como causa da morte.

> "É como um assassinato: você toca música com a intenção de cometer alguma coisa."
> — DUKE ELLINGTON

FRANK EPPERSON

O picolé [em inglês, "*popsicle*"] foi inventado por um garoto de 11 anos, Frank Epperson, que numa noite fria de 1905 deixou um copo de refrigerante na varanda de sua casa, com um palito misturador dentro dele, e quando acordou na manhã seguinte encontrou o refrigerante congelado. Ele nunca se esqueceu disso e passou a preparar o "palito congelado" regularmente para oferecer de brinde nas feiras comerciais em que promovia seus empreendimentos imobiliários. Em 1924 Epperson finalmente patenteou sua invenção, à qual chamou de "Epsicle — confeito ou pirulito congelado". O nome do picolé em inglês acabou sendo modificado porque as crianças pediam simplesmente o geladinho de Pop [Papai] Epperson ("*Pop Epperson's icicle*" ou "*Pops' cicle*"). Com a quebra da Bolsa, em 1929, Epperson teve problemas financeiros e foi obrigado a vender seus bens. Ele negociou os direitos sobre a sobremesa congelada que ainda é o tipo de sorvete mais vendido no mundo. Antes de morrer de pneumonia em 1983, aos 89 anos de idade, Epperson comentou: "Desde que vendi a patente do *popsicle*, nunca mais me recuperei".

F

DANIEL FAHRENHEIT

O cientista alemão Daniel Fahrenheit costumava sair de casa no inverno para medir os efeitos do congelamento em seu próprio corpo. Queria determinar os limites de temperatura suportáveis pelos seres humanos. Durante um experimento, tremendo de frio numa nevasca, apenas em mangas de camisa, Fahrenheit achou que iria morrer quando a marca que calibrara com um artefato de medição de álcool chegou aos 32 graus. No verão, ele achou que estava perto de morrer aos 100 graus e determinou que uma folha de papel começava a queimar ao alcançar os 212 graus. Mais tarde, substituiu o álcool em seu termômetro por mercúrio. Essa escolha tornaria os termômetros muito mais precisos, mas resultou em sua morte precoce. Fahrenheit era cuidadoso com a alimentação e evitava ingerir as substâncias químicas com as quais trabalhava (seus pais haviam morrido ao consumir cogumelos venenosos). Mas não sabia que as substâncias químicas são absorvidas pela pele — especialmente o mercúrio. Morreu de intoxicação do sangue, em 1736, aos 50 anos de idade.

> O MERCÚRIO AINDA É USADO EM TERMÔMETROS, LAVADORAS, APARELHOS SENSÍVEIS AO MOVIMENTO, BOMBAS DE FOSSA, AQUECEDORES ESPACIAIS E FERROS. ALÉM DISSO, A MAIOR PARTE DAS OBTURAÇÕES DENTÁRIAS CONTÉM MERCÚRIO. OS DENTISTAS AMERICANOS COLOCAM 44 TONELADAS DE MERCÚRIO POR ANO NOS DENTES DE SEUS PACIENTES. A CADA ANO, 6.500 PESSOAS SÃO HOSPITALIZADAS POR INTOXICAÇÃO COM MERCÚRIO, E QUINHENTAS MORREM.

PHILO FARNSWORTH

A televisão foi fruto de uma idéia de Philo Farnsworth, que, aos 21 anos, fez experimentos com o que chamou de "dissecador de imagens", direcionando luz sobre uma chapa de vidro gravado. Em 1927, profeticamente, a primeira imagem vista em sua tela de televisão experimental foi a do símbolo do dólar. Farnsworth passou o resto da vida movendo ações judiciais infrutíferas para tentar receber direitos por sua invenção. Em pouco tempo, foi esquecido. Ele chegou a aparecer no programa de tevê "I've Got a Secret", onde recebeu US$ 80 e um maço de cigarros quando os participantes de um *game show* não conseguiram adivinhar que ele era o inventor da televisão. Farnsworth registrou mais de trezentas patentes de coisas como visores melhores para telescópios e as luzes infravermelhas utilizadas em aparelhos de visão noturna, mas mergulhou em depressão e no alcoolismo depois de médicos terem sugerido que usasse a bebida para refrear sua mente obsessivamente inventiva. Morreu em 1971, aos 64 anos, de complicações ligadas ao álcool. Seu filho, Kent, contou que quando era criança não havia televisão nenhuma em sua casa. Farnsworth dizia: "Criei uma espécie de monstro, um modo de as pessoas desperdiçarem boa parte de suas vidas".

WILLIAM FAULKNER

William Faulkner foi um escritor do sul dos EUA conhecido pela ficção experimental — uma versão americana do escritor irlandês James Joyce, que empregava o fluxo de consciência e orações longas e errantes que pareciam não levar a lugar algum, mas acabavam descrevendo as agonias do coração e a persistência do espírito humano. Faulkner não fazia segredo do fato de beber muito — na verdade, praticamente alardeava seu alcoolismo. Consta que ele era um bebedor compulsivo que passava dias ou até meses bebendo intensivamente, em geral logo após ter concluído um livro, e que durante essas fases parava de beber apenas quando desmaiava. Sua vida familiar era com freqüência árida: Faulkner não permitia rádio ou música em sua casa. Um museu em Oxford, no Mississípi, onde vivia, exibe as entranhas mecânicas que ele certa vez arrancou de um toca-discos comprado por sua mulher e sua filha. Apesar disso tudo, quando morreu — de ataque cardíaco, em 1962, aos 64 anos de idade —, deixou uma obra original e espantosa.

> "Lembro que, quando era jovem, eu acreditava que a morte fosse um fenômeno do corpo; hoje sei que ela não passa de uma função da mente."
> — WILLIAM FAULKNER

GEORGE FERRIS

O símbolo da Feira Mundial de Chicago, em 1893, foi uma roda de aço de 76 metros de altura, projetada e construída sob a supervisão de **George W. G. Ferris Jr**. Ela tinha 36 compartimentos de madeira, nos quais 1.440 pessoas podiam andar no brinquedo ao mesmo tempo, subindo até uma altura equivalente a 25 andares pelo preço, na época exorbitante, de 50 *cents* por pessoa. A roda-gigante foi vista como maravilha da tecnologia e fez de Ferris, que até então tinha sido inspetor de pontes, um homem rico e famoso. Mas em 1896 ele já estava outra vez com preocupações financeiras, e devido a esse estresse, acreditam alguns, contraiu uma febre muito alta. Morreu cinco dias depois, aos 37 anos. Segundo algumas versões, sua morte pode ter sido suicídio, pois sua mulher o deixara três meses antes, e Ferris aparentava estar profundamente triste e deprimido. A roda-gigante foi levada a Nova Orleans, onde foi remontada para a feira de 1904. Dois anos mais tarde, porém, a invenção, vista por muitos como a Torre Eiffel americana, foi dinamitada, e seus destroços, enterrados num lixão.

O legado de Ferris continua presente em milhares de brinquedos de parques de diversão (até hoje a roda-gigante é conhecida em inglês como "*Ferris wheel*" [roda de Ferris]).

FRED FISHER

A canção "Chicago" foi composta em 1922 por Fred Fisher e tornou-se sucesso instantâneo. Ela voltou a ser sucesso na versão da Dorsey Band, da década de 1930, vendeu 1 milhão de discos quando cantada por Frank Sinatra nos anos 1950 e foi a canção-tema de um musical da Broadway tremendamente popular na década de 1990 — e até hoje é. Fisher cometeu auto-eutanásia em 14 de janeiro de 1942, em Nova York. A polícia o encontrou em seu apartamento de cobertura no número 617 da West End Avenue, enforcado com uma extensão elétrica. Ele deixou uma carta dizendo: "Ninguém é responsável por minha morte". O suicídio foi visto por seus amigos como uma forma premeditada de pôr fim a uma doença fatal da qual ele acreditava, equivocadamente, estar sofrendo. Todas as suas canções tinham melodias alegres com finais bem definidos; talvez Fisher achasse que sua própria vida deveria ser concluída da mesma maneira. O musical semibiográfico *Oh, You Beautiful Doll*, de 1949, relatou sua história, a de um homem que começou pobre e enriqueceu com seu trabalho.

ELLA FITZGERALD

Conhecida como Primeira-Dama da Canção Americana, Ella Fitzgerald cresceu num orfanato e foi descoberta na Hora dos Calouros do Teatro Apollo, em Nova York, em 1934, quando tinha 16 anos. Ela começou ganhando US$ 12,50 por semana, como cantora de uma banda itinerante, e no auge da carreira recebia US$ 1 milhão por semana se apresentando no Caesars Palace, em 1974. Apesar de cantar o amor, Ella teve três casamentos desastrosos — dois de seus três maridos foram condenados por tráfico de drogas e estelionato. Lamentavelmente, ela ficou cega, teve as pernas amputadas e morreu aos 78 anos, em 1996, de complicações decorrentes da diabete.

> AS MORTES POR DIABETE EM TODO O MUNDO
> CHEGAM A QUASE 3 MILHÕES POR ANO.
> RESULTANTE PRINCIPALMENTE DA OBESIDADE,
> A DIABETE É UMA DAS ÚNICAS DOENÇAS
> IMPORTANTES QUE VEM PROVOCANDO
> MORTALIDADE CRESCENTE.

F. SCOTT FITZGERALD

Embora F. Scott Fitzgerald nunca tenha tido seu nome na lista dos autores mais vendidos, foi visto por muitos como um vencedor das letras, símbolo dos anos 1920 e o maior escritor da época. Publicou *Este lado do paraíso* (1920), *Belos e condenados* (1922) e *O Grande Gatsby* (1925) enquanto levava a vida que descrevia melhor que ninguém. Apesar de ser alcoólatra desde idade precoce, de suas fases de dificuldades financeiras e do relacionamento instável com a esposa igualmente esquizofrênica, Zelda, Fitzgerald foi grande astro do cenário artístico. Sua morte também espelhou o destino de muitos que tiveram vidas marcadas pelos excessos nessa época. Ele faleceu aos 44 anos, oficialmente de parada cardíaca, tendo sofrido dois ataques cardíacos no prazo de dois meses. Mas uma nova análise dos registros médicos indica que a provável causa de sua morte foi hemorragia decorrente de doença hepática em estado adiantado, que, para o observador, se manifesta do mesmo modo que a falência cardíaca.

ALEXANDER FLEMING

Os antibióticos são provavelmente a invenção mais importante do século XX. A idéia de que micróbios pudessem ser utilizados para matar micróbios foi explorada no início do século XIX, com o emprego de fungos. Mas foi o bacteriologista escocês Alexander Fleming quem comprovou que isso era possível, em 1928, com a descoberta acidental da penicilina. Fleming era conhecido como pesquisador brilhante, mas não gostava de fazer faxina, tanto que costumava deixar os materiais de experimentos antigos esquecidos em seu laboratório, de modo que muitos ficavam embolorados. Um dia ele observou que os estafilococos esquecidos num prato de Petri murchavam na presença de um fungo crescente de penicilina. Essa descoberta, decorrente da falta de limpeza de um cientista, deitou as bases para o primeiro e melhor antibiótico, que ficou conhecido por combater uma grande gama de doenças que vinham reduzindo a longevidade humana desde os primórdios do tempo. Embora tenham sido Harvey Florey e Ernst Chaim que criaram uma forma de isolar o fungo pulverulento de penicilina encontrado por Fleming e o utilizaram numa fórmula de inoculação para uso humano, a descoberta da penicilina é atribuída a Fleming. Ele morreu de ataque cardíaco em 1955, quanto tinha 73 anos.

HENRY FORD

O primeiro automóvel movido a vapor foi construído em 1771; tinha três rodas e alcançava a velocidade de 4,8 km/h. Seria preciso esperar mais de cem anos para que o engenheiro alemão **Karl Benz** desenvolvesse um motor de combustão movido a gasolina, capaz de fazer um automóvel andar a 16 km/h. No final do século XIX surgiram muitas outras versões do veículo, mas este continuou a ser sobretudo uma curiosidade até Henry Ford encontrar uma maneira de produzi-lo em massa. Ford, que tinha abandonado a escola antes de concluir o ensino médio, construiu seu primeiro automóvel, apelidado de Tin Lizzie [Lizzie de Lata], em 1896, quando tinha 33 anos. O carro não tinha freios nem marcha à ré. Ford aperfeiçoou o método de produção em linha de montagem. Em 1920, sua fábrica em Detroit já era capaz de produzir 10 mil carros a cada 24 horas. Ford foi visto como responsável por colocar mais de 20 milhões de carros nas estradas e ruas americanas até 1931. Depois de seu sucesso profissional, ele ficou obcecado pela política e teve seu nome ligado a várias causas anti-semitas, tendo chegado a receber a Cruz do Serviço da Águia Alemã, concedida pelos nazistas, em 1938. Foi processado por calúnia, retratou-se e morreu de hemorragia cerebral aos 83 anos, em 1947. Karl Benz, cujo nome continua presente na Mercedes-Benz, faleceu em 1929, aos 84 anos, de bronquite.

EM 2006 HAVIA 62 MILHÕES DE VEÍCULOS AUTOMOTIVOS LICENCIADOS NOS EUA E 6,4 MILHÕES DE OUTROS NÃO LICENCIADOS AINDA EM USO. JUNTOS, ELES PROVOCARAM 6.394.000 ACIDENTES DE TRÂNSITO NOTIFICADOS À POLÍCIA, DEIXANDO 3.189.000 FERIDOS E 43 MIL MORTOS.

STEPHEN FOSTER

Stephen Foster foi o primeiro compositor plenamente americano, e, significativamente, nasceu no dia 4 de julho de 1826, nas redondezas de Pittsburgh. Qualquer pessoa que já tenha tido aulas de piano já terá tocado uma de suas composições mais célebres, entre as quais estão "Oh! Susanna" (1848), "Old Folks at Home" (cujo título alternativo é "Swanee River") (1851), "Jeanie With the Light Brown Hair" (1854) e "Beautiful Dreamer" (1862). Aos 25 anos de idade, Foster já publicara doze músicas originais e era compositor profissional. Ele se esforçava para fazer canções que emocionassem o público americano da época e é visto como o primeiro artista popular americano. Mas a luta para ser pago por seu trabalho acabou por levá-lo à morte. Foster tentava manter uma contabilidade precisa e chegou a redigir o primeiro esboço de um contrato de direitos autorais com uma editora musical, mas não conseguiu impedir outra editora de imprimir e vender suas músicas sem lhe pagar nada por isso. E ele tampouco recebia nada quando suas canções eram apresentadas. Recebeu ao todo US$ 15.091,08 pelo trabalho de toda uma vida compondo, brigando para ser pago e bebendo. Beber era algo que fazia com tanta paixão quanto compor, tanto que aos 37 anos estava vivendo num hotel barato do bairro teatral de Nova York, enquanto sofria de febre induzida pelo alcoolismo e pela falência hepática. A causa exata de sua morte foi um ferimento na cabeça. Ao tentar sair da cama, Foster tropeçou, quebrou uma pia de louça com a cabeça e fez um corte profundo. Três horas se passaram até ele ser levado ao hospital, onde morreu três dias depois, em 1864. Tinha apenas 38 *cents* nos bolsos.

UMA EM CADA CINCO MORTES POR ANO É PROVOCADA DIRETA OU INDIRETAMENTE PELO CONSUMO DE ÁLCOOL, E MAIS DA METADE DE TODOS OS SUICÍDIOS, HOMICÍDIOS E MORTES ACIDENTAIS GUARDA RELAÇÃO COM O ÁLCOOL.

SÃO FRANCISCO

O italiano Giovanni di Bernardone, apelidado de Francesco por seu pai rico e que mais tarde seria conhecido como São Francisco de Assis, teve infância de garoto rico, fazendo farras com os outros jovens filhos de mercadores prósperos que viviam do dinheiro dos pais. Após anos de excessos, começou a adoecer e decidiu fazer longos jejuns para curar o corpo. Durante uma alucinação induzida por um jejum, viu uma estátua de Cristo descer da cruz e falar com ele. Francisco começou a fazer coisas que não podiam deixar de enfurecer seu pai e chegou a ajudar leprosos, um ato de insanidade numa época em que a doença era altamente contagiosa e fatal. O pai o espancou e o levou ao bispo, mas, antes que pudesse lhe cortar a ajuda financeira, Francisco fez voto de pobreza, tirou as vestimentas pagas por seu genitor e ficou nu, dizendo que não queria nada, nem mesmo as roupas que o cobriam. Então começou a pregar, defendendo acima de tudo o trabalho em prol dos pobres. Além disso, fazia sermões a objetos inanimados e a animais. Certa vez Francisco parou numa estrada e viu um bando de pássaros numa árvore. Ele pregou à congregação alada, aconselhando as aves a sentir gratidão pelo dom de voar — talvez em recordação de sua fuga em relação ao pai. A partir desse momento ele sempre foi retratado, como santo, com pássaros pousados nos braços e animais a seus pés. Na verdade, parecia que sua filosofia espiritual o levava a fazer o exato oposto de tudo aquilo em que seu pai acreditava. Perto do fim da vida, Francisco subiu uma montanha para fazer um retiro reservado e, quando retornou, disse a seus seguidores que um anjo o visitara. Seus pulsos, pés e tórax apresentavam chagas nos mesmos pontos em que Jesus fora ferido na cruz. Foi esse o primeiro exemplo de um fenômeno que mais tarde seria descrito como "estigmas". As chagas sangravam regularmente e o levaram à morte em 1226, aos 44 anos de idade.

Estigmas: *Desde São Francisco, oito outros santos já apresentaram estigmas, além de mais de mil pessoas não canonizadas. Parece que a incidência desse fenômeno está aumentando, tanto que mais de quinhentas pessoas comuns o teriam manifestado apenas no século XX. Entretanto, muitos dos estigmatizados mais recentes apresentam as chagas nos lugares errados, como, por exemplo, nas palmas das mãos, sendo que as de Cristo estavam em seus pulsos. Alguns pesquisadores atribuem o fenômeno não explicado à capacidade da mente de exercer efeitos físicos sobre o corpo. Cientistas apontam para a síndrome de Münchausen, doença mental que leva quem a apresenta a criar ou induzir doenças para chamar a atenção sobre si. Santa Catarina de Sena, que jejuava por longos períodos e sobrevivia unicamente de hóstias, acreditava ser realmente casada com Jesus. Ela morreu em 1380, aos 33 anos, de estigmas. Por algum motivo, ela é hoje a santa padroeira da prevenção de incêndios.*

GEORGE A. FULLER

O construtor que encontrou a maneira viável de erguer arranha-céus altíssimos foi George A. Fuller, que aperfeiçoou o uso de estruturas de aço e materiais leves para que os edifícios pudessem atingir alturas incríveis. Em 1902, sua empresa construiu o primeiro arranha-céu de Nova York, o Edifício Fuller, também conhecido como Flatiron, na esquina da Broadway com a Rua 23 — um prédio triangular de 21 andares que continua a impressionar até hoje. Visto do ar, parece uma ponta de seta apontando para um enigma ainda não decifrado. Fuller morreu em 1900, antes de o edifício ser concluído, em circunstâncias misteriosas. Tinha 49 anos. Circularam boatos de que ele teria levado um tiro de uma atriz, Sadie Dean, quando a visitava em seu apartamento. O prédio foi concluído por seu genro, Henry Black. A maioria dos registros biográficos de George A. Fuller foi destruída.

G

EVA GABOR

Eva Gabor ficou famosa sobretudo pelo papel de Lisa Douglas, a nova-iorquina inveterada que vai viver no campo na sitcom *Green Acres* (*Fazendeiros do asfalto*) (1965-1971). Ela era a mais jovem de três irmãs vindas originalmente de Budapeste, que ganharam fama por suas relações românticas e seus casamentos numerosos. Eva fez alguns filmes também, mas acumulou a maior parte de sua fortuna usando sua imagem glamurosa para fazer propaganda de uma fábrica de perucas. Mais tarde, foi vista fazendo compras em lojas de descontos. Apesar disso, sua morte se enquadra num padrão esdrúxulo que abrange o de muitos outros atores que passaram o tempo na televisão em programas que defendiam a vida simples e salutar do campo: depois de sofrer uma queda e quebrar o quadril, Eva morreu de pneumonia, aos 76 anos, em 1995. Outro ator de *Green Acres*, **Pat Buttram**, que representava Mr. Haney, morreu em 1994 de pneumonia e falência renal, aos 78. **Eddie Albert** (Edward Albert Heimberger), conhecido pelo público como Oliver Wendell Douglas, cantou a canção temática de *Green Acres* e lançou um álbum durante a época áurea do programa. Ele acabou escrevendo logo abaixo da letra o dístico: "Podem ficar com Manhattan — me dêem o campo", e se tornou militante de causas ambientais. Sofreu de mal de Alzheimer e, também ele, morreu de pneumonia em 2005, aos 99 anos de idade. Do seriado *Petticoat Junction*, do qual muitos atores já haviam trabalhado em *Green Acres*, **Edgar Buchanan**, que fazia o personagem Tio Joe Carson, morreu de pneumonia aos 76 anos, em 1979. A anomalia foi **Meredith McRae**, que fez a personagem *sexy*-rural Billy Jo: sua morte aconteceu em 2000, quando ela tinha 56 anos, em decorrência de um câncer cerebral. Outro seriado sobre a zona rural, *Mayberry R.F.D.* — subproduto do *The Andy Griffith Show* —, teve a personagem Tia Bea, representada por **Frances Bavier**, que morreu em 1989, aos 87 anos, de complicações decorrentes de uma pneumonia. E **Don Knotts**, que representou Barney Fife, faleceu em 2006, aos 81, de complicações pulmonares e respiratórias — demonstrando que os atores de seriados sobre o campo, mesmo que a casa de fazenda seja recriada num estúdio de filmagens e que o ar do campo seja, na verdade, condicionado, têm boas chances de ter vida longa e morrer de pneumonia.

GALILEU

Muitas pessoas crêem que Galileu Galilei inventou o telescópio, mas na realidade ele apenas modificou os planos descritos por inventores holandeses de modo a criar o primeiro instrumento desse tipo que funcionou de fato. Suas observações, aliadas aos ensinamentos do astrônomo Nicolau Copérnico (autor da hipótese de que é o Sol, e não a Terra, o centro do sistema solar), quase lhe custaram a vida quando ele foi convocado para comparecer diante do tribunal da Igreja Católica. Para escapar da execução, Galileu concordou em não ensinar sua doutrina, mas mesmo assim foi posto em prisão domiciliar pelo resto da vida. Apesar das dificuldades, ele mapeou os céus e foi o primeiro a ver a Via Láctea. Galileu inventou uma versão precoce de termômetro de água, um microscópio, um aparelho para colher tomates e um pente que também funcionava como garfo. Morreu cego e debilitado, em 1642, aos 77 anos. Em 1992 a Igreja Católica Romana o perdoou e reconheceu que a Terra de fato gira em torno do Sol.

JULIO GALLO

Julio Gallo não inventou o vinho, mas foi o primeiro a produzi-lo em massa e vendê-lo a preço baixo nos Estados Unidos. Ele ganhou destaque como criador do vinho fortificado conhecido como Thunderbird, favorito dos consumidores de baixo poder aquisitivo. Gallo era filho de um viticultor italiano que emigrou para os EUA. Juntos, ele e seu irmão Ernesto transformaram os vinhedos de seu pai no maior estabelecimento vinícola do mundo. Ele morreu em 1993, aos 83 anos, durante visita a seus vinhedos em Modesto, na Califórnia, quando seu jipe capotou ao passar sobre uma ondulação na estrada. (Ripple [ou "ondulação", em inglês] era outra marca de vinho criada por Gallo, muito consumida por alcoólatras, estudantes universitários e pobres). Gallo acabou morrendo de trauma provocado por força bruta — como aconteceu com tantos consumidores dos vinhos mais baratos de sua fabricação.

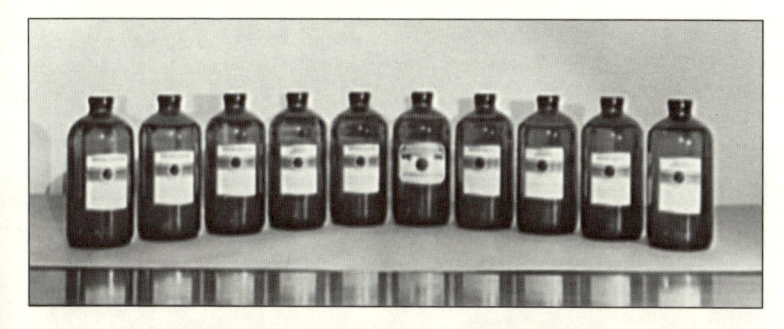

No seriado de tevê Sanford & Son, *o vinho Ripple era a bebida preferida de Fred Sanford. Fora do estúdio,* **Redd Foxx***, que fazia o papel de Sanford, preferia a cocaína ao Ripple e, para comprová-lo, chegava a usar no pescoço uma corrente com uma colher dourada para usar no pó. Em 1991, ao morrer (de ataque cardíaco, aos 68 anos) no* set *de outra* sitcom, Royal Family, *o resto do elenco achou que ele estava brincando quando caiu, segurando o peito.*

VASCO DA GAMA

O navegador português Vasco da Gama tomou o rumo mais sensato quando partiu à procura da Índia contornando o cabo da Boa Esperança, na África, em 1498, e ajudou a tornar seu país líder comercial do mundo nos trezentos anos seguintes. Visto como homem prático, Gama estudou numa escola de navegação e, segundo consta, raramente sorria. Certa vez, para convencer o governante das cidades mercantis da Índia a firmar um pacto comercial com ele e parar de comerciar com árabes, capturou um navio repleto de peregrinos muçulmanos e o queimou com 380 pessoas a bordo, não permitindo que nem mesmo as mulheres e as crianças escapassem. Vasco da Gama acabou ganhando destaque como homem que encontrava maneiras de superar os obstáculos que apareciam. Quando surgiram problemas nos recém-estabelecidos entrepostos comerciais portugueses da Índia, ele foi enviado de volta para assumir o cargo de vice-rei. Três meses mais tarde, porém, contraiu malária. Foi a picada de um pequeno mosquito da imensa terra que ajudou a colonizar que o matou, em 1524, aos 55 anos de idade.

> OS MOSQUITOS JÁ MATARAM MAIS
> PESSOAS EM TODO O MUNDO QUE O TOTAL
> DE TODAS AS GUERRAS E CATÁSTROFES
> DA HISTÓRIA. A CADA ANO, 2,7 MILHÕES DE
> PESSOAS MORREM DE MALÁRIA —
> 75% DELAS NA ÁFRICA E NA ÍNDIA.
> O RITMO É IGUAL AO DA ÉPOCA DE
> VASCO DA GAMA: DUAS MORTES POR MINUTO.

JUDY GARLAND

Judy Garland (Frances Ethel Gumm) alcançou grande sucesso em 1939 com "Over the Rainbow", quando tinha apenas 16 anos, e protagonizou o filme visto por mais pessoas que qualquer outro na história, *O Mágico de Oz*. Tendo estreado com apenas 2 anos de idade, ela atuou em 32 filmes, gravou cem compactos e uma dúzia de elepês, e, ainda, fez mais de 2 mil apresentações ao vivo em palcos que abrangeram desde teatros de revista até o Carnegie Hall, passando pela televisão. Apesar de sua compleição *mignon* (tinha apenas 1,50 metro de altura), Judy Garland teve uma vida turbilhonante, nunca parou de se apresentar ou de se casar — teve cinco maridos ao todo — e, perto do fim da vida, recorreu ao álcool e a anfetaminas para conseguir seguir adiante. Em 1969, aos 47 anos, foi encontrada em seu banheiro, morta devido a uma overdose de barbitúricos.

DAVE GARROWAY

Lançado em 1952, o programa "Today", da NBC, tornou-se o primeiro e mais duradouro programa matinal da televisão e o segundo maior de todos, perdendo apenas para "Meet the Press". Seus primeiros apresentadores foram Dave Garroway (1952-1961) e um chimpanzé chamado J. Fred Muggs. Garroway se indignava por ser obrigado a dividir o palco com o animal e, ao que consta, teria colocado benzedrina (uma anfetamina) no suco de laranja de Muggs, para que este se comportasse mal e fosse demitido. Garroway matou-se com um tiro em 1982, aos 69 anos de idade. Muggs ainda está vivo e reside em Citrus, na Flórida. O segundo apresentador do programa foi John Chancellor (1961-1962), que morreu de câncer do estômago em 1996, aos 68 anos. Frank

McGee dividiu com Barbara Walters a apresentação do "Today" entre 1971 e abril de 1974, quando morreu de câncer ósseo, aos 52 anos. Os outros apresentadores do programa continuam vivos.

SIDARTA GAUTAMA

Sidarta Gautama, conhecido como Buda, nasceu num meio rico na região que hoje é o Nepal, foi criado em meio ao luxo e levou uma vida de príncipe por 29 anos. Em um passeio fora do palácio, viu um idoso aleijado e um cadáver em decomposição. Decidiu que, para conquistar a imortalidade, teria que despir-se de suas posses materiais e levar uma vida monástica. Aprendeu a meditar e, aos 35 anos, encontrou a resposta que buscava, à qual deu o nome de Caminho do Meio. É claro que a doutrina plena de seus ensinamentos é mais complexa do que isso. Mas Buda atraiu muitos seguidores devido a sua maneira de agir e a sua busca de respostas num mundo que não as oferecia. Aos 80 anos de idade, disse a seus seguidores que estava prestes a deixar para trás seu invólucro terreno. Em seguida, aceitou uma refeição de carne de porco e cogumelos que lhe foi oferecida por um ferreiro. Os devotos dizem que essa última refeição não teve relação alguma com sua morte, mas o fato é que cogumelos e carne de porco eram alimentos de alto risco na antiguidade, devido à triquinose (parasitas) na carne e às toxinas presentes nos cogumelos. Um chá de cogumelos freqüentemente era ministrado às pessoas como veneno. Alguns dizem que se tratou de eutanásia. Seja como for, Buda morreu pouco depois disso, em 483 a.C., e seu corpo foi cremado.

LOU GEHRIG

Lou Gehrig, jogador dos Yankees apelidado de "Cavalo de Ferro", ganhou destaque pela resistência física — ele nunca faltou a uma partida, tendo jogado 2.130 seguidas — e por ter morrido ainda jovem. Quando tinha 30 anos, começou a apresentar os primeiros sinais de esclerose lateral amiotrófica (ELA), doença neurológica que acaba fazendo a função muscular regredir para a de um recém-nascido, mas Gehrig se esforçava mais e mais para compensar a fraqueza, sem saber que era uma doença que o estava debilitando.

Em lugar de submeter-se a exames médicos, ele se exigia cada vez mais e cumpria uma série de rituais antes de cada partida. Os jogadores de beisebol costumam curvar-se a muitos mitos e superstições para não quebrar sua seqüência de vitórias, e Gehrig acreditava que comer enguias em conserva o fazia ser um batedor melhor. Muitas receitas para o preparo de enguias contêm alto teor de glutamato e de seu derivado salino, o glutamato monossódico. Estudos atuais mostram que os doentes de ELA apresentam níveis mais altos de glutamato no soro sanguíneo e no fluido espinhal, algo que pode ser a causa dessa degeneração neuromotora. A quantidade exata de enguias consumida por Gehrig é desconhecida, mas deve ter sido considerável para que ele tivesse uma média anual ao longo de toda a carreira de 340 a 350 *home runs* (corridas ininterruptas pelo circuito inteiro) e 1.500 RBIs (*run batted in*, batidas na bola com o taco seguidas de corrida); ele foi um dos apenas sete jogadores de beisebol na história a conseguir esse feito. Antes de morrer, em 1941, aos 37 anos, Gehrig declarou: "Eu me considero um dos homens mais sortudos da face da Terra". Falava de sua carreira ilustre e da oportunidade de jogar com outros grandes ases do beisebol, mas, presume-se, não de sua superstição relacionada às enguias.

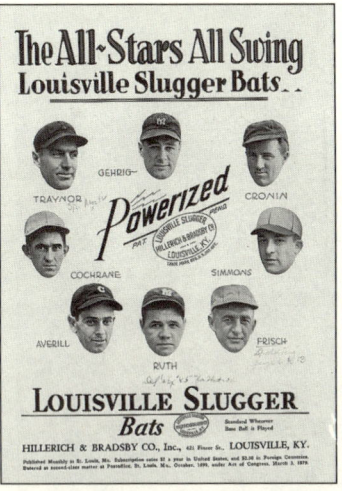

> A CADA ANO, 5 MIL PESSOAS NOS EUA RECEBEM O
> DIAGNÓSTICO DE ELA, TAMBÉM CONHECIDA COMO DOENÇA
> DE LOU GEHRIG. NÃO EXISTE CURA PARA ESSE MAL,
> QUE NORMALMENTE PROVOCA PARALISIA E MORTE NO
> PRAZO DE DOIS A CINCO ANOS.

GERONIMO

Geronimo lutou durante 25 anos contra os exércitos americano e espanhol para proteger as terras de sua tribo. Nascido com o nome de Goyathlay, teve uma vida violenta desde o primeiro momento, com a morte de seu pai numa guerra, seguida pelo assassinato de sua primeira mulher, seus três filhos e sua mãe durante uma incursão de soldados espanhóis. "São Jerô-

De todos os santos, é São Jerônimo quem possui a fama de ser o mais mal-humorado. Visto como o homem mais erudito de sua época, ele traduziu a Bíblia grega para a linguagem coloquial do século IV. Entretanto, ao contrário do que se espera de um santo, tinha língua ferina e tecia críticas implacáveis às pessoas que diziam frivolidades. São Jerônimo acabou indo viver sozinho numa caverna e morreu aos 75 anos, em 420 d.C. Seu corpo está enterrado numa igreja de Roma, e sua cabeça é uma relíquia conservada numa catedral em Madri.

nimo!", gritavam os colonos espanhóis quando viam Geronimo preparando-se para atacar, evocando, sabe-se lá por quê, a ajuda do santo padroeiro dos tradutores. Alguns lingüistas crêem que foi assim que "Geronimo", forma espanhola de "Jerônimo", tornou-se palavra associada a ataque violento e desregrado. Geronimo e seu bando de 38 guerreiros foram os últimos a resistir aos soldados americanos, até ele finalmente render-se, em 1886, e ser enviado para uma reserva. Perto do fim da vida, Geronimo decidiu aproveitar sua condição de celebridade, passando a comparecer a feiras nos municípios para distribuir autógrafos; chegou a fazer parte do desfile comemorativo pela posse do presidente Teddy Roosevelt. Ele morreu de pneumonia em 1909, aos 79 anos. Seu túmulo teria sido alvo de roubo por parte de integrantes da Sociedade Caveira & Ossos, da Universidade Yale, e hoje a caveira de Geronimo é usada nos rituais de iniciação do clube secreto ao qual já pertenceram os presidentes George W. e George H. W. Bush.

GEORGE GERSHWIN

"Rhapsody in Blue" foi composta por George Gershwin em 1924, a pedido do regente de orquestra Paul Whiteman. Quando se aproximava a data do concerto em que a peça seria tocada, Gershwin recordou-se da promessa que fizera e rapidamente compôs aquele que se transformaria num clássico dos concertos de *jazz*, com isso transferindo essa forma musical dos bares noturnos para os salões de concertos. A orquestra de Whiteman vendeu 1 milhão de discos com a obra em seis meses, e "Rhapsody" acabou por trazer fortuna e reconhecimento mundial a Gershwin. O músico, que abandonara o colégio antes de concluir o ensino médio, também compôs a ópera "Porgy and Bess". Era uma pessoa constantemente agitada, de cuja mente não paravam de sair músicas. Morreu aos 38 anos, em 1937, de um tumor cerebral.

ANDY E MAURICE GIBB

Andy Gibb, do grupo Bee Gees, conhecido por "I Just Want to Be Your Everything", morreu em 1988, pouco depois de completar 30 anos, de miocardite — coração inflamado — provocada em parte por anos de consumo de drogas. O mais jovem dos irmãos Bee Gees, parecia também ser o mais talentoso dos quatro, ou, pelo menos, o mais bonito. Mesmo depois de a família intervir para frear sua dependência de drogas, Andy prosseguiu em sua espiral descendente, consumindo álcool em grandes quantidades. Sua causa de morte, a miocardite, foi provocada por uma infecção viral que era muito comum na época, devido aos alcalóides então usados para "batizar" a cocaína — um processo em que substâncias de aparência semelhante são acrescentadas para tornar a venda da droga ainda mais lucrativa. Esses aditivos têm efeito cumulativo, muitas vezes mais prejudicial que a própria cocaína. Após a morte de Andy, seu irmão Maurice, nove anos mais velho, continuou a liderar o trio, que ao longo da carreira vendeu 180 milhões de discos. A era da discoteca, e especialmente seu sucesso "Saturday Night Fever", trouxe fama e riqueza aos irmãos Gibb. Aos 29 anos de idade, Maurice já tinha seis Rolls-Royces e o mesmo número de Aston-Martins. Vivia em festas e tornou-se alcoólatra. Pouco após a morte de Andy, Maurice livrou-se do vício e virou presença constante no nada glamoroso grupo dos AA de Little River, em Miami. Em 2003, apesar de ter vivido a vida mais "limpa" dos irmãos, pelo menos durante dez anos, Maurice sofreu uma obstrução intestinal rara conhecida como enteropatia isquêmica, que lhe provocou um ataque cardíaco fatal. Tinha 53 anos.

MÚSICOS COM COMPLICAÇÕES

Em 1957 **Joe Hill Louis** (Lester Hill), astro do Be-Bop Boy and His One-Man Band, cortou o dedo numa corda de violão e morreu de tétano, aos 35 anos. Em 1968 o guitarrista do Spanky and Our Gang **Malcolm Hale**, conhecido pela música "Sunday Will Never Be the Same" [Domingo nunca mais será igual], morreu num domingo, aos 27 anos, de intoxicação por monóxido de carbono causada por falhas no sistema de aquecimento. **Gene Vincent**, cantor de "Be-Bop-A-Lula" morreu em 1971 de um ferimento sofrido onze anos antes num desastre automobilístico. Tinha 36 anos. Em 1976, **John Persh**, baixista e cantor de "I Just Want to Celebrate" [Eu só quero comemorar] que participou do Rare Earth, fez tudo menos o que dizia a canção ao descobrir que sofria de infecção por estafilococos — que acabou causando sua morte, aos 34 anos. Em 1982, **Tommy Tucker** (Robert Higginbotham), célebre por "Hi-Heel Sneakers", morreu de intoxicação por tetracloreto de carbono, aos 48 anos, enquanto aplicava o acabamento a seu piso de madeira. No mesmo ano a canção "We've Only Just Begun" [Mal começamos], de **Karen Carpenter**, foi descartada para sempre como *slogan* de programas de dieta, depois de Karen ter morrido de falência cardíaca causada por anorexia nervosa, aos 32 anos. Em 1988, o travesti obeso e rainha do disco **Divine** (Harris Glenn Milstead) morreu aos 42 anos, de apnéia do sono. No ano de 2000 a vocalista do Blue Oyster Cult **Helen Wheels** (Helen Robbins), que cantou "Room to Rage" [Espaço para ficar raivoso], bem poderia ficar furiosa, pois morreu de infecção por estafilococos após uma cirurgia de rotina, aos 50 anos, e **Screamin Jay Hawkins** (Jalacy J. Hawkins), cantor de "Constipation Blues" [*Blues* da constipação] e famoso por cantar sentado num féretro, passou por uma cirurgia intestinal e morreu de aneurisma, aos 70.

OS NÁUFRAGOS DE *GILLIGAN'S ISLAND*

"Sente-se para ouvir a história de uma viagem fatídica...", dizia a abertura de *Gilligan's Island*, comédia que ficou no ar entre 1964 e 1967 e cujos 98 episódios sobre um grupo de náufragos de reunião improvável foram reprisados inúmeras vezes. **Bob Denver**, que representara o *beatnik* Maynard G. Krebs em *The Many Lives of Dobie Gillis* (1959-1963) antes de fazer o papel do desajeitado Gilligan, deu a impressão a muitas pessoas de que deveria fumar ervas heterodoxas no estúdio e fora dele. Krebs foi preso em 1998 quando um pacote de maconha foi entregue em sua casa, supostamente a mando da atriz que representou Mary Ann em *Gilligan's Island*. A polícia também encontrou no local um depósito de cachimbos de água e parafernália para fumar a erva. Recordado por muitos como o amigo do Skipper (capitão), Denver morreu em 2005, aos 70 anos, de complicações decorrentes do tratamento de um câncer de garganta. Enquanto isso, o capitão, **Alan Hale Jr.**, depois de cancelado o seriado, abriu um restaurante popular, onde cumprimentava os fregueses com uma saudação de marinheiro. Ele morreu em 1990, aos 71 anos, de câncer do timo. **Natalie Schafer**, que fez o papel de Mrs. Howell, morreu em 1991 de câncer, aos 90 anos. O milionário Mr. Howell foi representado por Jim Backus, famoso por *Mr. Magoo*.

Mr. Magoo, o porta-voz quase cego das lâmpadas GE que entrava e saía de enrascadas apesar de sua deficiência, virou um desenho animado popular nos anos 1960. Sua voz era dublada por **Jim Backus**, *que entrou em sua enrascada final aos 76 anos e morreu de pneumonia em 1989, depois de passar anos sofrendo do mal de Parkinson. O criador do desenho,* **John Hubley**, *morreu enquanto era submetido a cirurgia cardíaca, em 1977, aos 62. Graças à tendência atual de tentar não ofender portadores de deficiências, é pouco provável que Mr. Magoo seja ressuscitado de sua atual condição moribunda no futuro próximo.*

JACKIE GLEASON

O quinto mais bem-sucedido seriado cômico do século XX foi *The Honeymooners*, sitcom sobre o motorista de ônibus Ralph Kramden, que era representado por Jackie Gleason, e sua mulher Alice, papel de **Audrey Meadows**. O programa não foi um sucesso muito grande no início, mas encontrou um público fiel ao ser reprisado, transformando-se em clássico. O gorducho Gleason atuou em quinze filmes, nos quais foi desde o zelador surdo-mudo em *Gigot* até um xerife do interior em *Agarra-me se puderes* e apostador em sinuca em *Desafio à corrupção*, tendo este último papel lhe valido uma indicação ao Oscar. Gleason tinha origem humilde. Foi abandonado pelo pai aos 8 anos de idade e sustentado pela mãe, que o deixava sempre carente de atenção, já que trabalhava por horários longos como cobradora no metrô de Nova York. Gleason ansiava por ser amado e era conhecido por dar gorjetas generosas; agia sempre como se estivesse no palco em qualquer lugar para onde fosse. Ele não se importava com seu sobrepeso, dizendo que um comediante "podia convencer muito mais sendo gordo", e era conhecido por promover lautos jantares em que era capaz de devorar cinco lagostas de uma só vez. Gleason era conhecido também como grande consumidor de álcool. Mas ele nunca se considerou alcoólatra, porque, dizia, tinha força de vontade suficiente para se abster de beber até após uma performance. Não surpreendentemente, desenvolveu diabete e acabou morrendo em 1987, aos 71 anos, de câncer de fígado. Seu mausoléu, em Miami, traz a inscrição: "E Lá Vamos Nós". Audrey Meadows, que contracenou com ele em *Honeymooners*, fumante inveterada por toda a vida, foi vitimada por um câncer de pulmão aos 69 anos, em 1996.

JOSEPH GLIDDEN

O arame farpado não aparenta ser uma invenção muito importante hoje, mas houve uma época em que exerceu papel fundamental no desenvolvimento do oeste americano. A invenção de Joseph Glidden, feita em 1873, fechou os campos abertos e colocou o gado em lotes bem definidos de terra pertencentes a proprietários privados. Na década de 1890, a maior parte das planícies dos EUA já estava dividida em fazendas demarcadas com arame farpado, fato que pôs fim à era do caubói. Graças ao arame farpado, Glidden tornou-se um dos homens mais ricos de sua época. Mas morreu de uma infecção decorrente de um corte não tratado — do mesmo modo que sua invenção feriu muitas pessoas que a manejaram, além de muitos animais. Depois de sua morte, seu corpo foi trasladado num vagão ferroviário especial, refrigerado com gelo. Seu desejo final foi ser enterrado longe das planícies empoeiradas em que ficava a sede de sua empresa, no Texas, para descansar eternamente num túmulo em Nova York, como um cavalheiro.

Antes da invenção dos antibióticos, um corte simples, especialmente causado por contato com arame farpado, podia ser causa de muitas infecções. Um dos tratamentos de ferimentos gangrenados envolvia o uso de larvas de mosca, que teoricamente se alimentam unicamente de carne morta, permitindo que a carne ainda viva sarasse. Mas o resultado era a necrose, ou criação de mais carne morta, o que desencadeava uma série de problemas cada vez mais graves, entre os quais inflamações que devastavam o sistema imunológico. Embora se tivesse a impressão de que muitas pessoas morriam de cortes pequenos, o mais provável era que várias doenças, até mesmo o resfriado comum, tivessem efeito fatal sobre o sistema imunológico comprometido do doente.

GRANDES SUCESSOS DA DÉCADA DE 1950

Os anos 1950 são associados — corretamente, aliás — ao nascimento do *rock'n'roll*, mas durante essa década algumas das músicas mais populares, segundo a lista da *Billboard* das 100 Mais da década, incluíram muitos sucessos cantados por *crooners*, além de umas poucas gravações tardias de algumas *big bands*.

Bobby Darin conseguiu a quarta colocação na década com "Mack the Knife". Ele morreu em 1973, aos 37 anos, de complicações durante uma cirurgia cardíaca (*ver também* Mack the Knife). **Guy Mitchell**, cujo nome original era Al Cernik, era um cantor pop cuja canção "Singing the Blues" foi a número 5 da década. Ele morreu de complicações cirúrgicas em 1999, aos 72 anos. O décimo lugar na lista era de **Tennessee Ernie Ford** (Ernest Jennings Ford), por "Sixteen Tons". Alcoólatra inveterado, morreu de falência hepática em 1999, aos 72 anos, exatamente 36 após o lançamento de "Sixteen Tons", que falava de mineiros de carvão. **Johnny Horton** teve a 15ª canção mais vendida da década, "Battle of New Orleans", que também foi considerada pelo comitê do Grammy uma das melhores músicas do século. Horton morreu em 1960, aos 35 anos, num acidente de carro, depois de uma colisão frontal com um motorista alcoolizado. O líder de *big bands* **Nelson Riddle** teve a 18ª canção da lista, "Lisbon Antigua". Ele morreu em 1985, aos 64 anos, de falência cardíaca. **Dean Martin**, cujo nome de batismo era Dino Paul Crocetti, foi o 19º colocado, com "Memories Are Made of This". Morreu aos 78 anos, na manhã do dia de Natal de 1995, de falência respiratória causada por enfisema pulmonar. A 22ª música da lista foi "All In The Game", de **Tommy Edwards**. Um aneurisma cerebral matou Edwards em 1969, aos 47 anos de idade. O cantor e compositor italiano **Domenico Modugno** conquistou o 26º lugar com "Volare". Morreu de ataque cardíaco em 1994, aos 66 anos.

O número 72 da lista foi do grupo Alvin & the Chipmunks: "The Chipmunk Song", cantada por **David Seville**. Este morreu em 1972 de ataque cardíaco, aos 52 anos. Consta que Alvin, Simon e Theodore ainda vivem. A 79ª música da lista foi "Canadian Sunset", do chefe de orquestra **Hugo Winterhalter**, que morreu de câncer aos 63 anos, em 1973. **Perez Prado**, também conhecido como "Rei do Mambo", foi o 93º colocado, com "Patricia". Prado morreu de derrame aos 72 anos, em 1989. O cantor *country* **Marty Robbins** (Martin David Robinson) foi o mais famoso de sua época e encerrou a lista das cem canções mais ouvidas, com "A White Sport Coat (and a Pink Carnation)". Ele partiu deste mundo em função de complicações cirúrgicas sofridas quando tentava remendar seu coração, depois de sofrer o terceiro enfarte, em 1982, aos 57 anos de idade.

Sheb Wooley (Shelby F. Wooley), que era sobretudo ator, fez o sucesso inovador "The Purple People Eater", que figurou na lista das canções mais populares dos anos 1950 na 35ª colocação e, desde então, já vendeu mais de 100 milhões de cópias. Ele faleceu aos 82 anos, de câncer, em 2003, sem nunca ter revelado se a música falava de um monstro roxo que comia pessoas ou de um monstro que se alimentava de pessoas roxas.

CHARLES GOODYEAR

Antes de Charles Goodyear criar a fórmula apropriada, todos os produtos feitos de borracha acabavam por derreter, e a "febre da borracha" do início do século XIX terminou em confusão. Goodyear tornou-se o clássico inventor obcecado, dedicando sua vida ao aperfeiçoamento do que chamava de "madeira elástica". Apesar de viver entrando e saindo da prisão por endividamento, ele mantinha sua chaleira funcionando no quintal, fervendo o látex brasileiro à prova de água, amassando e processando as bolotas experimentais ferventes por horas a fio e acrescentando tudo o que lhe vinha à cabeça na tentativa de fazer a coisa funcionar. Ele vestia chapéus, paletós, gravatas e calças de borracha, na eterna tentativa de divulgar as qualidades do produto. Goodyear pediu dinheiro e contraiu empréstimos para levantar fundos para erguer, na Feira Mundial de 1855 em Paris, um pavilhão da borracha, no qual os telhados, pisos, portas, mobília — tudo, em suma —, eram feitos de sua borracha. Depois de gastar tanto para participar do evento, mas tendo se esquecido do pequeno detalhe da proteção de suas patentes, Goodyear se viu seriamente quebrado, com uma dívida de US$ 200 mil. Dispéptico e atormentado pela gota, voltou à oficina, apoiando-se em muletas para mexer em seus caldeirões de borracha, ainda usando a boina e as roupas de borracha, até morrer, em 1860, aos 60 anos. Charles Goodyear e sua família nunca tiveram ligação com a fabricante de pneus Goodyear Tire & Rubber Company, líder numa indústria que emprega 300 mil pessoas e fatura US$ 6 bilhões por ano.

MARGARET GORMAN

O primeiro concurso de Miss Estados Unidos realizou-se em Atlantic City, em Nova Jersey, com o objetivo de levar os turistas a permanecer na cidade além do fim de semana do Dia do Trabalho, que nos EUA cai em setembro. As participantes eram avaliadas 50% pelos aplausos do público e 50% pelos jurados. Nos primórdios do concurso, a prova do maiô era o evento principal. A vencedora ganhava uma estátua dourada de sereia de 90 cm de altura, um aperto de mão e um beijo na bochecha. Em 1921, a primeira vencedora foi Margaret Gorman, de 16 anos, de Washington. Ela foi convidada a participar depois de vencer o concurso de Mais Bela Banhista da América, no ano anterior. Margaret voltou a candidatar-se nos oito anos seguintes, mas não ganhou mais. Morreu de pneumonia em 1995, aos 90 anos de idade.

SIMPLESMENTE MISS ESTADOS UNIDOS

Ruth Malcolmson, de 17 anos, natural da Pensilvânia, foi a primeira colocada em 1924. O concurso, nessa época, já recebia cobertura do rádio e da imprensa escrita nacionais. Mais de 300 mil pessoas viram 87 participantes de todas as partes dos EUA, entre elas mulheres casadas e modelos profissionais. Exibindo as mais recentes novidades em roupa de banho, freqüentemente eram pagas para participar pelos maiores estilistas da época. O pintor Norman Rockwell foi um dos jurados do concurso em 1924, assim como a estilista Annette Kellerman, detida em 1907 por indecência quando tentou convencer mulheres a usar seus maiôs em lugar das calçolas de praxe. Ruth Malcolmson quase perdeu para Mary Katherine Campbell, até ser instituída a norma de que a vencedora do ano anterior não poderia receber o título novamente. Também foi adotada a regra que proibia a participação de mulheres casadas. Ruth afastou-se dos holofotes pouco após sua vitória, dizendo: "Prefiro a vida simples". Morreu em 1988, aos 81 anos.

KIRBY GRANT

Entre 1951 e 1962 o piloto e fazendeiro do seriado *Sky King*, representado pelo exímio aviador Kirby Grant — com a ajuda de seu sobrinho e sobrinha na vida real, Skipper e Penny —, combateu toda uma multidão de vilões cafonas. Era um seriado tranqüilizador, no qual Sky King sempre socorria os que precisavam de sua ajuda, aparecendo no último minuto em seu avião Cessna T-50, com asas de madeira. Em 1985, Grant já estava velho demais para voar e decidiu, em vez disso, ir de carro até Cabo Canaveral, na Flórida, onde, durante a cerimônia de lançamento antes da decolagem do ônibus espacial *Challenger*, receberia uma homenagem pelo incentivo que dera à aviação. Mas Grant morreu num desastre automobilístico fatal a poucos quilômetros da plataforma de lançamento. Tinha 73 anos. Dois meses depois, o mesmo ônibus espacial explodiu ao decolar, matando seus sete tripulantes.

GUILHERME I DA INGLATERRA

Guilherme da Normandia — conhecido como Guilherme, o Conquistador, ou, para muitos, como Guilherme, o Bastardo — invadiu a Inglaterra em 1066, onde reinou com mão de ferro por 21 anos. Aos 59, em 1087, ele retornara à França para enfrentar seu antigo aliado, o rei Filipe. Nesse ataque, porém, a mesma sela enfeitada que usara para derrotar a Inglaterra acabou por causar sua morte. A maçaneta da sela, que descreve uma curva para a frente, chocou-se contra seu abdome com tanta violência que Guilherme sofreu hemorragia interna, a qual provocou sua morte lenta. Moribundo, declarou: "Tratei os habitantes nativos do reino com severidade injustificada [...] e causei a morte de milhares de pessoas por fome e guerras". Ele queria doar sua riqueza, que admitiu ter conseguido "com ações malignas", aos pobres e às igrejas das cidades francesas que mandara queimar até arrasá-las. Assim que deu seu derradeiro suspiro, as pessoas que o cercavam roubaram-lhe as vestes e deixaram seu corpo no chão, quase nu. Ninguém queria cuidar do cadáver. Um cavaleiro de baixa estirpe foi encarregado de cuidar do corpo do rei morto, que levou de barco pelo Sena e entregou a monges na cidade de Caen. No início da missa fúnebre, alguns dos nobres reunidos na igreja começaram a gritar, protestando que a própria terra na qual Guilherme seria sepultado fora roubada por ele. O sarcófago de pedra preparado para o corpo não tinha sido corretamente medido, e o corpo do rei, alto, não cabia nele. Tentaram apertá-lo para caber no ataúde, e, enquanto o faziam, o cadáver estourou, liberando um fedor tão repugnante que muitas pessoas desmaiaram, enquanto outras vomitavam em redor. A saída encontrada foi acender a maior quantidade possível de incenso e acabar com a cerimônia o mais rapidamente possível.

JOHANNES GUTENBERG

Tão importante quanto a transmissão de conhecimentos por meio do computador foi a invenção dos livros impressos em 1456, no início da Idade Moderna. Johannes Gutenberg é considerado o primeiro, no Ocidente, a inventar o tipo móvel que acabou por levar os livros e o conhecimento a se tornarem acessíveis a todos. Até então, os livros manuscritos, que muitas vezes levavam uma vida inteira para serem inscritos, pertenciam exclusivamente a bibliotecas da realeza e da Igreja. Gutenberg foi um ourives que modificou máquinas usadas em prensas de azeite de oliva e técnicas de xilogravura para criar o primeiro processo de impressão. Como não tinha dinheiro suficiente, buscou um sócio para financiar a operação. Infelizmente, levou muito tempo para aprontar seu primeiro produto que teria certeza de vender bem — a Bíblia. O sócio arrastou o inventor aos tribunais e apreendeu seus equipamentos e seus livros impressos. Gutenberg nunca ganhou um centavo com sua invenção. Em pouquíssimo tempo a técnica da impressão foi adotada em toda a Europa e passou a ser vista como a maior invenção a ter levado, isoladamente, a civilização da Idade das Trevas ao Renascimento. Gutenberg acabou na miséria e sem teto próprio, morrendo de desnutrição em 1468, aos 68 anos de idade.

WOODY GUTHRIE

Conhecido sobretudo por sua canção "This Land Is Your Land" (1940), Woody Guthrie nasceu em Oklahoma em 1912. Sua música foi fortemente influenciada pela era das grandes tempestades de pó nos Estados Unidos (de 1933 a 1939), e a pobreza e o sofrimento decorrentes delas. Guthrie chegou à fama graças a uma rádio de Los Angeles que tocava a chamada música *hillbilly*, ou caipira, e canções *folk* tradicionais. Ele foi se politizando cada vez mais e, em suas músicas, passou a falar de problemas de sua época. No final dos anos 1940 o alcoolismo agravou sua saúde já frágil, e sintomas da dança de São Vito (distúrbio que consiste em movimentos involuntários anormais) e esquizofrenia foram prejudicando seu trabalho musical. Guthrie foi internado em vários hospitais psiquiátricos entre 1956 e 1967, até morrer, em 3 de outubro de 1967, da doença de Huntington, aos 55 anos de idade.

H

NATHAN HALE

Quando tinha 21 anos, Nathan Hale foi capturado pelos britânicos, apesar de estar disfarçado de professor primário e munido de um diploma falso de Yale, enquanto atuava atrás das linhas inimigas em Manhattan, na época sob ocupação britânica. Para conseguir informações, ele freqüentava bares, já que as tavernas sempre eram os melhores lugares para ouvir de soslaio as conversas de soldados e civis. Só que Hale tomou uma caneca de cerveja a mais e acabou revelando sua verdadeira identidade ao major britânico Robert Rogers, que também estava disfarçado, fazendo-se passar por patriota americano. Horas mais tarde, foi detido e levado até o comandante-chefe britânico, general Howe, para ser interrogado. Howe tentou suborná-lo para aderir à causa britânica oferecendo-lhe um cargo de prestígio, o de oficial da infantaria real. Como rejeitou a oferta, Hale foi julgado por espionagem e enforcado na esquina das atuais Rua 66 e Terceira Avenida, em Manhattan. As intenções de Hale eram nobres, mas pode-se dizer que foi seu hábito de beber que realmente acabou com ele, levando-o a tornar-se o primeiro agente americano defunto. Ele se mostrou calmo e digno enquanto a corda era colocada em volta de seu pescoço, e disse: "Lamento ter apenas uma vida a perder por meu país". O exército colonial, e outros que o seguiram, passaram a usar Hale na propaganda para recrutar soldados. Acredita-se que seu corpo esteja enterrado perto da atual entrada da Grand Central Station na Rua 44, onde hoje fica um carrinho de cachorro-quente.

HANÍBAL (ANÍBAL)

O Império Romano teve início em 510 a.C. e passou por diversas etapas, ou repúblicas, como eram conhecidos os governos, até sua queda, em 476 d.C. Desses quase mil anos de história registrada, alguns nomes são lembrados pelos não-historiadores. O primeiro deles foi o implacável general Aníbal (ou Haníbal), do norte da África, que quase derrotou Roma. Ele é mais famoso pela ousada tentativa de atravessar os Alpes, em 218 a.C. Iniciou a jornada com 75 mil soldados de infantaria, 9 mil de cavalaria e 37 elefantes de guerra, mas perdeu mais de 20 mil homens e quase todos os elefantes ao longo da empreitada. Durante quase vinte anos Aníbal viveu dos produtos dos lugares por onde passava e dos saques de guerra, enquanto cercava e ameaçava Roma. Mesmo após uma trégua relativa, ele vivia ansioso por combater Roma onde quer que isso fosse possível, jamais se esquecendo da promessa que fizera a seu pai, ainda menino, de "atacar Roma a ferro e fogo". Mas Aníbal terminou encurralado e, para não ser capturado vivo, tomou o veneno que carregava pendurado no pescoço — dentro de um pendente feito de presa de elefante com um oco no interior — desde que começara a travar guerras. Matou-se em 183 a.C., aos 63 anos.

HAPPY FACE

Todo o mundo conhece o símbolo do rosto sorridente. Mas poucos sabem que um homem foi responsável por fazer dele um ícone cultural. O senhor **B. A. "Hap" Day** foi uma figura da maior importância na campanha "Tenha um Bom Dia", lançada em Nova York no início dos anos 1970. Ele mergulhou com entusiasmo no esforço de fazer do rosto sorridente e feliz uma parte do cotidiano das pessoas. Mas "Hap" foi encontrado morto em 19 de agosto de 1996. Segundo a agência Reuters, "atrás de um banheiro público na esquina da Rua 1 com a Avenida C, na Lower Manhattan, o senhor Day foi encontrado por um funcionário da manutenção, deitado de bruços com o rosto numa poça de água, com uma seringa hipodérmica no pescoço. A morte deveu-se a uma overdose aguda de heroína, metadona, barbitúricos e Drano (produto usado para desentupir pias)". A testemunha ocular John Newmeyer observou: "Como se isso não bastasse, ele usava uma roupa folclórica austríaca à moda de Shirley Temple, peruca loira comprida, cinta-liga e salto agulha de 15 centímetros".

WILLIAM HENRY HARRISON

William Henry Harrison foi eleito presidente dos Estados Unidos em 1840. Algumas pessoas acharam que, aos 68 anos, ele era velho demais para dar conta do cargo. Para mostrar que tinha resistência física e demonstrar suas habilidades de orador, Harrison persistiu e, na comemoração de sua posse, em março, fez um discurso de quase três horas de duração sob chuva gelada e forte. Contraiu um resfriado e morreu 32 dias depois, tornando-se o primeiro presidente americano a morrer no exercício do cargo.

*Em 1923, quando tinha 57 anos, o presidente **Warren G. Harding** morreu de ataque cardíaco enquanto se preparava para proferir um discurso em San Francisco. Ele tinha sido implicado no chamado escândalo Teapot Dome, uma investigação sobre irregularidades no Burô dos Veteranos. Não apenas o presidente tinha sido acusado de fazer vista grossa para as transações corruptas de seu secretário da Justiça, como também os jornais descobriram que ele tinha uma amante e uma filha ilegítima. Oficialmente Harding morreu de ataque cardíaco, mas alguns acreditam que sua morte foi provocada pela ingestão de veneno administrado por ele próprio ou por sua esposa.*

FRANK HAYES

Em 1923 o jóquei Frank Hayes morreu de ataque cardíaco no meio de uma corrida. Apesar disso, seu cavalo, Sweet Kiss [Beijo Doce], chegou em primeiro lugar na pista de Belmont Park, em Nova York, no dia 4 de junho daquele ano. Hayes tinha suplicado ao dono do cavalo, A. M. Frayling, que o deixasse cavalgar Sweet Kiss; era apenas a segunda vez que o jóquei de 35 anos o fazia. Segundo o *New York Times*, "foi sua segunda, derradeira e única vitória". Hayes tornou-se o único jóquei do mundo a vencer uma corrida morto, mas não ficou sabendo disso. No final de cada corrida, o jóquei vencedor tem que ser pesado. Consta que o corpo de Hayes foi carregado e colocado sobre a balança. Os apostadores recolheram o dinheiro ganho, e não se fez muito alarde em torno da morte do jóquei. Mas outros jóqueis passaram a relutar em cavalgar Sweet Kiss, e o cavalo nunca mais venceu uma corrida. A partir daquele momento, a expressão "o doce beijo da morte" entrou para o léxico comum.

ERNEST HEMINGWAY

Ernest Hemingway ficou furioso quando seu arqui-rival William Faulkner recebeu o Prêmio Nobel antes dele. (Faulkner comentara a respeito de Hemingway: "Nunca se soube que ele tenha usado uma palavra que pudesse levar o leitor a procurar um dicionário". E Hemingway dissera a respeito de Faulkner: "Coitado! Será que ele realmente acha que grandes emoções vêm de grandes palavras?") O homem de proporções quase épicas que era conhecido como Papa [Papai] era um artífice das palavras que esculpia cada uma de suas orações cuidadosamente formuladas como se fosse feita de pedra frágil. Embora tenha escrito outros livros de grande mérito, foi a novela *O velho e o mar* que lhe valeu um prêmio Pulitzer, em 1953, e também o Nobel, no ano seguinte. Ao receber o segundo, Hemingway comentou: "A vida do escritor é solitária, na melhor das hipóteses". Na verdade, excetuando a solidão necessária para escrever, a vida de Hemingway foi tudo menos solitária, pois ele viveu cercado de esposas, filhos e pessoas sedentas de aventuras, como ele próprio. Um desastre aéreo quase fatal sofrido por Hemingway na África levou o comitê do Nobel a apressar-se em homenageá-lo enquanto ainda estivesse vivo. Depois de receber o prêmio, o alcoolismo, do qual sofrera toda a vida, começou a exercer seus efeitos funestos, e Hemingway ficou obcecado com a idéia de que a Receita o estava perseguindo. Pouco depois de ser sujeito a tratamento de eletrochoque para curar a depressão e a paranóia induzidas pelo álcool, ele retornou a sua propriedade em Ketchum, em Idaho, e desferiu um tiro de espingarda na cabeça, numa bela manhã de verão, dois dias antes do 4 de Julho de 1961. Tinha 61 anos.

> "Com exceção do suicida, não existe homem mais solitário na morte que aquele que viveu muitos anos com uma boa mulher e sobreviveu a ela."
> — ERNEST HEMINGWAY

JIMI HENDRIX

James Marshall Hendrix, o legendário guitarrista de *rock* que ficou célebre por "Foxy Lady" e "Purple Haze", morreu aos 27 anos de idade, de uma overdose de barbitúricos, tornando-se, em última análise, vítima da imagem de homem desvairado que representara no palco. Antes da noite final, Jimi tomou uma *"black bomber"* — uma cápsula que combina anfetaminas e sedativos. Além disso, cheirou LSD às 20h30 de 17 de setembro de 1970 e só voltou a seu apartamento às 3h00, quando comeu um sanduíche de atum e tomou nove soníferos. Durante a noite, Jimi vomitou, mas estava letárgico demais para conseguir virar de lado. Acabou se engasgando no sanduíche de atum parcialmente digerido. Às 11h30 da manhã seguinte, foi declarado morto por asfixia.

MÚSICOS SUFOCADOS

O trombonista e líder de banda de bailes **Tommy Dorsey** morreu em sua casa, aos 51 anos, em 1956, por asfixia sofrida enquanto dormia. **George Nelson**, barítono dos Orioles e recordado pelo sucesso "Baby Please Don't Go", morreu sufocado durante uma crise de asma, quando tinha 33 anos. Em 1964, **Rudy Lewis**, que cantou "Up on the Roof" e era vocalista do The Drifters, morreu na noite anterior à gravação prevista de "Under the Boardwalk". A asfixia provocada por alimentos, em circunstâncias ainda hoje misteriosas, foi citada como causa de sua morte, aos 28 anos. Outro vocalista o substituiu em pouco tempo. Em 1973, **Steve Perron**, autor de "Francine", do ZZ Top, morreu aos 28 anos do já conhecido engasgamento com o próprio vômito decorrente de uma overdose de heroína. Em 1980, outro roqueiro que criou uma canção que se revelou profética, "Highway to Hell" [Estrada para o inferno], foi **Bon Scott**, que também se sufocou com seu próprio vômito após uma noitada de excessos. Tinha 33 anos.

Chegou-se a dizer, injustamente, que "Mama" **Cass Elliot** (Ellen Naomi Cohen), do grupo The Mamas and The Papas, teria morrido engasgada com um sanduíche de presunto. Na realidade, foi um ataque cardíaco que a matou, aos 32 anos, em 1974, em decorrência de perdas e ganhos de peso resultantes de muitas dietas.

KATHARINE HEPBURN

Quando se tratou de ganhar Oscar, Katharine Hepburn superou homens e mulheres, tendo recebido quatro estatuetas. Ela foi tachada de arrogante em sua época áurea, já que se recusava a dar autógrafos, não usava maquiagem e preferia aparecer em público usando calças compridas, ignorando a vontade de seu estúdio, além de ser conhecida por tratar a imprensa com descaso. Alguns dizem que sua independência nasceu quando ela, ainda criança, encontrou o irmão mais velho, ao qual adorava, pendurado de uma viga, enforcado. Foi suicídio, mas Katharine foi persuadida a fazer de conta que acreditava na história da qual sua família quis convencê-la — que a morte do irmão tinha sido provocada por um truque de magia que ele tentara fazer e que dera errado. Hepburn admitia que seu estilo de vida — casada por poucas semanas, mas conhecida por seus casos com vários homens poderosos de Hollywood, entre os quais, por muitos anos, um com o casado Spencer Tracy, e por nunca ter tido ou adotado filhos — se devia ao egocentrismo, que, em sua opinião, contribuiu para sua vida longa e frutífera. Katharine Hepburn morreu aos 96 anos, às 14h50 do dia 29 de junho de 2003, de parada cardíaca — levando ao extremo o argumento de que a longevidade é algo que cabe aos vencedores.

> "A vida é dura. Afinal, ela nos mata."
> — KATHARINE HEPBURN

HERON DE ALEXANDRIA

Heron foi um geômetra grego que descobriu como o calor e o vapor são capazes de mover objetos, mas usou essa importante descoberta científica apenas como brinquedo, empregando vapor de uma chaleira para fazer uma bola girar. Ele também inventou a primeira máquina de vender, que, em troca de uma moeda, derramava um pouco de água benta. A maior parte de seus escritos sobre os princípios da geometria se perdeu na década de 1850; apenas alguns fragmentos de seu verdadeiro gênio são conhecidos por meio de palestras que deu quando lecionou no Museu de Alexandria. Aparentemente, Heron morreu três vezes. Ele foi visto em 150 a.C., novamente em 62 d.C., e outro relato de testemunha ocular situa sua existência por volta de 250 d.C. Alguns dizem que ele pode ter encontrado a fórmula da imortalidade e, quem sabe, estar vivendo entre nós nos dias de hoje, na pessoa de algum distraído professor de matemática.

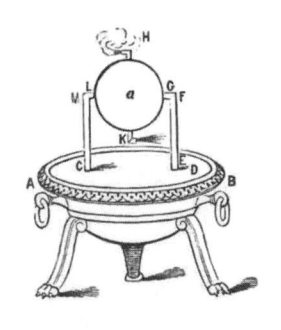

ALFRED HITCHCOCK

"Alfred Hitchcock Presents" talvez tenha sido o único programa legítimo de terror na televisão — uma antologia de mistérios e melodramas que estreou em 1955 e ficou no ar até 1962. Hitchcock já tinha feito trinta filmes e usado seu perfil rotundo como marca registrada, fazendo ele próprio a introdução do programa que estava prestes a começar. Ao fim de cada episódio ele retornava à tela para informar o público que o malévolo criminoso ou sociopata mostrado tinha sido devidamente preso e estava recebendo o castigo merecido, conforme ele, "como gesto necessário à moralidade". Apesar de toda uma vida dedicada aos finais mais fantasmagóricos, estranhos e mortíferos possíveis, Hitchcock viu a doença que pôs fim a sua vida como uma terrível inconveniência, algo insuportavelmente mundano. Aos 80 anos de idade, Sir Alfred Hitchcock foi obrigado a suportar a indignidade da diálise, depois de sofrer falência renal. Morreu de falência cardíaca congestiva crônica em 1980, apenas quatro meses depois de receber da rainha Elisabete II o título de cavaleiro. Atendendo a seu próprio pedido, pois ele preferia não lidar com a falta de ordem e higiene de um cadáver, seu corpo foi cremado.

ADOLF HITLER

O pai e a mãe de Hitler eram primos, e seu casamento não era reconhecido como legítimo. Nos primeiros 39 anos de sua vida, Hitler usou o sobrenome da mãe, Schiklgruber, até optar pelo do pai, apesar de este o ter espancado quase diariamente durante toda a infância. Como esse homem passou de copiar cenas de cartões-postais e vender suas reproduções pintadas à mão a turistas a líder do partido nazista — responsável pela morte de 11.283.000 homossexuais, ciganos e judeus, sem falar nos 45 milhões de outros mortos da guerra que travou — é, em última análise, uma questão de coincidências. É difícil compreender como pode ter acontecido. Não obstante, quando esse megalômano que sofria de complexo de inferioridade teve a certeza de sua derrota, optou pelo suicídio. Encerrado dentro de um *bunker* com a amante, Eva Braun, seu ministro da Propaganda, Joseph Goebbels, a mulher e os seis filhos deste e um punhado de funcionários restantes, Hitler pretendia usar ácido prússico — uma forma de cianeto — para envenenar-se. Para assegurar-se de que as cápsulas de veneno ainda surtiam efeito, Hitler primeiro testou uma delas em seu cão favorito, Blondi. Em seguida, fez a derradeira refeição, espaguete com um molho leve. Em seu quarto particular no *bunker*, ele e Eva Braun tomaram o veneno, mas Hitler preferiu não esperar para o cianeto fazer efeito e disparou um tiro em sua têmpora direita com uma pistola de 7,65 mm, dez dias após seu 56º aniversário, em 1945. Em seguida, seu corpo e o de Eva Braun foram levados para fora e encharcados de gasolina, mas a queima total dos cadáveres foi interrompida por bombas. Então Goebbels ministrou as cápsulas de cianeto a seus seis filhos e saiu com a mulher, ajoelhou-se e ordenou a um soldado da SS que atirasse na nuca deles, para depois queimar-lhes os corpos. Os soviéticos, que acabaram por invadir o *bunker*, encontraram os restos mortais de Hitler e realizaram a autópsia. De acordo com algumas versões, parte do crânio de Hitler teria sido entregue a Stálin para usar como cinzeiro, mas seu corpo acabou sendo queimado até virar cinzas, que foram atiradas no rio Elba.

O SAL DE CIANETO É A OPÇÃO PREFERIDA DOS CANDIDATOS A SUICIDAS QUE BUSCAM UMA FORMA RÁPIDA E IRREVERSÍVEL DE SE MATAR. O CIANETO IMPEDE AS CÉLULAS DE RECEBER OXIGÊNIO E A MORTE OCORRE EM NÍVEL CELULAR, FAZENDO QUE OS 10 TRILHÕES DE CÉLULAS DO CORPO SUFOQUEM DOLOROSAMENTE JUNTOS.

DITADORES MORTOS

Quando o ditador italiano **Benito Mussolini** soube que era chegada sua hora — em 1945, quando tinha 61 anos —, ele tentou escapar vestindo um uniforme de soldado raso sobre a roupa de general e escondendo-se na traseira de um caminhão alemão que batia em retirada rumo à Áustria. Mas foi reconhecido e capturado por resistentes italianos, morto com um tiro no coração e dependurado de cabeça para baixo em um gancho de carne de açougue, para ser exposto em público.

Joseph Stálin foi ditador da União Soviética desde 1922 até sua morte, em 1953, aos 73 anos, quando foi envenenado por seus médicos — segundo jornais russos, seus médicos-assassinos — de maneira a aparentar ter sofrido um derrame. Foi Nikita Kruchev, seu sucessor, quem dividiu uma garrafa de vinho com Stálin na noite da morte deste e mandou os guarda-costas do ditador se recolherem. Nenhum médico foi chamado por treze horas, até Stálin estar morto. O ditador tinha massacrado dezenas de milhões de seus conterrâneos e costumava dizer com frieza: "Uma morte é uma tragédia; um milhão de mortes são uma estatística".

FELIX HOFFMANN

No ano 400 a.C. Hipócrates escreveu sobre uma preparação que fez a partir da casca do salgueiro, que abaixava a febre e aliviava as dores do parto. A fórmula exata da primeira aspirina se perdeu até que, no século XIX, vários químicos pesquisaram mais a fundo e descobriram que o ingrediente da casca de salgueiro que alivia a dor é a salicina. A maioria dos remédios contendo salicina tinha efeito demasiado prejudicial sobre o estômago, até que o jovem químico Felix Hoffmann encontrou uma forma de sintetizar o composto que o tornava mais palatável. Ele esperava criar uma receita aceitável para tratar a artrite cada vez mais grave que acometia seu pai. Onze dias mais tarde, em 1897, Hoffmann idealizou as fórmulas da aspirina e da heroína, sendo que ambas foram patenteadas pela empresa alemã de corantes Friedrich Bayer & Co., para a qual ele trabalhava. A aspirina foi encarada como tendo um potencial de *marketing* menor que o da heroína, que a Bayer promoveu intensivamente, acreditando, inicialmente, que fosse melhor para a saúde que a aspirina. Quando foram descobertas as propriedades causadoras de dependência da heroína, a Bayer passou a promover a aspirina, com grande êxito. Num primeiro momento a aspirina foi vendida em pó, passando para a forma de comprimidos a partir de 1915. Em 1913 a Bayer parou de produzir heroína. Hoffmann não foi alvo de muita atenção em vida, e aposentou-se em 1928, quando já havia mais de 200 mil dependentes de heroína só nos EUA. Ele não mais teve outro período de quinze dias de genialidade farmacêutica. Morreu em 1946, aos 78 anos, de parada cardiopulmonar.

Hipócrates, conhecido como o pai da medicina, foi o primeiro a descartar as superstições, propondo que se examinassem a dieta e os sinais vitais físicos do paciente para determinar a causa de suas doenças e preveni-las. Ele faleceu em 377 a.C., na idade muito avançada de 83 anos, de um desequilíbrio dos humores, termo que usava para descrever o que acreditava serem os quatro elementos vitais do organismo humano.

WILLIAM HOLDEN
William Holden foi descrito como o garoto de ouro de Hollywood, e é lembrado por suas atuações em muitos filmes — desde o papel do roteirista esgotado em *Crepúsculo dos deuses* até o prisioneiro malfadado em *A ponte do rio Kwai*. Na televisão, estrelou o drama policial *O cavaleiro azul*, nos anos 1970. Um dia de 1981, Holden estava sozinho em seu apartamento em Santa Monica, e bebeu até ficar para lá de embriagado. Ele escorregou num tapete, bateu a testa numa mesinha lateral e morreu, aos 63 anos. Seu corpo foi encontrado quatro dias mais tarde.

BILLIE HOLIDAY
Billie Holiday (Eleonora Fagan Goughy) chegou a trabalhar num bordel e a ser detida por prostituição antes de tentar a sorte no circuito das casas noturnas, em 1932, quando tinha 17 anos. Foi apenas em 1939, com o lançamento de "Strange Fruit", canção sobre um linchamento, que ela deixou sua marca no Café Society, um clube intelectual e inter-racial do Greenwich Village, em Nova York. Daquele momento em diante sua carreira decolou, mas o mes-

mo não aconteceu com sua vida particular. Sua voz sensual e as canções melancólicas de amor não-correspondido a transformaram em artista popular e bem paga. Ao mesmo tempo, porém, Billie se ligava a homens que a maltratavam, para dizer o mínimo. Ela foi caindo na dependência de heroína e álcool, e, na década de 1950, já tinha perdido quase todo o seu dinheiro e também a característica original de sua voz singular. Num caso clássico de vida imitando a arte, ela viveu as letras das músicas tristes que cantou. Billie passou seus últimos dias de vida algemada a uma cama, vigiada por um policial, enquanto morria de cirrose hepática, em 1959, aos 44 anos de idade, com US$ 750 presos à perna com esparadrapo e apenas 70 *cents* na conta bancária.

AS DOENÇAS HEPÁTICAS CRÔNICAS SÃO A DÉCIMA MAIOR CAUSA DE MORTE NOS EUA, COM MAIS DE 25 MIL CASOS FATAIS POR ANO. OUTROS 4 MILHÕES DE PESSOAS SOFREM DE HEPATITE C, SOBRETUDO EM DECORRÊNCIA DO USO DE DROGAS. MUITAS DELAS ACABARÃO POR MORRER DE CIRROSE HEPÁTICA.

HOMERO

Homero viveu no século VIII a.C. Seus poemas épicos *A Ilíada* e *A Odisséia* são vistos como os mais antigos exemplos sobreviventes de literatura ocidental. Homero era cego e, devido a essa deficiência, optou por passar seus versos para o papel, em lugar de viajar de lugar em lugar transmitindo-os oralmente. Acredita-se que muitas das aventuras e histórias registradas em suas obras tenham originalmente feito parte de uma tradição oral e que Homero, possivelmente com a ajuda de sua filha, teria se dedicado a transcrevê-las. O poeta morreu na casa dos oitenta anos, à beira-mar, quando pisou numa poça de areia fofa que o fez submergir até o pescoço. Dois meninos que pescavam nas proximidades ouviram seu pedido de socorro, e, embora não o tivessem reconhecido, usaram uma das perguntas em forma de charada que Homero celebrizou em seus poemas, para decidir se o velho era digno da ajuda deles. Conta-se que Homero pediu ajuda aos garotos para que pudesse sair dali e se maravilhar com o que tinham pescado em suas redes naquele dia. Consta que os meninos teriam proposto a Homero a seguinte charada para ele resolver: "O que pescamos deixamos para trás; o que não pescamos trouxemos conosco". Homero não conseguiu encontrar a resposta, e morreu com a maré alta.

*O poeta **Ésquilo** morreu em 456 a.C. quando uma águia confundiu sua cabeça calva com uma pedra e a usou para quebrar uma casca de tartaruga, deixando o quelônio cair sobre ela.*

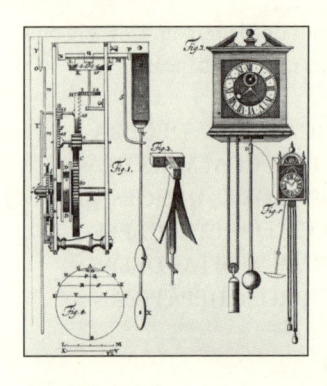

VILLARD DE HONNECORT

Sempre foi essencial para o homem saber as horas, e para isso foram empregados desde relógios de sol até relógios líquidos que usavam gotas de água contadas para indicar as horas, passando por pêndulos mecânicos que funcionavam com engrenagens. O comércio dependia dos horários. Villard de Honnecort foi arquiteto de catedrais, e, embora seu nome não seja associado a nenhuma delas em particular, foi um grande desenhista. Em 1250 ele deixou o primeiro esboço de um relógio mecanizado, que funcionava com pesos e engrenagens. Com isso criou o modelo, conhecido como *perpetuum mobile*, segundo o qual os relógios seriam construídos nos setecentos anos seguintes. Honnecort provavelmente não inventou o relógio. Existem divergências entre os especialistas quanto a se foi de fato um arquiteto ou apenas um artista itinerante. Ele nasceu na França, mas sua data precisa de nascimento é desconhecida. Ao que tudo indica, ele provavelmente estava no lugar errado na hora errada, por isso foi assassinado por dois salteadores de estrada durante uma viagem à Hungria, quando tinha aproximadamente 40 anos.

HOUDINI

Harry Houdini, cujo nome de nascimento era Erik Weisz, já era mágico profissional aos 20 anos. De início ele se concentrou nos truques com baralho.

Em seguida criou um truque de desaparecimento, levando, por exemplo, um elefante adulto a desaparecer ao fazê-lo cair dentro de uma piscina oculta. Mais tarde, aperfeiçoou os truques que o fizeram famoso, nos quais escapava de diversas maneiras das amarras que o prendiam. Aos 25 anos Houdini já fazia sensação em todo o mundo escapando de cadeias, camburões, algemas de todos os modelos e camisas-de-força. Quando imitadores começaram a roubar sua platéia, ele acrescentou submersões aquáticas aos seus números e passou a se fazer suspender, preso de cabeça para baixo, em tanques de água e no interior de cofres — qualquer truque que acrescentasse "a emoção da morte" no caso de ele falhar. Mais tarde, Houdini atuou em filmes e chegou a trabalhar como espião para a Scotland Yard e em operações de inteligência dos EUA. Durante sua época áurea, ele chegou a afirmar que se desmaterializava para realizar suas façanhas. Na realidade, possuía a capacidade de engolir chaves e regurgitá-las a seu bel-prazer, e a de deslocar o ombro para libertar-se de uma camisa-de-força. Perto do final da vida passou a dedicar-se a desmascarar os espiritualistas, embora muitos acreditassem que ele próprio dominara os segredos da comunicação com os mortos. Após uma apresentação em Montreal, um universitário invejoso agrediu Houdini violentamente, pegando-o desprevenido quando ele descansava num sofá. Uma semana depois seu apêndice gangrenou, e a doença ficou grave demais para ser tratada. Houdini não conseguiu escapar do leito no hospital e morreu no Halloween de 1926, aos 52 anos. Prometeu a sua mulher que entraria em contato com ela um ano mais tarde, desde o além-túmulo. Ela manteve uma vela acesa ao lado de sua foto durante dez anos. Apesar de ter obtido diplomas de estudo superior, o agressor de Houdini, **Jocelyn Gordon Whitehead**, tornou-se vagabundo e morreu de desnutrição em 1954.

*O mágico amador **Joe Burrus** pretendia superar as façanhas de seu ídolo, Houdini. Ele se fez algemar e acorrentar, foi colocado num caixão de plástico e enterrado sob sete toneladas de terra e concreto. Entretanto, quando o concreto foi sendo despejado do misturador de cimento, o peso repentino esmagou a tampa do caixão plástico. As tentativas de desenterrá-lo foram infrutíferas, e Burrus morreu sufocado em 1990, aos 32 anos.*

ROCK HUDSON

Nascido com o nome de Roy Scherer Jr., Rock Hudson foi um menino solitário que cresceu na época da Grande Depressão. Para tentar ajudar a mãe solteira a pagar as contas, ele atuava em peças, mas tinha dificuldade em lembrar as falas. Foi então para Hollywood, onde foi contratado por sua beleza — media 1,93 metro e tinha ombros largos. Consta que eram necessárias de trinta a quarenta tomadas para que ele conseguisse repetir uma única fala corretamente. Nos anos 1950 e 1960 ele se tornou galã e fez 62 filmes. Hudson foi considerado a maior atração das bilheterias de sua geração e era adorado por mulheres de todas as idades. Apesar de ter sido casado por três anos na década de 1950, o fato de ser *gay* não era segredo em Hollywood. Mas a notícia chocou o público e acabou por chamar a atenção para a aids que ele contraíra, quando Hudson morreu de complicações da doença, em 1985, aos 59 anos. Em sua derradeira declaração pública, ele disse: "Não estou feliz por estar doente. Não estou feliz por ter aids. Mas, se isso estiver ajudando a outros, saberei pelo menos que meu infortúnio teve algum valor positivo". Uma pessoa que não achou muito nobre a "saída do armário" de Hudson perto do final da vida foi seu jovem amante, Marc Christian. Quando Hudson descobriu que tinha aids, não informou Christian disso e levou o relacionamento adiante. Após a morte de Rock Hudson, Christian recebeu milhões de dólares deixados pelo ator.

Alguns outros atores que morreram de aids: **René Enriquez** *(56 anos) representou o tenente Ray Calletano em* Hill Street Blues, *e, embora sua morte tenha oficialmente sido atribuída a câncer pancreático, ele sucumbiu à aids em 1990.* **Franklyn Seales**, *que foi Dexter em* Silver Spoons, *morreu aos 37 anos, também em 1990.* **Peter Kevin Hill**, *que fez o papel de Harry, o Pé Grande, em* Um hóspede do barulho, *faleceu em 1991, aos 35 anos.* **Robert Reed**, *o papai de* The Brady Bunch, *morreu da doença em 1992, com 59 anos, embora sua causa de morte tenha sido dada como câncer de cólon.* **Ray Sharkey** *(40 anos), de* Wiseguy, *morreu de aids em 1993.*

MOSCA HUMANA

Quando os arranha-céus começaram a elevar-se na paisagem urbana, vários aventureiros destemidos passaram a enxergar o novo horizonte de concreto como desafio vertical. Eles se apelidaram de *builderers* ["*predieiros*"], mas a imprensa os batizou de "moscas humanas". O primeiro e mais ativo foi **Harry H. Gardiner**, que escalou mais de setecentos edifícios entre 1905 e 1923, entre os quais o edifício Flatiron, em Nova York, e o Capitólio, em Washington.

Homem pequeno que usava óculos de lente redonda sem aro, Gardiner escalava arranha-céus vestindo roupas comuns e sem a ajuda de cordas, cabos, redes ou artefatos de sucção. Ele emocionava os espectadores ao dependurar-se de minúsculas rachaduras nas paredes e balançar-se como um pêndulo, agarrando-se com uma só mão, para saltar de uma saliência a uma cornija. Foi o presidente Grover Cleveland quem o apelidou de Mosca Humana, depois de testemunhar Gardiner escalar um mastro de bandeira de 46 metros de altura como se fosse um bastão deitado no chão. Muitos outros seguiram seu exemplo, e a maioria dos alpinistas urbanos ganhou bastante dinheiro, já que suas escaladas geralmente eram ligadas a eventos de publicidade, como quando Gardiner escalou o edifício do Bank of Hamilton, em Ontário, onde alcançou uma janela no 11º andar para comprar um seguro de vida que o banco estava promovendo. Em 1923 a prefeitura de Nova York aprovou a primeira lei de proibição do alpinismo urbano, após a mosca humana **Harry F. Young** despencar da parede externa do Hotel Martinique, na altura do nono andar. Depois disso, Gardiner foi à Europa para levar adiante suas proezas. Exatamente o que aconteceu com ele a partir desse período ainda é um mistério. Um homem que correspondia à sua descrição, com o mesmo nome e a mesma idade declarada de 57 anos, embora sem menção alguma a sua carreira de alpinista, foi encontrado ao pé da Torre Eiffel em 1928, morto por espancamento.

J

STONEWALL JACKSON

Durante a Guerra Civil Americana, o Sul considerou o general Thomas Jonathan "Stonewall" Jackson como seu maior herói. Ele carregava dois livros para toda parte: a Bíblia e as *Máximas de guerra*, de Napoleão. Jackson agia mais como místico que como general, encostando o ouvido ao chão e voltando os olhos para o céu antes de se decidir por um estratagema militar. Em 2 de maio de 1863, ele foi atingido por tiros disparados por engano por seus próprios homens. Os médicos amputaram-lhe o braço esquerdo, mas a infecção resultou em febre, e Stonewall Jackson morreu oito dias mais tarde, aos 39 anos. Os soldados tinham enterrado o braço amputado perto de um campo de batalha, para lhes dar sorte, mas em 1929 ele foi exumado e sepultado novamente mais perto da propriedade da família Jackson em Spotsylvania, na Virgínia. Suas derradeiras palavras, resultantes possivelmente da febre ou de uma visão espiritual, foram: "Atravessemos o rio e descansemos à sombra das árvores".

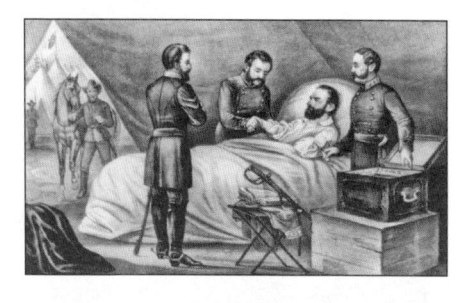

DAVID JANSSEN

O fugitivo (1963-1967) era um drama policial sobre um homem injustamente acusado de matar a esposa e que foge quando está sendo conduzido à prisão. Ao mesmo tempo em que é caçado pela polícia, ele busca o assassino real, um homem que só tem um braço. O injustamente acusado doutor Kimble era representado por David Janssen, fumante inveterado e alcoólatra. Janssen morreu de ataque cardíaco fulminante em 1980, aos 48 anos. O papel do homem de um só braço foi feito por **Bill Raisch**, morto de câncer pulmonar em 1984, aos 79 anos. A narrativa de cada episódio ficava a cargo de **William Conrad**, que mais tarde protagonizou o seriado policial *Cannon*. Conrad morreu de falência cardíaca congestiva aos 73 anos, em 1994. Embora o criador de *O fugitivo* o negasse, a maioria das pessoas achava que a trama era baseada no caso de **Sam Sheppard**. Este, em 1954, foi acusado de matar a esposa grávida, a médica Marilyn Sheppard, que foi encontrada morta na moradia do casal em Cleveland. O julgamento de Sheppard foi cercado de tanta publicidade quanto o de O. J. Simpson, trinta anos mais tarde. Sheppard foi preso, apesar de afirmar sua inocência, alegando que fora atacado por um homem ensandecido de cabelos brancos. Em 1966 a Suprema

Corte lhe concedeu a liberdade, devido a um detalhe técnico. Uma vez solto, Sheppard tentou a sorte como lutador profissional, sob a alcunha de "The Killer". Mas o novo trabalho durou pouco porque ele bebia demais. Morreu de falência hepática em 1970, aos 46 anos.

JESUS
Jesus de Nazaré deu origem ao cristianismo. Nos últimos 2 mil anos, sua vida adulta já foi tema de mais escritos e interpretações que a de qualquer outra pessoa na história. Baseando-se em relatos do Novo Testamento, especialistas forenses fizeram um estudo recente sobre as circunstâncias de sua morte. Aos 33 anos de idade, Jesus foi flagelado com um açoite cravejado com pontas de ferro, sofrendo lacerações muito profundas. Esses ferimentos causaram grande perda de sangue — quase um quinto do volume total —, resultando na condição conhecida como choque hipovolêmico. Depois de ser forçado a carregar a trave do crucifixo de madeira, o que lhe causou ainda mais perda de sangue, pregos de 2,5 cm de diâmetro foram martelados em seus pulsos, fixando-os a essa trave — que foi, então, presa à parte vertical do crucifixo. Seus pés foram pregados à haste vertical, com os cravos provavelmente atravessando os peitos dos pés, de modo que a sola dos pés ficasse encostada à madeira. O fato de ser dependurado dessa maneira causou-lhe sofrimento respiratório crítico. Jesus morreu de asfixia e choque hipovolêmico antes do golpe final da lança que perfurou seu torso. Suas últimas palavras foram: "Está consumado. Pai, em tuas mãos entrego meu espírito". Muitos acreditam que, se Jesus tivesse morrido de outra maneira qualquer, seu legado poderia ter caído no esquecimento.

DEFINIÇÃO DE CASTIGO CRUEL E EXTRAORDINÁRIO
Nos tempos romanos a crucifixão era reservada apenas aos criminosos da classe mais baixa. Os criminosos da classe média ou mercantil eram executados com o saco. Os condenados eram colocados num saco de couro, juntamente com um animal, que podia ser um galo, um cão, um gato ou, às vezes, até mesmo um macaco, quando disponível. O saco era atirado num rio, e a pessoa era morta a bicadas, mordidas ou arranhões, muito antes de se afogar. Os ricos podiam ser decapitados, tomar veneno ou ser forçados a jogar-se sobre sua própria espada.

JOANA D'ARC

Uma jovem francesa do século XV, conhecida como Joana d'Arc, começou a ouvir vozes. Segundo ela, Deus lhe transmitia mensagens com informações militares privilegiadas, instruindo-o a expulsar os ingleses da França. Joana vestiu-se para a batalha e foi à guerra, e, graças a sua convicção (vista por outros como loucura), reuniu as tropas à sua volta e, em apenas nove dias, conquistou uma vitória longamente buscada numa cidade chave ocupada pelos ingleses. O rei francês Carlos VII, que já contava vários episódios de insanidade em sua própria família, conferiu títulos de nobreza a Joana e a sua família. Um ano mais tarde ela foi capturada pelos ingleses, acusada de heresia e julgada pela Inquisição, e, então, queimada viva, aos 19 anos de idade, em 1431. Carlos VII nada fez para salvá-la. Quinhentos anos mais tarde, Joana d'Arc foi canonizada.

Os registros históricos revelam que, entre 1450 e 1600, pelo menos 30 mil pessoas foram queimadas vivas ou executadas, acusadas de ser heréticas ou bruxas. Os instrumentos e métodos de tortura empregados nesse período superam o que poderia imaginar a mais cruel das mentes sádicas, e incluíam o afogamento simulado, o arrancamento de unhas, o ecúleo, tornos que esmagavam o crânio e os membros da vítima, máquinas para queimar pés e câmeras metálicas com o formato de estátuas da Virgem, forradas internamente de cravos de ferro, nas quais o acusado era encerrado para que lhe fossem arrancadas confissões de heresia. Os instrumentos eram abençoados antes de ser usados. Em 2002, porém, o papa João Paulo II pediu perdão por esses atos e "pelos erros cometidos pela Igreja nos últimos 2 mil anos".

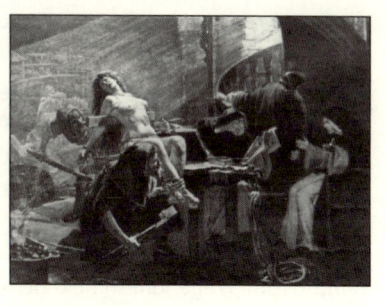

HENRY JOHNSON

Durante a Primeira Guerra Mundial a segregação racial ainda era vigente no exército dos Estados Unidos. Os negros que participavam da guerra eram obrigados a fazer trabalhos braçais. Um grupo negro da Guarda Nacional conhecido como Harlem Hell-Fighters [Combatentes Infernais do Harlem] foi finalmente autorizado a combater, mas sob a bandeira francesa. Seus integrantes receberam capacetes franceses, mas continuaram a vestir o uniforme americano. Um deles, o sargento Henry Johnson, ex-carregador de bagagens, tornou-se, nas palavras de Teddy Roosevelt, "um dos cinco homens mais corajosos" da guerra. Enquanto ele estava de sentinela, em 1918, um grupo alemão emboscou Johnson e outro soldado. Johnson impediu que seu colega derrubado fosse capturado e combateu os alemães corpo a corpo, usando apenas uma faca e a coronha de seu fuzil sem munição. Recebeu 21 ferimentos. Quando retornou da guerra, foi recebido com um desfile na Quinta Avenida e uma festa enorme no Harlem. Pouco depois de varrido o confete, no entanto, Johnson tentou retornar a seu antigo emprego de carregador na estação ferroviária Albany Union, mas não conseguiu o trabalho. Além disso, não recebeu pensão nenhuma do exército e tornou-se um vagabundo bêbado que perambulava pelas ruas, falando de façanhas de guerra em que ninguém acreditava. Sem dinheiro algum nos bolsos e distante da mulher e da família, morreu sozinho num leito do hospital dos veteranos de guerra, aos 32 anos, de falência hepática. Em 2003, recebeu uma condecoração militar póstuma.

BLIND WILLIE JOHNSON

Blind [cego] Willie Johnson é o herói desconhecido da música americana, um cantor e violonista itinerante que exerceu grande influência sobre o *blues* e o *rock*. Com exceção de cinco sessões de gravação realizadas entre 1927 e 1939, cada uma das quais foi feita em um dia, e que renderam trinta canções, sabe-se muito pouco sobre esse ícone, cujas músicas foram cantadas e retrabalhadas por artistas e grupos como Bob Dylan, Led Zeppelin, Muddy Waters, The Rolling Stones, Eric Clapton e Grateful Dead. Durante sua vida, Johnson não vendeu mais que algumas centenas de discos. As únicas informações biográficas confiáveis a seu respeito são encontradas no atestado de óbito, que revela ter ele nascido em 1895, no Texas, e morrido em 1945, também no Texas, de malária, sendo a sífilis e a cegueira citadas como causas secundárias. O que se sabe é que ele viajou pelo Texas, pelo delta do Mississípi e pelo Maine, retornando depois ao Texas. Passou a maior parte da vida cantando em esquinas e igrejas (e, ocasionalmente, em programas de rádio de igrejas), ou qualquer outro lugar que o aceitasse. Acredita-se que Blind Willie perdeu a visão aos 7 anos de idade, quando sua madrasta teria atirado barrela em seu rosto para vingar-se do pai do menino, que a espancara. Depois disso, o pai passou a levá-lo à cidade aos sábados, com uma caneca pendurada no pescoço, e ali ele tocava violão da maneira como aprendera: sozinho, usando um canivete como *slide*. Ele encontrava alívio compondo e tocando *blues* com viés religioso e *spirituals*. Uma coletânea de suas gravações foi lançada em 1993, mas vendeu menos de 15 mil cópias.

ANISSA JONES
Anissa Jones representou Buffy, a menina bonitinha de maria-chiquinha no seriado *Family Affair* (1966-1971). Quando o seriado terminou, ela passou a farrear à noite e trabalhar numa loja local de *doughnuts* durante o dia, esperando completar 18 anos para ter acesso ao dinheiro que ganhara na televisão. Alguns meses depois de receber US$ 70 mil pelo trabalho no seriado, seu comportamento festeiro se intensificou. Em 1976, aos 18 anos e três meses de idade, Anissa morreu de overdose de metaqualona, fenciclidina, cocaína e álcool. Conferindo ironia premonitória ainda maior ao título do programa, **Brian Keith**, que representara o Tio Bill em *Family Affair* [Assuntos de família], matou-se com um tiro em 1997, aos 72 anos, dois meses depois do suicídio de sua filha, **Daisy Keith**, também atriz e que trabalhara a seu lado.

ATORES-MIRINS
Carl Switzer, conhecido pelo papel de Alfalfa em *The Little Rascals* [*Os Batutinhas*], foi morto a tiros em 1959, aos 31 anos. Quando deixou de receber convites para atuar, ele tentou promover uma expedição de caça. Numa discussão sobre quem devia 50 dólares a quem, foi baleado por seu sócio. Nos anos 1950 e 1960, **Rusty Hamer** foi o ator-mirim cômico do popular programa de tevê "Make Room for Daddy". Quando o programa saiu do ar, seu protagonista, Danny Thomas, ofereceu-se para pagar a faculdade para Rusty. Mas Rusty preferiu trabalhar numa plataforma petrolífera e depois tornar-se

garçom num café na Lousiana. Em 1990, aos 42 anos, quando os holofotes televisivos já não passavam de uma recordação distante, ele se matou com um tiro de Magnum calibre .357 na cabeça. **Dana Plato** fez o papel da divertida Kimberly Drummond na comédia de tevê "Diff'rent Strokes" (1978-1984). Depois disso, mergulhou no abuso de drogas e de álcool, chegando a tentar atuar em filmes pornográficos para dar impulso a sua carreira. Quando nada disso funcionou, ela sentiu que a única opção era se suicidar, o que fez em 1999, aos 34 anos, com uma overdose de analgésicos e Valium.

BRIAN JONES

Brian Jones convidou Mick Jagger e um amigo de infância deste, Keith Richards, a fazer um teste para a banda de *blues* que estava montando, chamada — por puro acaso — The Rolling Stones. ("Rollin' Stone Blues" era o título de uma faixa de um elepê de Muddy Waters que estava no chão no momento em que o proprietário de um bar perguntou a Jones qual seria o nome da banda.) Brian Jones nasceu rebelde; na escola, não conseguia ficar parado, e era castigado com freqüência pelos professores, embora conseguisse tirar notas altas sem fazer grande esforço. Com a ascensão da era do *rock*, sua personalidade naturalmente avessa à ordem tornou-se uma atração carismática. Era Jones quem se esforçava para conseguir apresentações para o grupo, e foi ele, muito mais que Mick Jagger (fotos), quem criou a aura da banda no palco, além de ter sido o primeiro a vestir o tipo de roupa exagerada que depois disso passou a ser associada aos roqueiros. Mas, à medida que a popularidade dos Stones ia aumentando e sua imagem era burilada por um produtor que procurava copiar em muitos aspectos os fatores de sucesso dos Beatles, Jagger e Richards foram ocupando o centro das atenções, e o *rock*, que era o gênero favorito de ambos, foi superando no grupo a tendência de Brian Jones a gostar do *blues* e do *jazz* tradicionais. Os Rolling Stones conquistavam cada vez mais fama e fortuna, mas Brian Jones foi se sentindo cada vez mais distanciado do grupo que formara e, em retaliação, passou a tratar seus colegas de banda com mesquinharias e a fazer uso excessivo de drogas e álcool. O insulto final dirigido a ele ocorreu quando Keith Richards dormiu com a namorada de Jones enquanto este se encontrava hospitalizado, recuperando-se de mais uma orgia alcóolica. (Segundo o baixista da banda, Bill Wyman, em seu livro *Stone Alone*, também Jagger dormiu com a mãe de Jones.) Não demorou para que Brian fosse convidado a deixar a banda e divulgasse um comunicado dizendo: "Eles roubaram meu amor [...] e minha música". Um mês depois de ser substituído por novo guitarrista, Jones foi encontrado morto em sua piscina, aos 27 anos, em 1969. O médico-legista atestou que a morte foi acidental. Nem Mick Jagger nem Keith Richards compareceram ao enterro.

MÚSICOS QUE MORRERAM POR AFOGAMENTO OU RISCOS LIGADOS À PROFISSÃO

Em 1964, quando tinha 30 anos, **Johnny Burnette**, ídolo *teen* devido a sua música "You're Sixteen", afogou-se após sofrer acidente com um barco. O embriagado beach boy **Dennis Wilson** saltou de seu barco para recuperar fotos de valor sentimental que acabara de atirar no mar, em 1983, e morreu afogado, aos 39 anos. No ano seguinte, **Candy Givens**, 37 anos, do grupo Zephyr, afogou-se na banheira. Em 1997 o cavalheiresco jazzista **Zachary Breaux**, 36 anos, morreu tentando salvar uma mulher que se afogava no mar em Miami Beach, na Flórida. Nesse mesmo ano, **Jeff Buckley**, conhecido pela música "Last Goodbye" [Último adeus], afogou-se no rio Mississípi, aos 30 anos de idade. E pelo menos três roqueiros morreram em decorrência do contato entre guitarras elétricas e água. Em 1972, **Les Harvey**, do Stone the Crows, encostou os pés molhados (não se sabe com o quê) num fio descascado que estava sobre o palco e morreu eletrocutado. No ano seguinte, **John Rostill**, da banda The Shadows, foi eletrocutado por uma guitarra elétrica, aos 31 anos. Em 1976 comentou-se que **Keith Relf**, do grupo The Yardbirds, teria tocado sua guitarra elétrica no banho, mas, na realidade, ele o estava fazendo no subsolo úmido de sua casa quando morreu eletrocutado, aos 33 anos.

NOVA DEFINIÇÃO DE MORTE ACIDENTAL

"All I Wanna Do" ["Tudo o que eu quero fazer"] foi escrita para Sheryl Crow por **Kevin Gilbert**, que talvez estivesse pensando em uma diversão pouco ortodoxa quando redigiu a letra que dizia "tudo o que eu quero fazer é me divertir um pouco antes de morrer". Gilbert morreu de asfixia auto-erótica aos 29 anos de idade, em 1996.

SCOTT JOPLIN

Os artistas negros do século XIX não eram tão avessos quanto se poderia imaginar aos popularescos *minstrel shows* típicos da época, já que esse era o único palco para sua música. O estilo musical *ragtime* foi um subproduto da música acelerada exigida nos *minstrel shows*, para conservar aceso o interesse dos espectadores. A idéia era "*rag*" [recortar e modificar] uma peça musical tradicional, alterando seu ritmo e tempo e substituindo as harmonias em contraponto da música clássica por sincopadas harmonias percussivas africanas. Alguns músicos diziam que estavam "jazzeando" o som. Essa mania começou com a publicação de "Maple Leaf Rag", de Scott Joplin, seguida por "The Entertainer" e de sessenta outras composições bem recebidas pelo público, que ele lançou em partituras. Scott Joplin deveria receber direitos autorais de 1% sobre "Maple Leaf Rag", mas ganhou apenas uma fração disso: US$ 360 no ano de 1900. Apesar disso, Joplin persistiu em seu intento e começou a escrever a primeira ópera de autoria de um afro-americano, *Treemonisha*, produzida no início de 1911 com resultados comerciais decepcionantes. Pouco depois disso ele começou a apresentar demência resultante de sífilis e, nos breves interlúdios de lucidez, não conseguiu compor mais que algumas frases musicais. Joplin morreu de complicações da doença em 1917, aos 49 anos, na obscuridade, sem que seu obituário ou a notícia de sua morte fossem publicados em lugar algum. A onda do *ragtime* acabou desaparecendo, e o gênero acabou sendo substituído na preferência do público pelo *jazz*. A música de Joplin permaneceu relativamente desconhecida até voltar à tona no filme *Golpe de mestre* (1973). Em 1976, sua ópera *Treemonisha* ganhou um prêmio Pulitzer.

K

HELEN KELLER

Helen Keller foi pioneira dos direitos dos deficientes físicos. Em 1881, aos 19 meses de idade, ela contraiu escarlatina, e a doença a deixou cega e surda. Aos 7 anos de idade ela foi levada a Alexander Graham Bell, especialista em audição e fala, e este incentivou seus pais a matriculá-la no Instituto de Cegos, em Boston. Ali, em sua ânsia frustrada de comunicar-se, a menina parecia tresloucada e muito agitada, tanto que num primeiro momento considerou-se que ela não tivesse mente capaz de compreender — ou seja, que fosse deficiente mental. O pai de Helen encontrou uma professora particular que foi viver em casa da família. Anne Sullivan, que tinha 20 anos, ensinou Helen a soletrar com os dedos, como era conhecida a escrita braile na época. Helen aprendeu a soletrar a palavra "água", mas, por nunca ter conhecido a luz ou o som, não conseguia relacionar a palavra ao líquido que ela representava. Anne colocou a mão de Helen sob a água que fluía de uma bomba e depois, com pequenas batidas, "escreveu" a palavra "água" em sua mão. De repente, Helen compreendeu que a substância refrescante que saía da bomba tinha um nome, e a partir desse momento aprendeu rapidamente a ler, escrever e, com o tempo, a falar. Com a ajuda da amizade constante de Anne Sullivan, Helen Keller tornou-se a primeira pessoa cega e surda a concluir um curso universitário, em 1902. Em 1915 as duas mulheres fundaram a organização Helen Keller International, sem fins lu-

Síndrome de Ondina é um termo médico empregado para explicar por que pessoas que não sofrem de outras doenças conhecidas às vezes dormem e não acordam mais. Pesquisas recentes têm focado os neurotransmissores do tronco cerebral que controlam a respiração: uma pessoa pode apresentar hipoventilação repentina sem razão e morrer por não conseguir controlar sua respiração. Há quem creia que a quantidade de respirações involuntárias que é reservada arbitrariamente a cada pessoa em sua vida acaba se esgotando.

crativos, dedicada à prevenção da deficiência visual. Não apenas Helen se tornou palestrante internacional, como também escreveu doze livros, atuou num filme mudo e chegou a aventurar-se no teatro de revista. Morreu de síndrome de Ondina em 1968, aos 87 anos, enquanto tirava uma soneca. Anne Sullivan também tinha deficiência visual, provocada por médicos que esfregaram cocaína em seus olhos, como analgésico, antes de um procedimento para tratar uma conjuntivite aguda na infância. Em 1935, um ano antes de morrer, ela também já se tornara totalmente cega. Sullivan faleceu aos 70 anos, de doença coronária arterial.

GRACE KELLY

O Oscar conquistado por Grace Kelly conferiu *status* novo à atriz e, subseqüentemente, atraiu a atenção da realeza européia. Quando se casou com o príncipe Rainier III de Mônaco, em 1956, ela recebeu o título de Sua Alteza Sereníssima Princesa de Mônaco e tornou-se a primeira ganhadora de Oscar a virar princesa na vida real. Em 1982, Grace sofreu um derrame cerebral quando estava na direção de seu carro, que despencou da estrada. Morreu no dia seguinte, de trauma cerebral hemorrágico, aos 52 anos.

JACK KEROUAC

Jack Kerouac foi um poeta e romancista conhecido por rejeitar os valores dos anos 1950 e buscar um novo sentido na vida. Ele é citado como a faísca intelectual que acendeu o estopim da explosão da geração da contracultura da década de 1960. De origem franco-canadense, aprendeu inglês aos 6 anos de idade e acabou por tornar-se jogador de futebol-americano na escola secundária, o que lhe garantiu uma bolsa de estudos na Universidade Colúmbia. Em pouco tempo, porém, fraturou a perna, o que pôs fim a suas esperanças de tornar-se atleta profissional. Mas esse revés foi acompanhado pelo impulso de realizar outro sonho: o de escrever. Quando perdeu a bolsa de estudos, Kerouac foi viver com uma namorada em Nova York, onde conheceu os futuros luminares da geração *beat*, como Allen Ginsberg, Neal Cassidy e William Burroughs. Na Segunda Guerra Mundial, alistou-se na divisão dos fuzileiros navais mercantes, mas recebeu dispensa psiquiátrica, justificada por sua "disposição indiferente". Seu primeiro romance, escrito em formato tradicional, foi publicado em 1950. Ele demorou outros sete anos para encontrar uma editora disposta a aceitar seu estilo experimental, que o tornaria famoso. Depois de *On the Road* ter sido publicado e saudado pelo *New York Times* como a nova voz da geração da época, o resultado foi tão decisivo quanto a perna fraturada em seus dias de universitário. A reação ambígua de Kerouac a sua fama e notoriedade o levou a beber ainda mais. Longe de uma "disposição indiferente", poderia se afirmar que seu temperamento era marcado por contradições internas que acabaram por ser fatais. Kerouac estudou o budismo, mas se declarava católico; levou a vida de um *hippie*, nômade e desapegada de bens, mas desdenhava o movimento *hippie*, identificando-se mais com o *jazz* de improvisação; percorreu os EUA e o México, mas nunca chegou a ter carteira de motorista. Em 1969, aos 47 anos, morreu de hemorragia estomacal provocada por alcoolismo crônico e cirrose hepática, tendo apenas US$ 90 em seu nome. Hoje seu espólio vale mais de US$ 20 milhões.

A linguagem "jive" (contendo jargão ligado ao jazz) admirada em On the Road *teve sua origem no cantor e radialista* **Bulee "Slim" Gaillard**, *que virou sensação em 1938, depois de lançar a gravação "The Flat Foot Floogee", seguida por "Tutti Frutti". A voz propositadamente sem sentido de Slim e sua pronúncia própria do* jive *eram consideradas por alguns como excitantes e por outros como confusas, e o resultado foi que muitas de suas músicas foram proibidas nas rádios por serem vistas como demasiado degeneradas, contendo alusões sexuais, mesmo que poucas pessoas compreendessem de fato do que tratavam* as letras. Slim mais tarde foi citado pelo presidente Ronald Reagan, teve sua canção "Floogee" enterrada dentro da cápsula do tempo da Feira Mundial de 1939 e hoje é visto por muitos como o pai do rap. Apesar de figurar na lista de artistas vistos por Kerouac como cool, não conseguiu encontrar público para sua música e acabou sumindo do cenário musical, optando por trabalhar como ator. Ele obteve papéis em alguns programas de televisão, incluindo a minissérie Raízes. Em 1982 Dizzy Gillespie encontrou Slim gerenciando um hotel em San Diego e o convenceu a voltar a fazer música. Em pouco tempo ele ganhou condição de cult e muitos admiradores, tanto que em 1989 foi tema de um especial da BBC, "The World of Slim Gaillard". Apesar de estar quase morrendo de câncer, conseguiu retornar ao estúdio de gravação em 1990, mas no ano seguinte sucumbiu ao derradeiro "switcheroony" (um de seus termos jive), trocando a vida pela morte. Tinha 74 anos.

FRANCIS SCOTT KEY

"The Star-Spangled Banner" foi escrita em 1814 pelo aristocrata, advogado e poeta amador Francis Scott Key, que tinha 35 anos na época. Key escreveu apenas a letra, depois de assistir ao bombardeio naval britânico de Baltimore, e a juntou à melodia de uma canção popular inglesa, "To Anacreon in Heaven". Ele fez circular um volante com a letra, sob o título "Defense of Fort M'Henry", e ela imediatamente ganhou popularidade como canção patriótica. Key morreu de pleurisia (líquido nos pulmões) aos 63 anos, em 1843. Foi apenas em 1931 que "The Star-Spangled Banner" se tornou o hino nacional dos Estados Unidos.

O TEMPO MÉDIO DE VIDA DOS AMERICANOS EM 1850 ERA DE 41 ANOS. EM 2006, A EXPECTATIVA MÉDIA DE VIDA CHEGOU AOS 77.

JOHN MAYNARD KEYNES

Na década de 1920, As conseqüências econômicas da paz, de John Maynard Keynes, foi um dos livros de não-ficção mais vendidos. As idéias do economista britânico apresentadas no livro foram ignoradas, o que acabou por permitir a quebra do mercado de ações no final da década. Desde então, porém, sua teoria de que os governos devem intervir para prevenir recessões, inflações e outras ocorrências econômicas passou a ser aceita, sendo seguida até hoje. Keynes faleceu em 1946, aos 62 anos, das conseqüências biológicas de uma válvula cardíaca rompida.

> "No longo prazo, estamos todos mortos."
> — JOHN MAYNARD KEYNES

GÊNGIS KHAN

Temujin, conhecido como Gêngis Khan, uniu as tribos mongóis nômades para formar a maior massa terrestre submetida a um único governante que o mundo já conhecera ou que conheceu desde então, subjugando mais de 100 milhões de pessoas — embora tivesse matado pelo menos 30 milhões ao longo desse processo. Pertencia à classe governante de uma tribo mongol, mas, quando tinha 9 anos, seu pai morreu envenenado, e ele, sua mãe e seus irmãos passaram a viver na pobreza. Quando tinha 12 anos, Temujin matou seu irmão para ter direito a um pedaço maior de fruta. Repreendido

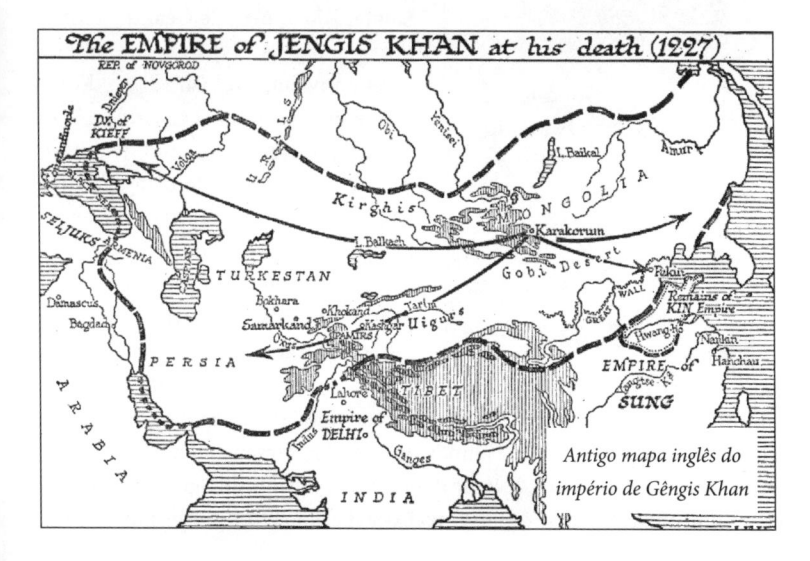

Antigo mapa inglês do império de Gêngis Khan

pela mãe, não demonstrou remorso algum. Ele descobriu que sua violência impulsiva podia ajudá-lo a converter-se no líder da pequena comunidade. Alguns anos mais tarde, foi capturado, escravizado e sujeito a maus-tratos. A miséria, o homicídio e a crueldade criaram uma combinação que automaticamente moldou Temujin, e ele se tornou um dos líderes militares mais ferozes de todos os tempos. Depois de invadir uma cidade ou reduto inimigo, massacrava todos os seus habitantes, com exceção de alguns poucos escolhidos, que eram autorizados a correr até a cidade seguinte para contar a seus habitantes o que lhes aconteceria se opusessem resistência. As mulheres — apenas se fossem consideradas belas — eram violentadas antes de ser mortas, sendo as melhores escolhidas pelo próprio Gêngis Khan. Foi esse hábito que o levou à morte. Em 1227, Gêngis Khan tinha finalmente conseguido derrotar um inimigo que opusera longa resistência e escolheu uma linda princesa para levar à sua cama. Quando chegou o momento de ela ser estuprada, a princesa puxou um punhal que escondera sob suas vestes e castrou Gêngis. Ela foi executada e esquartejada em mil pedaços, mas o ferimento levou Gêngis Khan a ter dificuldade em cavalgar. Em agosto do mesmo ano ele caiu da sela e morreu. Tinha 63 anos. Seu corpo foi enterrado em local secreto. Para que não fosse descoberto o lugar do descanso final do conquistador, todos os membros da procissão fúnebre foram assassinados. Até hoje não se conhece o local preciso do túmulo de Gêngis Khan.

TÃO GRANDE QUANTO SEU IMPÉRIO
Kublai Khan, neto de Gêngis e último dos grandes cãs (*khans*), foi celebrizado no poema "Kublai Khan", do fumante de ópio Samuel Coleridge: "Em Xanadu, Kublai Khan / um majestoso palácio ergueu, / onde o sagrado rio Alf atravessava / por cavernas imensuráveis, e chegava / a um mar sem sol, de breu". Kublai Khan não era avesso à guerra, e fez duas tentativas malsucedidas de invadir o Japão, mas preferia sentar-se no trono real a fazê-lo na sela de um cavalo como fizera seu avô. Perto do fim da vida ele foi ficando cada vez mais pesado, preferindo alimentar-se exclusivamente de órgãos de animais. Era conhecido por devorar dois grandes fígados de tigre no desjejum. Kublai ficou tão enorme que era preciso seis elefantes para transportá-lo so-

bre seu trono. Os sintomas de sua doença fatal se assemelham aos da gota, um mal que eleva o teor de ferro e ácido úrico no sangue e que foi exacerbado por sua dieta à base de órgãos. Suas articulações incharam a ponto de Kublai não conseguir mais se mover, e ele morreu de apnéia do sono aos 78 anos de idade, em 1294.

VICTOR KILLIAN

Victor Killian representou o papel de Pap na versão de *Huckleberry Finn* lançada em 1939. Mais tarde, atuou em muitas cenas de luta, entre as quais uma em *Vendaval de paixões*, com John Wayne, em 1942, na qual um erro numa cena de ação o fez perder um olho. Na década de 1950, Killian foi convocado para depor diante da Comissão de Atividades Antiamericanas da Câmara e subseqüentemente teve seu nome incluído na lista negra maccartista. Entre 1976 e 1978, porém, atuou na sitcom *Mary Hartman Mary Hartman*, no papel do avô de Mary, Fernwood Flasher. Estava assistindo à tevê em 1979 quando seu apartamento em Hollywood foi assaltado. O corpo de Killian foi encontrado na manhã seguinte, morto a cacetadas. Ele tinha 87 anos. Cinco dias depois, no mesmo bairro de Hollywood, **Charles Wagenheim**, de 83 anos, que foi ator coadjuvante em vários dramas policiais e é lembrado sobretudo pelo papel do ladrão em *O diário de Anne Frank* (1959), também teve seu apartamento arrombado e foi espancado até morrer. Três meses mais tarde, um enfermeiro de 24 anos foi preso, acusado dos crimes.

Em 1953 **Philip Loeb** *fazia o papel principal, o do patriarca Jake, num seriado popular de televisão intitulado* The Goldbergs *quando foi acusado de ser comunista. Foi imediatamente demitido e não conseguiu mais encontrar trabalho em lugar nenhum. Dois anos mais tarde, aos 63 anos, Loeb suicidou-se com uma overdose de barbitúricos. Deixou uma carta dizendo: "Morto de uma moléstia conhecida popularmente como lista negra".*

TED KNIGHT

Mary Tyler Moore ficou largamente conhecida a partir da década de 1960, quando representou a esposa *sexy* Laura Petrie em "The Dick Van Dyke Show". Nos anos 1970, na aurora do feminismo, ela retornou à televisão no papel de uma profissional corajosa, fazendo graça com questões que hoje não são vistas como tão engraçadas, como, por exemplo, se uma mulher deve convidar um homem para sair. Ted Knight (Tadeuz Konopka) fez sucesso no papel de Ted Baxter, o âncora pouco inteligente que sempre suscitava risos com sua gafe de fazer xixi nos sapatos. Knight era um ator de terceira linha que, até chegar ao "Mary Tyler Moore Show", não conseguia sequer pagar seu aluguel. Depois de o programa virar sucesso, ele admitiu que, para se alegrar, passava tempo no supermercado local, na esperança de ser reconhecido. Knight morreu aos 62 anos, em 1986, de câncer do trato urinário. Antes disso deixou registrado o desejo de que seu funeral fosse divertido e pediu que o amigo de longa data Ed Asner se despedisse dele ao som de gargalhadas, lembrando o imaginário palhaço Chuckles, do programa. Na versão do funeral de Chuckles criada pela tevê, Mary protagonizou um momento cômico clássico, em que se esforçava em vão para sufocar suas risadas. Na vida real, depois de seu único filho morrer em 1980, de um tiro disparado por ele próprio e classificado oficialmente como acidental, Mary deixou de enxergar humor em funerais. A prefeitura de Mineápolis ergueu uma estátua de bronze da atriz, em pose despreocupada, atirando o chapéu para o ar. Knight ganhou uma estrela na Calçada da Fama de Hollywood.

***Barbara Colby** atuou em* Phyllis, *seriado criado a partir de "Mary Tyler Moore", que foi um dos dez programas mais assistidos nos Estados Unidos em 1975. Ela fazia o papel de Julie, a chefe de Phyllis na loja fotográfica. Na metade da temporada do seriado, Barbara foi assaltada num estacionamento próximo à Broadway, em Nova York. Apesar de não ter resistido ao assalto, foi morta a tiros. Tinha 35 anos. Seu assassino nunca foi capturado.*

ERNIE KOVACS

Em 1955, Ernie Kovacs (do "Ernie Kovacs Show") mostrou quão longe era capaz de ir o formato do espetáculo de variedades na televisão, criando um humor amalucado que se tornou predecessor direto do "Saturday Night Live" e do "Late Night with David Letterman". Ernie Kovacs foi o primeiro a tirar a câmera do palco e apontá-la para os bastidores, algo que era conhecido como "quebrar a quarta parede" e que apenas a televisão podia fazer com eficácia e humor. Nas décadas de

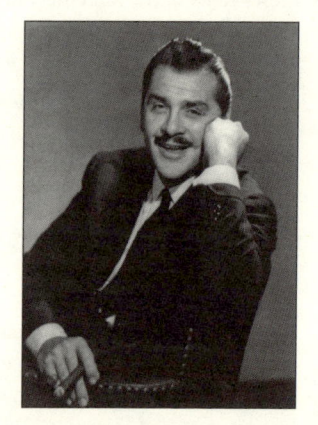

1950 e 1960 Kovacs foi altamente popular para todos, exceto a Receita americana, pois era contra os impostos e se recusava a pagá-los. Em 1962, depois de beber muito mais do que hoje é considerado o volume de álcool aceitável para quem vai conduzir um veículo, ele entrou em seu Corvair (carro que, mais tarde, foi descrito por Ralph Nader como inseguro em qualquer velocidade) a fim de voltar para casa numa noite de chuva. Na primeira curva, tentou acender um charuto e perdeu o controle do automóvel, que se chocou de frente com um poste telefônico. Kovacs foi atirado para fora do carro e teve morte instantânea, uma semana antes de completar 43 anos.

OUTROS HUMORISTAS E SEUS FINAIS NADA ENGRAÇADOS

Nos anos 1960, "Rowan and Martin's Laugh-In" oferecia aos telespectadores esquetes amalucados representados no ritmo da então emergente cultura psicodélica e das calças boca-de-sino. **Dan Rowan** morreu em 1987, aos 65 anos de idade, de linfoma. O comediante **Flip Wilson** participava do programa de Rowan e mais tarde encabeçou seu próprio programa de variedades, "The Flip Wilson Show", tornando-se o primeiro americano negro a ter seu nome no título de um programa do horário nobre da televisão. Mas ele passou a pedir aumentos salariais cada vez maiores, até o programa estourar o orçamento e ser cancelado, em 1974. Wilson buscou consolo na bebida e faleceu de câncer do fígado em 1998, quando tinha 64 anos. O programa de variedades que está há mais tempo no ar, "Saturday Night Live", começou em 1972, e atores e comediantes de todos os tipos já passaram por ele. Os membros desse elenco que já morreram incluem: **John Belushi**, de abuso de álcool e drogas, em 1982, aos 33 anos; **Gilda Radner**, de câncer ovariano, em 1989, aos 42 anos; **Chris Farley**, de abuso de álcool e drogas, aos 33, em 1997; **Phil Hartman**, morto a tiros por sua mulher em 1998, aos 49 anos; e **Charles Rocket** (Charles Claverie), que se suicidou aos 56, em 2005, cortando o próprio pescoço.

RAY KROC

Ray Kroc era o vendedor de máquinas de produzir *milkshake* que apertava a mão e dava tapinhas nas costas de todo o mundo e que fez do *fast food* sinônimo da culinária americana. Kroc abriu o primeiro restaurante da McDonald's Corporation em 1955. Antes disso, porém, já existiam nove McDonald's não franqueados dos quais Kroc era co-proprietário, ao lado dos fundadores **Dick e Mac McDonald**, que aperfeiçoaram o cardápio simplificado de hambúrgueres, fritas e *shakes* em San Bernardino, na Califórnia. Hoje a McDonald's tem mais de 30 mil restaurantes em 120 países e afirma alimentar mais de 50 milhões de pessoas por dia. Consta que um novo McDonald's é aberto a cada sete horas em algum lugar do mundo. Dizia-se que Ray Kroc se alimentava com a comida da empresa regularmente e que atribuía a isso sua longevidade, apesar de, para todas as outras pessoas, o *fast food* americano ser um fator que contribui para as mais de 910 mil mortes anuais por doenças do coração nos EUA. A frase mais célebre de Kroc, que ele costumava dizer em reuniões de vendas, era "você está verde e crescendo, ou maduro e já apodrecendo?" Ela se aplicou a sua própria vida, quando, em 1984, enquanto era vendido o 50º bilionésimo hambúrguer McDonald's, ele sucumbiu à falência cardíaca, aos 81 anos. Mac já tinha falecido de câncer em 1971, aos 69 anos, e Dick morreria em 1989, aos 89 anos, de insuficiência respiratória.

Desde 1954, 95 pessoas já foram assassinadas em restaurantes McDonald's, sem incluir as pessoas que aguardavam nos estacionamentos ou nas filas dos drive-thrus. O caso pior se deu em 1984 num McDonald's de San Diego, quando um ex-segurança de 41 anos decretou: "A sociedade já teve sua chance". Esse indivíduo insano decidiu caçar seres humanos e calculou que um restaurante de fast food *seria o melhor lugar para encontrá-los. Ele matou 21 pessoas. A McDonald's Corporation demoliu o prédio onde aconteceu a tragédia e doou o terreno à cidade, para ser convertido em parque memorial.*

L

MICHAEL LANDON

Bonanza estreou na televisão em 1959 e fez enorme sucesso durante catorze anos, perdendo apenas para *Gunsmoke* como faroeste mais popular de todos os tempos. A história girava em torno de um pai que criava seus três filhos no rancho Ponderosa, às margens do lago Tahoe, em Nevada. Ben Cartwright, o pai, era representado por **Lorne Greene**, que morreu em decorrência de uma úlcera, aos 72 anos, em 1987. Dois dos atores que representavam seus filhos tiveram morte precoce. **Dan Block**, que fazia o filho do meio, Ross, era um sujeito de 1,90 metro e 136 quilos, bem-humorado na tela e fora dela, que morreu de embolia pulmonar em 1972, aos 43 anos, após uma operação de rotina na vesícula. O papel do filho mais jovem, Little Joe, era representado por **Michael Landon**, que mais tarde atuaria em *Uma pequena casa na campina* e *O homem que veio do céu*; ele morreria mais tarde, de câncer pancreático, aos 54 anos, em 1991. Casado três vezes e pai de nove filhos, Landon é recordado sobretudo pela franqueza incomum com que encarou publicamente a notícia de sua doença fatal. O tipo de embolia sofrido por Block e o câncer que acometeu Landon com freqüência são causados por exposição a substâncias químicas, muitas vezes por contato excessivo com butoxietanol, presente em muitos produtos de limpeza doméstica. Parece provável que os dois atores tenham respirado a substância ou tido contato dermatológico com ela no estúdio de *Bonanza*. **Victor Sen Yung**, que representava o cozinheiro da família, o imigrante chinês Hop Sing, também morreu por exposição a substâncias químicas, neste caso em sua cozinha da vida real: morreu em 1980, aos 65 anos, intoxicado por monóxido de carbono vindo de um vazamento de gás.

> **A CADA ANO, 32 MIL AMERICANOS MORREM DE CÂNCER PANCREÁTICO E MAIS DE 500, DE INTOXICAÇÃO ACIDENTAL POR GÁS CARBÔNICO.**

PARTIRAM CAVALGANDO EM DIREÇÃO AO PÔR-DO-SOL

Os três maiores seriados de faroeste na TV foram *Gunsmoke*, *Wagon Train* e *Have Gun Will Travel*. *Gunsmoke* tinha o personagem Marshall Matt Dillon, inspirado no personagem verídico Wyatt Earp. **Howard McNear** representava o mórbido "Doc" Charles Adams. Ele morreu em 1969, aos 63 anos, após sofrer um AVC.

Georgia Ellis foi a prostituta Kitty Russell em *Gunsmoke* e morreu aos 71 anos, em 1988, de aids, que contraiu de seu marido bissexual e mais jovem que ela.

Wagon Train era um drama semanal que mostrava uma versão suavizada do faroeste americano pós-Guerra Civil, com **Ward Bond** no papel do major Seth Adams. Bond faleceu de infarto em 1960, aos 57 anos. *Have Gun Will Travel* tratava de um pistoleiro profissional chamado Paladin, representado por **Richard Boone**, e de Kim "Hey Boy" Chan, papel que ficava a cargo de **Kam Tong**. Boone teve que guardar sua pistola para sempre em decorrência de um câncer, em 1981, aos 63 anos. Tong despediu-se do mundo aos 62 anos, em 1969, depois de sofrer falência cardíaca.

LAO-TSE

Lao-Tse, o sábio chinês que escreveu o *Tao Te King* — traduzido como *O livro do caminho* — , foi fundador do taoísmo. Lao-Tse era escrivão na corte da dinastia Zhou. Não é sabido o que o levou a começar a colecionar ditados e axiomas antigos e a transcrevê-los em um livro com seu estilo singular de apresentação; essa certamente não era uma de suas tarefas oficiais. As pessoas lhe pediam para elucidar sua mensagem, mas ele se recusava a fazê-lo, por não querer criar um dogma formal. O uso de ambigüidades, paradoxos e analogias no texto dava espaço para interpretações amplas e pessoais. Acreditava-se que Lao-Tse teria reencarnado doze vezes, a cada uma delas trabalhando como escrivão na corte, tendo vivido ao todo novecentos anos, até conseguir registrar no *Tao Te King* tudo o que aprendera. Antes de ser visto pela última vez deixando a cidade no lombo de um búfalo, perguntaram a ele se estava partindo para morrer na solidão. Lao-Tse respondeu: "Vida e morte são um só fio — a mesma linha vista desde lados diferentes".

LASSIE

O Lassie original foi um cão da raça *collie* chamado Pal, usado no primeiro filme da série *Lassie – A força do coração*, de 1943. Seu dono contratou um treinador de nome Rudd Weatherwax para preparar o *collie*, que tinha 3 anos de idade, para atuar no filme, mas, como não conseguiu pagar a conta exorbitante cobrada pelo treinador, foi obrigado a lhe dar o próprio Pal, seu melhor amigo, como pagamento. Weatherwax então fez Pal reproduzir e produziu centenas de Lassies, sendo que nove dos descendentes machos do cão original atuaram na televisão e no cinema. Lassie recebeu uma estrela na Calçada da Fama de Hollywood e morreu em 1959, aos 19 anos, de velhice. O Lassie chamado Baby (que, ao contrário do que julgavam os telespectadores, não era uma fêmea), do seriado televisivo com o menino Timmy, morreu de câncer aos 9 anos, em 1963.

Outro animal famoso a atuar no cinema foi a golfinho fêmea **Flipper**, *cujo nome real era Mitzi. Ela era treinada e mantida no Centro de Pesquisas com Golfinhos de Grassy Key, na Flórida. Morreu de ataque do coração aos 14 anos de idade, em 1972, e foi sepultada sob uma estátua de um golfinho saltando, no gramado em frente ao centro de pesquisas. A expectativa média de vida dos golfinhos na natureza é de 25 anos.*

ROBERT E. LEE

Robert E. Lee formou-se na Academia Militar de West Point, mas tomou o partido do Sul americano e tornou-se seu general mais célebre. Após a Guerra Civil, sua mansão e o terreno que a cercava, com vista para Washington, foram convertidos no Cemitério Nacional Arlington. Foi de certo modo uma desforra, na medida em que suas terras se tornaram inutilizáveis para qualquer coisa exceto receber os corpos de soldados nortistas mortos. Lee escapou por pouco da corte marcial que queria ordenar seu enforcamento por traição. A anistia só lhe foi concedida postumamente pelo presidente Jimmy Carter, em 1981. Depois da guerra Lee tornou-se reitor do Washington College, em Lexington, na Virgínia, até sua morte aos 63 anos, em 1870, de derrame e complicações devidas a pneumonia.

VIVIEN LEIGH

Vivien Leigh recebeu dois Oscars, um por ... *E o vento levou* (1939) e outro por *Uma rua chamada Pecado* (1951). Sofria de bipolaridade, e muitas pessoas achavam difícil trabalhar com ela, devido a suas mudanças extremas de humor. Vivien sucumbiu à tuberculose em 1967, quando tinha 53 anos.

A tuberculose é causada por uma bactéria que existe no planeta desde antes dos dinossauros e que vem matando seres humanos desde a chegada destes à Terra. Já houve casos de tecidos preservados de múmias egípcias que continham o bacilo, o qual ainda era capaz de regenerar-se e contaminar pessoas nos tempos modernos. O temor do contágio pela doença, que é disseminada por espirros, tosse e cuspidelas, foi que levou à adoção da primeira lei americana que, em 1910, proibiu o ato de cuspir em público, exceto em escarradeiras. Em 2006, 15 milhões de pessoas tinham tuberculose e 1,5 milhão delas morreram da doença, geralmente depois de apresentar febre alta e espasmos de vômito sanguinolento.

SINCLAIR LEWIS

Sinclair Lewis foi o primeiro americano premiado com o Nobel da Literatura, que recebeu em 1930 porque seus escritos apresentavam uma visão crítica da cultura americana e do capitalismo: "Quando o fascismo chegar aos EUA, será envolto numa bandeira e ganhará uma cruz". Ele começou escrevendo contos de fadas, até acertar a mão com suas obras mais famosas, como *Main Street* e *Babbitt*. Morreu de complicações decorrentes do alcoolismo, em 1951, aos 65 anos.

LIBERACE

Wladziu Valentino Liberace foi um *showman* bombástico, pianista de formação clássica que teve um programa de televisão imensamente popular na década de 1950. Em sua época áurea, recebia US$ 50 mil por semana por suas apresentações em Las Vegas e tinha mais de 150 fã-clubes, que reuniam milhões de mulheres de meia-idade ensandecidas por seu penteado perfeito e seus figurinos extravagantes. Sua marca registrada era a canção "I'll Be Seeing You", com a qual encerrava suas apresentações públicas e na televisão. O amor de Liberace por essa música parecia assombrá-lo de maneira irônica, especialmente depois de uma cirurgia plástica malfeita impedi-lo de fechar os olhos completamente [o título da canção, traduzido, é "Eu verei você"]. Depois de sua morte, aos 67 anos, em 1987, de complicações decorrentes da aids, seus herdeiros não conseguiram vender a mansão que Liberace comprara por US$ 3 milhões. O temor, comum na época, de que a doença poderia ser contraída pelo simples contato com os móveis que ele usara era tão grande que o luxuoso imóvel acabou sendo vendido em leilão público por apenas US$ 325 mil.

MÚSICOS COM AIDS

Ricky Wilson, do grupo B-52s, morreu da doença em 1985, aos 32 anos; **Tom Fogerty**, do Creedence Clearwater Revival, aos 48, em 1990; **Freddie Mercury**, da banda Queen, em 1991, aos 45; **Ray Gillen**, do Black Sabbath, aos 34 anos, em 1993; o rapper **Eazy-E** (Eric Wright) aos 31, em 1995; **Lonnie Pitchford**, guitarrista de *blues* do Mississípi, morreu de aids aos 43 anos, em 1998, e **Robbin Crosby**, do Ratt, tinha 42 quando morreu da doença, em 2002.

ABRAHAM LINCOLN

Abraham Lincoln foi o 16º presidente dos Estados Unidos e liderou o país entre 1861 e 1865, durante sua fase mais crítica: a Guerra Civil Americana. Ele não agradou a ninguém durante seu mandato e era alvo de críticas constantes de todos os lados, mas, ao final, conseguiu abolir a escravatura e conservar a União. Em 14 de abril de 1865, quatro dias após a rendição do general Lee, Lincoln tinha presença marcada no Ford's Theatre para assistir à peça *Our American Cousin*. Sua mulher, Mary Todd, teve uma enxaqueca terrível, e Lincoln quase optou por ficar em casa, mas Mary insistiu em que ele não faltasse ao compromisso, dizendo que podia suportar a dor sozinha. John Wilkes Booth pensara primeiramente em seqüestrar o presidente para trocá-lo por prisioneiros, mas, à última hora, decidiu pelo assassinato. Durante o momento mais divertido da peça, quando esperava que os risos da platéia encobrissem o som dos disparos, Booth entrou no camarote de Lincoln e disparou um único tiro de projétil calibre .44, à queima-roupa, que penetrou o crânio e ficou alojado no cérebro de Lincoln a uma profundidade de 15 centímetros. O presidente passou nove horas em coma antes de morrer, aos 56 anos de idade. Doze dias depois, Booth, aos 24 anos, foi encurralado e morto com um tiro no pescoço por soldados da União. Seu corpo foi trancado no depósito de uma prisão e entregue quatro anos depois à família Booth para ser enterrado numa sepultura não identificada no Cemitério Greenmount, em Baltimore. Antes de ser sepultado, o corpo de Abraham Lincoln foi levado de trem por um percurso de 2.700 quilômetros que atravessou o país. A população enlutada fazia enormes fogueiras ao lado dos trilhos do trem e se alinhava por quilômetros na chuva para vê-lo passar.

PRESIDENTES AMERICANOS ASSASSINADOS
James Garfield foi alvejado em Washington, em 2 de julho de 1881, quando tinha 49 anos. Morreu dois meses mais tarde, em 19 de setembro.

Quando tinha 58 anos, em 6 de setembro de 1901, **William McKinley** foi alvo de tiros em Buffalo, no estado de Nova York. Morreu no dia 14 de setembro de hemorragia interna, numa época em que ainda não se faziam transfusões sanguíneas.

John F. Kennedy foi assassinado em Dallas, no Texas, em 22 de novembro de 1963, quando tinha 46 anos.

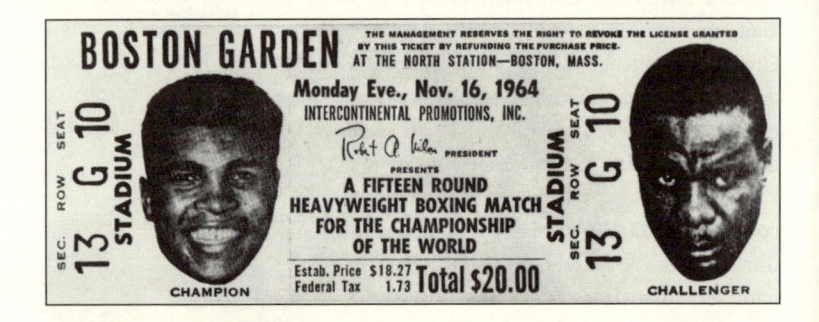

SONNY LISTON
Sonny Liston foi o 24º dos 25 filhos de um meeiro do Arkansas, que os maltratava. Pobre e sem instrução, fugiu de casa aos 13 anos para viver com a mãe em St. Louis. Na cidade grande, Sonny em pouco tempo começou a ter problemas de outra natureza: aproximou-se do submundo e foi trabalhar como capanga da máfia. Depois de passar dois anos na cadeia, ganhou liberdade provisória sob a supervisão de um promotor de boxe que tinha laços conhecidos com o crime organizado, e durante o resto de sua carreira seus contratos foram administrados e controlados por chefões mafiosos. O punho cerrado de Sonny media 35 centímetros; receber um soco dele era como levar um golpe de pá no rosto. Em 1962 Sonny derrotou o célebre Floyd Patterson e tornou-se campeão mundial, mas era visto como uma força malévola no boxe. A maioria dos pugilistas tem históricos que mencionam

suas vitórias e derrotas (no caso de Sonny foram 50 vitórias, 39 das quais por nocaute, e quatro derrotas), mas os históricos de Sonny sempre mencionam também as dezenove ocasiões em que foi preso. Duas das vezes em que perdeu continuam a provocar discussão entre os fãs do boxe: as derrotas aparentemente arranjadas que sofreu para o jovem Cassius Clay, que pouco depois passaria a chamar-se Mohammad Ali. A mulher de Sonny, Geraldine Liston, disse que Sonny lhe falou que ganharia muito dinheiro se perdesse para Ali no primeiro assalto. Em 1969, aos 37 anos, Sonny já se aposentara dos ringues, trabalhava com jogos de azar e tinha propensão para a bebida e, aparentemente, também um pouco pelo tráfico de drogas. Na véspera do Ano-Novo de 1970, em sua residência em Las Vegas, injetou-se com heroína e morreu de overdose. Quando o corpo foi encontrado, cinco dias depois, havia um frasco repleto de heroína na pia do banheiro, perto de onde ele caíra. O relatório da autópsia afirmou que a morte se deveu a uma parada cardíaca. Outros (que talvez não compreendessem a força da dependência da heroína) disseram que alguém deve ter encostado uma arma na cabeça de Sonny e o forçado a injetar-se, já que, segundo seus conhecidos, Sonny sempre tivera pavor de injeções. Talvez ele estivesse falando demais e a máfia quisesse eliminá-lo. Fosse como fosse, o garoto descalço que abrira caminho na história dos esportes à custa de seus socos e vivera como um furacão descontrolado estava morto, aos 38 anos de idade.

DAVID LIVINGSTONE

Em 1871 o *New York Herald* incumbiu o jornalista **Henry Morton Stanley** de encontrar o explorador e missionário doutor David Livingstone, que se perdera na África. Livingstone passara trinta anos explorando esse continente e, mesmo depois de ser encontrado por Stanley, usou os suprimentos deste para levar sua missão adiante. Ele morreu ainda com suas botas de trabalho: foi encontrado, morto de disenteria, ajoelhado ao pé de sua cama de campanha, aos 60 anos de idade. Os nativos enterraram seu coração na África e enviaram o corpo de volta a Londres. Henry Morton Stanley foi celebrizado pelas palavras com que saudou Livingstone: "*Dr. Livingstone, I presume*" ["Doutor Livingstone, suponho"]. Depois de combater na Guerra Civil do lado dos Confederados, Stanley tornou-se jornalista e cobriu a expansão da fronteira do Velho Oeste. Transformou muitas lendas, como as proezas de Wild Bill Hickok, o Búfalo Bill, em artigos que publicou na *Harper's Magazine*. Apesar de ter obtido fama jornalística, à moda de Woodward e Bernstein, Stanley permaneceu no Congo e acabou se tornando o primeiro a desenvolver a região e abri-la para o comércio. Em 1904, aos 63 anos, contraiu um resfriado, que se agravou, convertendo-se em pneumonia e pleurisia. Faleceu em Londres.

QUE SE DANEM OS HOMENS

Poucas mulheres optaram por construir seu destino de heroínas como exploradoras. Uma exceção notável foi **May French-Sheldon**, americana rica que ficou conhecida como a primeira mulher a viajar pela África. Na década de 1890 ela explorou a África oriental e o Congo, acompanhada de um cortejo de 130 homens de Zanzibar. A imprensa da época a tachou de doida varrida, mas ela não se importava com isso. Passou muitos anos dando palestras sobre suas viagens, sempre enfatizando — muito antes de isto virar moda — que "a mulher pode fazer qualquer coisa que faz o homem". Morreu de pneumonia em 1936, aos 89 anos.

VINCE LOMBARDI

Vince Lombardi estudou para se tornar padre, mas então descobriu que o futebol-americano era sua paixão maior. Depois de passar dez anos como treinador assistente em West Point, tornou-se o treinador principal do time que na época era o pior do futebol-americano profissional, o Green Bay Packers. Através de seus métodos de disciplina, converteu a equipe numa força vencedora e, em 1961, viu os Packers derrotarem os New York Giants por 31 a 0 no torneio da Liga Nacional de Futebol-Americano. A partida foi vista como uma das reviravoltas no perfil de uma das equipes mais memoráveis na história do esporte. Lombardi continuou a acumular vitórias ao longo da década de 1960, novamente fazendo história como treinador do Packers no primeiro Super Bowl, em 1967, quando seu time derrotou por 35 a 10 a equipe do Kansas City Chiefs. Suas observações sucintas sobre vencer, perder e a vida em geral levaram sua filosofia a ser incorporada à cultura americana. As frases de Lombardi são vistas por muitos com a mesma reverência reservada à religião, sendo usadas não apenas nos esportes, mas também no âmbito de empresas e treinamentos motivacionais. "Uma vez que você aprende a desistir, isso vira hábito" e "O importante não é se você é derrubado, mas se você se levanta outra vez" são exemplos de sua longa lista de reflexões. Quando morreu, em 1970, aos 57 anos, de câncer do cólon, seu enterro foi acompanhado por 3.500 pessoas. Muitos dos presentes, incluindo jogadores durões de futebol-americano, choraram abertamente. Embora o câncer que o matou seja freqüentemente causado por mutações genéticas herdadas, alimentos de alto teor glicêmico que elevam drasticamente o nível de açúcar no sangue também são um fator importante que contribui para o mal. Entre esses alimentos estão muitos que são vendidos nas arquibancadas durante as partidas, como doces e suco de laranja. Além disso, Lombardi costumava fumar enquanto acompanhava os jogos.

RITUAIS ESPORTIVOS LETAIS

Depois da última partida numa temporada de vitórias do time de futebol-americano da Universidade de Nevada, o treinador **George Allen** comemorou o feito mandando derramar uma garrafa de Gatorade gelado em sua cabeça. No dia seguinte estava acamado, com uma bronquite que pouco depois se converteu em pneumonia. O ex-treinador dos times Rams e Redskins, da Liga Nacional de Futebol-Americano, morreu cinco semanas depois, em 1990, aos 72 anos. Mas seu atestado de óbito não cita como causa da morte o banho gelado, e sim um espasmo cardíaco provocado por arritmia, batimentos cardíacos irregulares que lhe deram seu derradeiro cartão vermelho.

LONE RANGER [O CAVALEIRO SOLITÁRIO]

Clayton Moore representou o caubói mascarado, com seu inseparável cavalo Silver, no seriado de televisão que foi um grande sucesso no início dos anos 1950, *The Lone Ranger* [*O Cavaleiro Solitário*, conhecido na época no Brasil como *Zorro*]. Ele e o tranqüilo e sábio índio Tonto, representado por **Jay Silverheels**, passaram mais de cem episódios corrigindo injustiças. A sina de Moore, estranha para um ator, era ser visto na tela sempre com o rosto coberto por uma máscara, de modo que, mesmo durante o auge da fama do seriado, raramente era reconhecido em público. Talvez por essa razão, nunca houve ator que se aferrasse tanto a seu papel, a ponto de colocar a máscara e o figurino do Lone Ranger para sair à rua — segundo alguns, até mesmo quando ia de carro comprar *fast food* num *drive-thru*. Ele foi visto usando o figurino pouco antes de sua morte por infarto, em 1999, aos 85 anos. Já Silverheels tinha muito menos afinidade com seu papel de Tonto e morreu sem alarde, mas tossindo laconicamente, aos 60 anos, em 1980, de pneumonia.

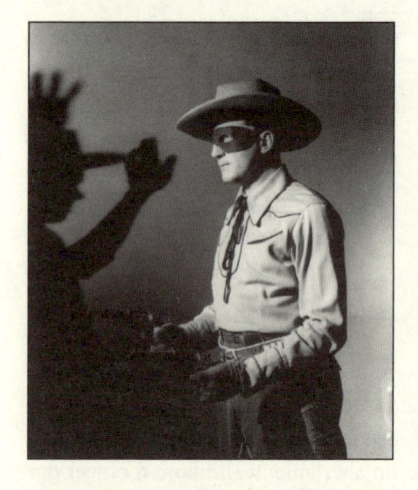

JACK LORD

O seriado *Havaí 5.0* ficou no ar entre 1968 e 1980, mostrando policiais que perseguiam os bandidos e o crime organizado que maculavam a bela paisagem das ilhas havaianas. O seriado já foi transmitido em mais línguas estrangeiras que qualquer outro e ainda é visto regularmente em diferentes partes do mundo. Hoje, "5.0" é um termo de gíria usado nos Estados Unidos para designar qualquer policial. Jack Lord (John Joseph Patrick Ryan) fazia o papel do incorruptível Steve McGarrett e ficou célebre por sua famosa fala "*book 'em, Danno! Murder One!*" ["Autue-os, Danno! Homicídio triplamente qualificado!"]. Ele morreu de falência cardíaca congestiva aos 77 anos, em 1998. Chi Ho Kelly era o leal assistente havaiano de McGarrett. Era representado por **Kam Fong**, que morreu de câncer do pulmão em 2002, aos 82 anos. Kono era representado por **Zulu** (Gilbert Frances Lani Damian Kauhi). Zulu sofria de diabete; fez transplante de fígado, que foi rejeitado, e morreu em 2004, aos 66 anos. Jack Lord foi convocado originalmente para o papel do Capitão Kirk em *Jornada nas estrelas*, mas perdeu para William Shatner porque pediu uma porcentagem dos direitos. Fora do *set*, Lord vivia como recluso em sua mansão no Havaí e era conhecido por considerar-se muito culto, fazendo leituras improvisadas de poemas no estúdio de filmagem de seus dramas policiais. Deixou herança no valor de US$ 40 milhões.

LOTERIAS E SEUS PERDEDORES

> "Somos obrigados a acreditar na sorte. De outro modo, como explicar o sucesso daqueles de quem não gostamos?"
> — JEAN COCTEAU

Todo concurso, por definição, precisa ter um ganhador, além de um grupo muito maior de perdedores. Já foi dito que a vitória é doce, mas seus aspectos amargos ou azedos com freqüência só são percebidos muito mais tarde. A palavra "loteria" vem do italiano "*loto*", que significa "destino".

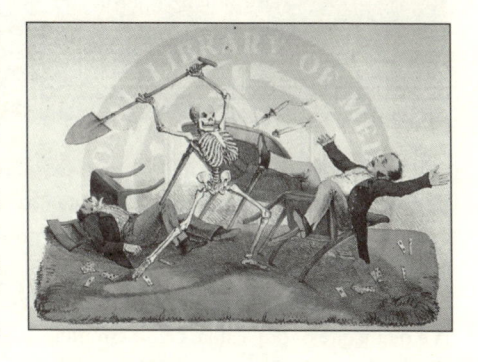

Durante a Revolução da Independência Americana, Benjamin Franklin criou uma loteria para financiar a compra de canhões, e George Washington promoveu outra para construir estradas. No final do século XIX, já havia loterias por toda parte, criando uma imensa classe de jogadores e perdedores.

Em 1905 a Suprema Corte proibiu a realização de loterias, e os jogos de azar continuaram a ser feitos clandestinamente até 1964, quando o estado de New Hampshire promoveu a primeira loteria dos EUA sob a égide do governo, chamada The Sweepstakes. Hoje, 39 estados americanos têm loterias.

Em 1988 **Michael Allen**, taxista do Maine, ganhou US$ 5,8 milhões. Ele dividiu o dinheiro com seu colega de quarto, grato por este tê-lo lembrado de comprar o bilhete. Essa atitude generosa se repetiu em outros ambientes, levando-o a ser apelidado de Megabucks Mike [Mike Megadólares] nos clubes de *gays* que freqüentava. Ele tinha fama de não ter medo de riscos e foi descrito por funcionários de bares como pessoa insegura, "sempre pronta a pagar uma rodada de drinques e de amigos". Allen foi espancado até a morte num quarto de hotel em Lewiston, no Maine, em 1997, aos 34 anos. Semanas depois, dois jovens na casa dos vinte anos foram detidos pelo crime numa ACM da Califórnia.

Em junho de 1997, **Billie Bob Harrell Jr.**, ex-estoquista do Home Depot, recebeu US$ 31 milhões numa loteria do Texas. Ele comprou uma mansão e depois distribuiu dinheiro entre conhecidos e desconhecidos. Vinte meses depois, aos 49 anos, tendo perdido 23 quilos devido ao estresse das doações e da diminuição constante de sua fortuna, ele se trancou no quarto, tirou a roupa e desferiu um tiro no próprio peito.

> "Os homens superficiais acreditam na sorte.
> Os fortes crêem em causa e efeito."
> — RALPH WALDO EMERSON

Depois de ganhar na loteria, o ex-marceneiro **Philip Alan Kitchen**, de 58 anos, contratou um caseiro e uma cozinheira, mas tudo o que queria era que o deixassem a sós para ficar sentado no sofá, bebendo. Em 2002, quando morreu de pneumonia, ele passara seis semanas sem comer nenhuma coisa sólida. Quando foi encontrado, estava rodeado por caixas de cerveja e de uísque e roupa suja, caído em meio às próprias fezes.

Em 2002, **Dennis Elwell**, na Inglaterra, matou-se ingerindo cianeto, sete meses depois de ganhar na loteria. Ele tentou reatar o romance com sua mulher, mas, como não deu certo, voltou ao emprego de operário e contou a um colega na fábrica sobre a dose fatal que acabara de ingerir. Mas já era tarde demais para que pudesse ser salvo.

Oscar Cordoba, de Nova Jersey, que ficou milionário ao ganhar na loteria em 2004, apunhalou a mulher e matou a sogra a facadas. No mesmo ano, Jack Whitaker, maior ganhador de loteria na história — que, em 2002, recebeu o valor bruto de US$ 113 milhões —, já acumulava azares de diversos tipos. Tinha sido roubado repetidas vezes (perdendo ao todo mais de US$ 500 mil em dinheiro), dopado com um "boa-noite, Cinderela" e espancado. Fora proibido de entrar em vários bares e era acusado de ameaçar de morte os gerentes dos estabelecimentos em questão. Em 2004, quando um adolescente morreu em sua casa, ele foi acusado e processado por morte por negligência. Pouco depois, recebeu a notícia de que sua neta Brandi Bragg, de 17 anos, estava desaparecida. A garota foi encontrada três dias depois, envolta numa lona, morta por overdose.

Em 2004, **Carl Atwood**, 73 anos, de Elwood, em Indiana, morreu atropelado por um caminhão quando caminhava até a mercearia onde, dias antes, comprara o bilhete premiado.

Em 2005, sete anos depois de ganhar US$ 10 milhões na loteria, **Gerald Muswagon** já gastara o último centavo do prêmio e enforcou-se na garagem da casa dos pais, aos 42 anos. No mesmo ano, **Jeffrey Dampier Jr.**, ganhador de US$ 20 milhões na loteria de Illinois, foi seqüestrado, assaltado e morto a tiros, supostamente por sua cunhada de 23 anos e pelo namorado dela.

> "Todo o mundo sonha em ganhar dinheiro, mas ninguém prevê os pesadelos que acabam surgindo."
> — WILLIAM "BUD" POST III, GANHADOR DE LOTERIA FALIDO QUE TORROU OS US$ 16 MILHÕES GANHOS NUMA LOTERIA DA PENSILVÂNIA ANTES DE MORRER DE PARADA RESPIRATÓRIA, EM 2006

M

MACK THE KNIFE

Bobby Darin, cujo nome de batismo era Walden Robert Cassotto, foi um dos maiores ídolos dos adolescentes da década de 1950, versátil no *rock'n'roll* e em vários outros gêneros musicais. Criado na pobreza das favelas italianas do Bronx, onde um caixote de papelão lhe serviu de berço, Bobby não teve acesso a atendimento médico quando criança e adoeceu várias vezes de febre reumática, um mal que prejudica as válvulas cardíacas. Perto do final da vida, precisava inalar oxigênio para poder cantar. A letra da música que lhe deu um Grammy em 1959, "Mack the Knife", talvez esteja entre as mais bizarras da música popular: "Há um rebocador [...] perto do rio, sabe, / onde um saco de cimento se inclina para baixo". Praticamente ninguém sabia o que essas palavras significavam, mas a impressão que se tinha era que diziam respeito a violência e mortes. O Macheath original, Mack the Knife, citado na canção era um personagem da *Ópera do mendigo*, de **John Gay**, onde aparece como assassino, estuprador e incendiário. **Bertolt Brecht** adaptou a peça para o público alemão, intitulando-a *Ópera dos três vinténs*, em 1928. Nos anos 1950, **Marc Blitzstein** a transpôs para uma canção popular de *jazz*, usando na letra uma lista de nomes de personagens da ópera. John Gay morreu em 1732, aos 47 anos, de "febre", não antes de redigir seu próprio epitáfio: "A vida é uma pilhéria, e todas as coisas demonstram isso. / Eu já o imaginava; agora o sei ao certo". Brecht faleceu após um infarto sofrido aos 58 anos, em 1956. O letrista Marc Blitzstein morreu em 1964, também aos 58, depois de ser assaltado e espancado por três marinheiros portugueses num encontro sexual malsucedido na ilha da Martinica.

FERNÃO DE MAGALHÃES

Capitão do serviço naval de Portugal, Fernão de Magalhães foi destituído de seu título e de sua pensão por ter desobedecido a ordens recebidas, comerciando ilegalmente com mouros. Então a rainha Isabel da Espanha financiou uma expedição organizada e chefiada por ele com o objetivo declarado de encontrar o lendário reino do Preste João. Acreditava-se que esse monarca fabuloso governava um reino cristão virtuoso situado em alguma parte do coração da Ásia que continha a Fonte da Juventude, as chaves dos Portões do Paraíso e também um espelho mágico cujo dono poderia ver todos os reinos da Terra ao mesmo tempo. Por mais improvável que pareça, todos acreditavam na existência do Preste João. A dúvida quanto a sua existência real ou não só foi dirimida por estudiosos no século XVIII. Em agosto de 1519, Magalhães partiu com 270 homens, atravessou o equador em direção ao Brasil e depois foi acompanhando a costa até chegar à extremidade meridional da América do Sul. De lá, velejou em direção noroeste, atravessando o Pacífico e desembarcando em Guam em fevereiro do ano seguinte. Em março de 1521, quando chegou às Filipinas, só lhe restavam 150 companheiros. Um mês mais tarde Magalhães se envolveu na política local e ofereceu sua ajuda a um dos lados numa batalha, esperando com isso ganhar um futuro parceiro comercial. Quando os nativos concluíram ser ele o verdadeiro inimigo, uniram-se contra Magalhães e o empalaram com pelo menos vinte golpes de lanças de bambu. O navegante tinha 41 anos. De sua tripulação original, apenas dezessete homens conseguiram retornar à Espanha. Apesar disso, Magalhães é considerado o primeiro a ter circunavegado o globo. Alguns historiadores dizem que um escravo que ele comprara na África anos antes, um certo Negro Henrique, estava entre os primeiros que realizaram a proeza, concluindo a viagem.

ROCKY MARCIANO

Rocky Marciano é visto por muitos como o maior lutador de todos os tempos, ostentando um histórico perfeito de 49 vitórias e nenhuma derrota. Desde criança ele já sabia que queria lutar boxe e treinava dando socos em sacolas do correio cheias de retalhos de pano que pendurava atrás do cortiço em que vivia. Rocky cresceu na pobreza, filho de operários e imigrantes italianos, em Brockton, em Massachusetts. Inicialmente pensou que, em lugar do boxe, poderia ter uma vida melhor jogando beisebol. Não tendo sido aceito na equipe do Chicago Cubs (não conseguia jogar a bola com precisão da base do batedor até a segunda base), ele optou pelo plano B e, um ano depois, tornou-se pugilista profissional. De início, ninguém achou que o lutador de 25 anos, 86 quilos e 1,74 metro de altura tivesse alguma chance. Mas ele se mostrou imbatível, graças à garra, à persistência e à capacidade de concentrar toda a sua energia em cada soco. Rocky conservou o título mundial por três anos e então se aposentou, usando o dinheiro que ganhara para abrir restaurantes. Em 1969, a caminho de uma festa-surpresa para comemorar seu 46º aniversário, o jatinho particular em que estava ficou sem combustível e caiu 5 quilômetros antes da pista de pouso, matando-o.

MAIS PUGILISTAS NOCAUTEADOS POR ACIDENTES
3 de outubro de 1933: o peso-pesado **W. L. Stribling** (28 anos) — que registrou o segundo maior número de nocautes de todos os tempos, 126 — morreu num acidente de motocicleta. Ele não fumava, não bebia e lia a Bíblia; sua carreira incluiu 225 lutas, sendo mais de 58 em um ano apenas. Stribling estava correndo ao hospital para ver seu filho recém-nascido quando se chocou com um caminhão.

9 de abril de 1998: **Big John Tate** (43 anos), que tinha sido campeão dos pesos pesados pela Associação Mundial de Boxe, morreu num desastre automobilístico. Tate ganhou uma medalha de bronze nas Olimpíadas de 1976 e conservou o título mundial por menos de seis meses em 1980. Pouco depois disso, passou a consumir cocaína e, antes de morrer, foi detido várias vezes por mendicância.

3 de setembro de 1999: o peso-pesado **Cleveland "Big Cat" Williams** (66 anos) morreu atropelado em Houston, no Texas; o motorista culpado fugiu sem lhe prestar socorro. Williams enfrentou Muhammad Ali no Astrodome, em 1966, numa luta que ficou famosa, sendo nocauteado no terceiro assalto. Dois anos antes dessa luta, Big Cat levara um tiro de um policial durante uma discussão sobre uma multa de trânsito. O ferimento resultara na perda de um rim.

BOB MARLEY
Bob Marley, o rei do *reggae*, tido como responsável por levar a música jamaicana aos Estados Unidos, morreu aos 36 anos de idade, em 1981, de um câncer que começou no fígado e espalhou-se para os pulmões, o estômago e o cérebro. Tendo originalmente recebido o diagnóstico de melanoma num dedo do pé, Marley recusara o tratamento devido às suas crenças rastafarianas: "Um rasta não aceita a amputação". Suas últimas palavras antes de morrer, no Cedars Hospital, em Miami, foram para seu filho Ziggy: "O dinheiro não compra a vida". Em sua cripta foram colocados sua guitarra, a Bíblia, uma bola de futebol e um cigarro de maconha.

MÚSICOS QUE O CÂNCER DERRUBOU
Em 1986, **Howard Greenfield**, que, com Neil Sedaka, compôs "Breaking Up Is Hard to Do" e "Calendar Girl", teve um tumor cerebral e morreu, aos 49 anos de idade. No mesmo ano, **Linda Creed**, compositora de "The Greatest Love of All", faleceu

de câncer aos 37 anos. Em 1990 o câncer pôs fim à vida da cantora de *jazz* **Sarah Vaughan**, aos 66 anos, e do cantor **Sammy Davis Jr.**, célebre por "That Old Black Magic", aos 64.

Em 1993, **Frank Zappa Jr.**, que fez mais de sessenta álbuns e compôs músicas sobre os temas mais esdrúxulos possíveis, como o sucesso "Don't Eat the Yellow Snow" [Não coma a neve amarela], sucumbiu ao câncer de próstata, aos 52 anos. **Telly Savalas**, conhecido sobretudo como o detetive do seriado *Kojak*, teve um sucesso musical que foi número 1 nas paradas em 1975: "If". Ele morreu de câncer de próstata no dia seguinte a seu 72º aniversário, em 1994. No mesmo ano, o chefe de orquestra e compositor **Henry Mancini**, autor da música-tema de *A Pantera Cor-de-Rosa*, morreu de câncer de fígado, aos 70. Em 1999, "Wishin' and Hopin' " [Desejando e esperando] foi cantada com toda a fé pelos fãs de **Dusty Springfield** (Mary Isabel Catherine Bernadette O'Brien), mas isso não a impediu de falecer de câncer de mama, aos 59 anos. Em 2001 o cantor **Glenn Hughes**, conhecido como o homem vestido de couro do grupo Village People, célebre por "Macho Man", morreu aos 50 anos de câncer de pulmão. O rei do *punk*, **Joey Ramone** (Jeffrey Hyman), célebre pela canção "I Wanna Be Sedated" [Quero ser sedado], conseguiu o que pedira quando morreu de linfoma, aos 49 anos. E, no mesmo ano, um câncer de pulmão pôs fim à vida do beatle **George Harrison**, de "My Sweet Lord", aos 58 anos de idade.

> "Trêiler para vender ou alugar, aluguel de quartos... 50 centavos, sem telefone, sem piscina, nada de animais... Não tenho cigarros" dizia a letra do sucesso dos anos 1960 "King of the Road", de Roger Miller. Com onze prêmios Grammy conquistados, ele acabou encontrando um hotel melhor, mas não conseguiu abrir mão dos cigarros e morreu de câncer da garganta e do pulmão em 1992, aos 56 anos.

Fred Rogers cantava muitas canções infantis, mais notadamente "Won't You Be My Neighbor", em seu programa "Mr. Rogers' Neighborhood", que tinha um elenco de fantoches simples e ficou no ar de 1968 a 2001. Pouco depois de deixar essa vizinhança simpática, ele vestiu seu cardigã famoso pela última vez antes de morrer, pouco depois de aposentar-se, de câncer de estômago, em 2003, aos 74 anos.

Em 2006 **Lou Rawls**, conhecido pela canção "You'll Never Find Another Love Like Mine", morreu de câncer cerebral aos 72 anos, e **June Pointer**, do grupo Pointer Sisters, responsável pelo sucesso "Jump (For My Love)", foi levada embora por um câncer também cerebral, aos 52.

MAIS DE 50 MIL NOVOS CASOS FATAIS DE CÂNCER DE PELE OCORREM A CADA ANO NOS EUA. APESAR DOS AVISOS E DOS FILTROS SOLARES, O NÚMERO DE CASOS DE MELANOMA VEM AUMENTANDO; HOJE, HÁ QUEM ACREDITE QUE OS INGREDIENTES CONTIDOS NOS BLOQUEADORES SOLARES POSSAM SER CANCERÍGENOS. APESAR DISSO, TRATA-SE DE UMA DOENÇA QUE DECORRE DE UM "ESTILO DE VIDA", E, POR RAZÕES DIVERSAS, OS HOMENS TÊM DUAS VEZES MAIS CHANCES DE DESENVOLVÊ-LA QUE AS MULHERES. O CÂNCER DE PELE AFETA PESSOAS DE TODAS AS ETNIAS E CORES. A DOENÇA FOI CAUSA DE MAIS DE 7 MIL MORTES EM 2006.

MARTE E MARCIANOS

Meu marciano favorito (1963-1966) foi um seriado interessante sobre um marciano desajeitado, porém inteligente, e com aparência humana, representado por **Ray Walston**, cuja nave espacial cai em Los Angeles. A trama girava em torno de sua relação com o repórter Tim O'Hara (**Bill Bixby**), que procurava esconder o fato de ter um hóspede de outro mundo. Os efeitos especiais eram fracos, mas todo o mundo adorava olhar as antenas saindo da cabeça do marciano e vê-lo apontar o dedo a alguma coisa para fazê-la levitar. Entre os membros do elenco que já deixaram este mundo, **Pamela Britton**, que fazia o papel de Mrs. Brown, a senhoria bisbilhoteira de Tim O'Hara, o fez por meio de um tumor cerebral, aos 51 anos, em 1974. O chefe de Tim no jornal era Mr. Burns, representado por **J. Pat O'Malley**, que faleceu em 1985 de falência cardíaca congestiva, quando tinha 80 anos. **Alan**

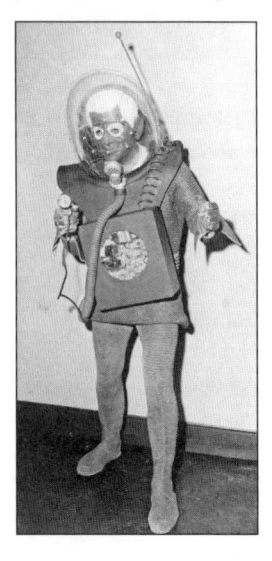

Hewitt, que era o detetive Bill Brennan no seriado, partiu em decorrência de um câncer, aos 71 anos, em 1986. Bill Bixby, que mais tarde representaria o doutor David Banner em *O Incrível Hulk*, morreu de câncer de próstata em 1993, aos 59 anos. O tio Martin foi o último a deixar este mundo, o que fez no Dia do Ano-Novo de 2001, aos 86 anos de idade, de falência respiratória causada por lúpus.

Na época em que Bill Bixby encerrava sua atuação no papel do Incrível Hulk, sua ex-mulher **Brenda Benet**, *que fazia o papel de Lee DuMonde em* Days of Our Lives, *não conseguiu conformar-se com a morte do filho de 6 anos, de infecção de garganta. Em 1982 Brenda colocou na boca uma pistola calibre .38 e puxou o gatilho, pondo fim a uma tristeza insuportável. Tinha 36 anos.*

Na década de 1960 outro seriado de temática espacial aterrissou na telinha: *Perdidos no espaço*, que ficou no ar de 1965 a 1968, era um equivalente extraterrestre de *Os robinsons suíços*. As tramas eram irrealistas ao extremo e pareciam demasiado forçadas, mesmo levando-se em conta os efeitos especiais limitados da época. A tensão dramática deveria vir do doutor Zachary Smith, representado por **Jonathan Harris**, enviado para sabotar a missão. Em um episódio, por exemplo, Smith usa o último estoque de água potável existente na nave para tomar um banho demorado, mas os simpáticos professores Robinson, pai e mãe, representados por Guy Williams (que já tinha sido Zorro) e June Lockhart, não fizeram mais que repreendê-lo brandamente. Nem mesmo as crianças que assistiam ao programa acreditavam que Smith não tivesse sido vaporizado com a arma de raios gama desde o primeiro momento. Do elenco, quem se perdeu no espaço para sempre, além de Guy Williams, foi Jonathan Harris, morto em 2002 quando uma embolia sabotou seu coração, aos 87 anos.

BILLY MARTIN

O beisebol sempre teve sua devida parcela de rebeldes. Em sua época áurea, Billy Martin, jogador e empresário do time Yankee, foi amado e odiado por número igual de torcedores. Apesar de ter sido demitido e recontratado algumas vezes para administrar o time, Billy sabia vencer. Em campo, era conhecido por discutir com os árbitros e revoltar-se quando algo não saía da maneira como ele queria. Fora do campo, era um alcóolatra inveterado. Na véspera de Natal de 1989, aos 61 anos, Martin estava bebendo no carro com um amigo quando o veículo saiu da estrada. Algumas pessoas disseram que Billy Martin morreu fazendo as coisas de que mais gostava: bebendo e dirigindo. O time aposentou o número que ele usava em seu uniforme Yankee: o 1.

LEE MARVIN

Lee Marvin recebeu o Oscar de melhor ator pelo papel do pistoleiro de aluguel bêbado no faroeste cômico *Dívida de sangue*, de 1965. Fora da tela, Marvin costumava usar as duas mãos para beber, segurando o copo de uísque em uma e uma cerveja na outra. Conseqüentemente, passou a maior parte da vida enfrentando problemas de alcoolismo e relacionamentos tumultuados. Morreu de ataque cardíaco em 1987, aos 63 anos de idade.

GROUCHO MARX

Em 1974, aos 83 anos de idade, Groucho Marx foi o ator mais velho a receber um Oscar da Academia. Ao lado de seus irmãos, Groucho estrelou vários filmes de sucesso, incluindo *Diabo a quatro* e *Os quatro batutas*. Mais tarde ele se tornou astro da televisão, tendo durante onze anos apresentado o *game show Apostando tudo*. Perto do fim da vida, virou notícia quando foi visto, enfraquecido, senil e confinado a uma cadeira de rodas, sendo cuidado por sua jovem e bela companheira **Erin Fleming**. Quando Groucho morreu, de pneumonia, em 1977, aos 86 anos, seus herdeiros processaram Fleming, que foi obrigada a devolver quase meio milhão de dólares que o comediante lhe deixara. A partir desse momento ela passou a entrar em instituições psiquiátricas e sair delas, até se suicidar, em 2003, aos 61 anos.

Chico Marx morreu em 1961, aos 74 anos, de infarto. Harpo Marx morreu na mesa de cirurgia em 1964, quando tinha 75 anos, e Zeppo Marx estava com 78 quando faleceu em decorrência de um câncer, em 1979.

BETTY McDONALD

Betty McDonald empenhou todo o coração e a alma em sua autobiografia cômica *The Egg and I*, que inesperadamente se tornou um *best-seller* em 1947. Os direitos para o cinema da história sobre uma jovem numa granja de frangos do estado de Washington foram comprados por US$ 100 mil à vista, valor alto na época, com a garantia adicional de uma porcentagem sobre os lucros do filme. Pouco após essa bonança financeira, porém, McDonald foi processada por calúnia e difamação pela população da cidadezinha que fundamentou seu livro, que se considerou humilhada e pediu indenização de US$ 975 mil. Ela gastou muito dinheiro e lágrimas em sua defesa, mas acabou por vencer a causa quando provou que os personagens do livro eram baseados em diversas pessoas cada um. A escritora acabou por mudar-se do estado de Washington, de que tanto gostava, para a Califórnia, mas o episódio todo a entristecera, e ela morreu de câncer aos 49 anos, em 1958.

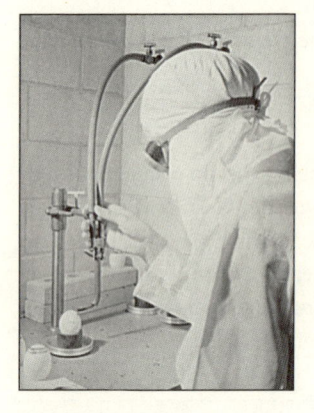

FRANK McNAMARA

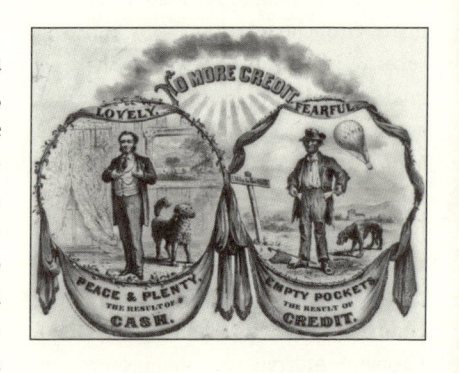

Em 1950 Frank McNamara saiu para jantar e, como de costume, pediu a conta ao terminar. Ele olhou no bolso do paletó e puxou os bolsos da calça para fora. Então lembrou-se de que guardara seu dinheiro num terno diferente. Pagou com uma nota promissória e prometeu retornar mais tarde. Ainda naquela noite, teve uma grande idéia econômica: "Por que as pessoas deveriam ser limitadas a gastar o que têm nos bolsos em dinheiro vivo, em lugar de poder gastar o dinheiro do qual podem dispor?" Com a ajuda do advogado **Ralph E. Schneider** ele criou o primeiro cartão de crédito, chamado Diners Club, que podia ser usado em 27 restaurantes de Nova York, e cuja conta podia ser paga ao final de cada mês. Em 28 de fevereiro de 1950 o primeiro cartão de crédito foi usado para pagar uma refeição constituída de filés preparados no carvão no mesmo restaurante, o Major's Cabin Grill, na Rua 33 Oeste. Hoje, 1 milhão de cartões de crédito são usados no mundo durante o tempo levado para ler esta frase. Por uma coincidência estranha, os dois a porem a idéia em prática pela primeira vez morreram jovens: McNamara em 1957, aos 40 anos de idade, e Schneider em 1964, aos 55, aparentemente de parada cardíaca. Pouco depois **Sam Boal**, o editor de longa data da *Diners Club*

Magazine, morreu misteriosamente num incêndio, quando estava sozinho em seu apartamento no número 403 da Rua 57 Leste, em Nova York, aos 51 anos de idade. Depois disso a empresa foi comprada por um conglomerado.

JOHNNY MERCER

Com a letra "As coisas nunca são tão ruins quanto parecem... portanto, sonhe", "Dream", de Johnny Mercer, tornou-se grande sucesso popular em 1945 entre os soldados que retornavam da guerra. Mercer é visto como um dos compositores mais prolíficos de todos os tempos, com um repertório que inclui "Moon River", "That Old Black Magic" e "Fools Rush In". As canções simplesmente fluíam dele. Ele rabiscou "One for My Baby (and One More for the Road)" em um guardanapo, sentado no bar P. J. Clarke, em Manhattan, em 1943. Seu cérebro parecia ter sido naturalmente equipado para criar música e letras, mas em 1976, aos 66 anos, ele morreu de complicações cirúrgicas durante uma operação para a remoção de um tumor cerebral.

GLENN MILLER

Em 1940 "Fools Rush In" foi a música mais tocada por (Alton) Glenn Miller. Pouco depois, Miller ganhou *status* de ícone cultural como típico chefe de orquestra ligeira americana da época. Quando a guerra começou, Miller entrou para a Força Aérea e foi promovido a major. Prestou o serviço militar fazendo apresentações com sua orquestra ao vivo para as tropas e na rádio militar. De acordo com documentos oficiais dos EUA, em 15 de dezembro de 1944, quando tinha 39 anos, Miller estava num avião militar inglês que simplesmente desapareceu quando atravessava o canal da Mancha para levá-lo a uma apresentação em Paris. Mas não foi encontrado nenhum plano de vôo da RAF (a força aérea britânica) que corroborasse a informação. Herb Miller, irmão de Glenn, declarou em 1983 que Glenn morreu de câncer pulmonar num hospital parisiense e que passou seus últimos meses de vida deprimido, irritado e exausto. Em 1997 o jornalista alemão Udo Ulfkotte alegou ter descoberto documentos indicando que Miller foi fuzilado. Ele teria mantido um caso com uma viúva francesa. Mas descobriu-se que ela não era viúva quando seu marido retornou de um campo alemão de prisioneiros de guerra, encontrou Miller e sua mulher juntos na cama e matou o *bandleader* a tiros. Segundo ainda outra versão, Miller teria tido um infarto num bordel parisiense, e, como o governo queria manter elevado o moral das tropas, divulgou em vez disso que Miller tinha desaparecido em ação. Existe também quem afirme que ele permaneceu na França e levou uma vida tranqüila ao lado da amante até morrer de fato, em 1981. Assim, Glenn Miller teria morrido por quatro causas: desaparecimento, infarto, câncer e ferimento de bala. Seu corpo nunca foi encontrado.

SAL MINEO

Os crimes retratados por alguns atores na tela acabam por persegui-los na vida real, ou vice-versa. Sal Mineo é conhecido sobretudo pelo papel do homossexual Plato em *Juventude transviada*, mas atuou em mais de sessenta programas de televisão, desde "Missão: Impossível" e "My Three Sons" até "The Avengers", sendo conhecido como Switchblade Kid [Garoto Canivete] devido a sua personalidade rebelde na tela e fora dela. Filho de um dono de funerária do Bronx, Sal começou por viver nas ruas os papéis que mais tarde representaria na televisão e no cinema. Em 1976, aos 37 anos, foi morto a golpes de canivete numa viela escura atrás de um edifício de apartamentos em West Hollywood. Foi aventado que o crime teria tido relação com uma transação de drogas ou com um encontro homossexual. A promotoria considerou que houve latrocínio e, em 1979, condenou o já criminoso Lionel Williams à pena de prisão perpétua ou de 51 anos (a que ocorresse antes), mas ele ganhou liberdade condicional em 1990 e até hoje se afirma inocente.

Uma atriz que não conseguiu superar sua vida real difícil foi **Tara Correa-McMullen**, *escolhida para o papel de Graciela Reyes, integrante de uma gangue de adolescentes no drama televisivo "Judging Amy" (1998-2005). Apesar* *do sucesso como atriz, Tara permaneceu leal à gangue de seu bairro. Morreu em 2005, aos 16 anos, num tiroteio entre membros de gangues em frente a um conjunto habitacional em Inglewood, na Califórnia.*

MARGARET MITCHELL

... E o vento levou, primeiro e único romance de Margaret Mitchell, foi sucesso absoluto desde o momento em que foi lançado, em 1936. O livro valeu a Mitchell um prêmio Pulitzer e ainda é considerado o mais comprado em todo o mundo depois da Bíblia, vendendo mais de 200 mil exemplares por ano. Mitchell ouviu as histórias em que baseou seu épico de velhos veteranos das forças confederadas quando era menina, na Geórgia. Na verdade, foi apenas quando tinha 10 anos que lhe revelaram que o Sul perdera a guerra. Margaret escreveu o livro quando estava imobilizada, com o tornozelo fraturado, e falou de suas aspirações literárias unicamente a seu marido. Ela trabalhava para o *Atlanta Journal* na época e foi encarregada de acompanhar o editor Howard Latham, da editora Macmillan, numa busca por novos escritores sulistas. Depois de uma amiga sua rir da idéia de que ela pudesse possuir algum talento literário, Margaret levou o manuscrito ainda inacabado de ... *E o vento levou* ao hotel em que Latham estava hospedado. No dia seguinte, enviou a ele um telegrama, pedindo que o devolvesse. Latham recusou o pedido, convencido do valor do livro, e deu um adiantamento a Margaret para que o concluísse. Margaret teria escrito outro livro, cujos originais foram encontrados recentemente entre sua correspondência, mas ela nunca mais procurou publicar nada. Em 1949, a caminho do cinema, atravessou a rua sem olhar para os lados e foi atropelada por um táxi. Morreu cinco dias mais tarde, aos 48 anos de idade, de ferimentos internos. O taxista de 25 anos, Hugh D. Gravitt, foi condenado por homicídio culposo e sentenciado a pena de um ano a dezoito meses de prisão. Hoje, ainda vive na Geórgia e se nega a falar sobre o acidente.

THELONIOUS MONK

Thelonious Monk foi pianista e compositor autodidata. Tocou com muitos grandes jazzistas, mas suas gravações não costumavam ter boas vendas. Foi durante muito tempo pouco valorizado, exceto por outros músicos, que foram influenciados por suas composições e seu estilo de tocar. A vida de Monk era pontuada por episódios de comportamento bizarro, como, por exemplo, levantar-se repentinamente da banqueta do piano e correr em círculos. Ele passou a isolar-se durante as turnês, chegando a passar meses sem falar com os outros integrantes de seu grupo. Com o tempo, passou a comunicar-se apenas através de sua mulher, e então aposentou-se repentinamente e mergulhou no isolamento. Thelonius Monk passou os últimos anos de vida sob os cuidados da baronesa Nica de Koenigswater, uma conhecida patronesse de artistas, na mansão dela em Weehawken, em Nova Jersey. Ao longo de sua vida, passou por várias avaliações psicológicas e foi formalmente diagnosticado como bipolar. Os registros indicam que ele pode também ter tido esquizofrenia ou uma forma de síndrome de Tourette, cujas manifestações são classificadas como sintomas de distúrbio de introversão patológica. Em função desses problemas mentais semelhantes ao autismo, Monk teve dificuldade para alcançar a grandeza que almejava. Morreu em 1982, aos 64 anos, em decorrência de um derrame cerebral.

MARILYN MONROE

Marilyn Monroe nasceu com o nome de Norma Jean Mortenson. Sua mãe trabalhava na edição de filmes da RKO e o pai pode ter sido um de três homens com os quais ela se relacionava. Marilyn viveu em orfanatos e lares adotivos até casar-se, aos 16 anos. Em 1945, um fotógrafo do exército que fazia um ensaio sobre mulheres que participavam da campanha da guerra viu-a trabalhando numa fábrica de pára-quedas e enxergou seu potencial como modelo. Ele teve um caso com ela e a encaminhou a uma agência de modelos. Seu êxito na profissão levou-a a um teste para atriz e à assinatura de um contrato com a Twentieth Century, em 1946, pelo salário semanal de US$ 125. Marilyn fez uma série de pontas em filmes até 1953, quando recebeu um papel mais substancial. No mesmo ano, Hugh Hefner comprou uma foto de Marilyn nua, feita quando ela era modelo principiante, e a publicou em sua então nova revista *Playboy*. Marilyn virou sensação e tornou-se o paradigma da beldade americana *sexy*. Casou-se com o grande jogador de beisebol Joe DiMaggio e, depois, com o dramaturgo Arthur Miller, além de ter tido vários casos com políticos e executivos do cinema. Sempre à procura do amor inatingível que não tivera quando criança, ela buscou consolo em comprimidos e no álcool, passando a ser inconstante no trabalho e incapaz de manter um relacionamento com os poucos homens que se esforçaram tremendamente para amá-la. Em 1962, quando tinha 36 anos, Marilyn foi encontrada em seu apartamento, morta de uma overdose de Nembutal e hidrato de cloral, ambos barbitúricos vendidos com receita médica. A morte foi considerada suicídio. Devido às ligações dela com John F. Kennedy e Robert Kennedy, a inconsistências dos indícios encontrados no local da morte e ao desaparecimento das gravações de seus telefonemas, foram aventadas várias hipóteses de assassinato. O título de seu último filme, *Something's Got to Give* [Algo tem que ceder], que ficou inacabado, resumiu profeticamente seus últimos dias de vida, de modo que a única teoria conspiratória digna de crédito é a do esforço feito após sua morte para que o nome e a reputação de outras pessoas não tombassem juntamente com ela.

Quando Marilyn Monroe cantou "Parabéns a você" para o presidente Kennedy em tom embaraçosamente sexy, provavelmente não sabia que a canção tinha sido composta em 1893 por **Patty Hill**, *uma professora de jardim de infância. Cada vez que a música é tocada profissionalmente, a Time Warner, que comprou os direitos autorais dos herdeiros de Hill após a morte dela, em 1946, aos 78 anos, recebe royalties que chegam a US$ 2 milhões por ano. Avessos a pagar a taxa de licenciamento, alguns restaurantes criaram versões modificadas para cantar a seus clientes. As tentativas de cobrar das pessoas que cantam "Parabéns" em particular — o que é feito cerca de 100 milhões de vezes por ano, ou mais — não têm tido êxito até agora, mas foi sugerido um sistema de pagamento ético opcional.*

A sósia de Marilyn Monroe, **Anna Nicole Smith**, *gostava tanto da linda loura original que chegou a alugar a própria casa de Marilyn para morar nela. Anna Nicole teve quase tanto sucesso quanto Marilyn com seu ensaio* *na* Playboy, *do qual fez o ponto de partida de uma carreira lucrativa como modelo, mas nunca conseguiu equiparar-se a ela em seus papéis de atriz e nos homens que escolheu para viver a seu lado. Entretanto, no exemplo mais contemporâneo de como a morte é predeterminada subconscientemente, ela morreu — em 2007, aos 39 anos — como Marilyn, buscando nas drogas a solução para seus problemas.*

MARIA MONTESSORI

Maria Montessori foi a primeira mulher da era moderna a tornar-se médica na Itália e foi encarregada da tarefa, vista como impossível, de educar crianças romanas consideradas "retardadas mentais" ou "ineducáveis". Lançado em 1912, seu livro, *O Método Montessori*, explica os princípios que ela usou em sua escola, que abriu em 1907. Seu método educacional previa o tratamento diferenciado de cada criança e permitia que seus alunos fossem aprovados nos mesmos exames que as crianças ditas "normais". Antes de morrer de pneumonia, em 1952, aos 81 anos, ela foi indicada três vezes para o Prêmio Nobel da Paz, mas não o recebeu.

ELIZABETH MONTGOMERY

Bruxas que mexiam a ponta do nariz entraram nos lares americanos em 1964 e ali permaneceram até 1972, com o seriado televisivo *A feiticeira*. A *sitcom* mostrava um casal formado pela feiticeira Samantha Stephens (**Elizabeth Montgomery**) e o mortal comum Darin (**Dick York** e **Dick Sargent**), além da mãe de Samantha, Endora (**Agnes Moorehead**). Os efeitos especiais eram novidade na televisão, mas devem ter exposto os atores a algum agente carcinogênico desconhecido, em vista de como morreram seus atores: **Alice Pearce**, que representou a primeira Gladys Kravitz, morreu de câncer em 1966, aos 48 anos, na segunda temporada do programa. Agnes Moorehead faleceu de câncer uterino em 1974, aos 73, mas acreditava ter sido exposta a radiação durante as filmagens de *Sangue de bárbaros*, em 1956, uma de cujas locações foi um local de testes nucleares em Utah. Dick York, o "Durwood" original, afastou-se do programa para seguir um tratamento contra a dependência de drogas e, mais tarde, engordou 68 quilos e perdeu todos os dentes. Quando morreu, em 1992, de câncer pulmonar e enfisema, estava tentando recuperar-se da derrocada financeira, após uma tentativa fracassada de ganhar a vida como faxineiro. Ele se tornou defensor dos sem-teto. O segundo Darin, Dick Sargent, que mais tarde seria mestre-de-cerimônias numa parada do Orgulho Gay em Los Angeles, morreu de câncer de próstata em 1994, aos 64 anos. Montgomery, que ao longo do seriado namorou o diretor e o produtor de *A feiticeira*, morreu aos 62 anos, em 1995, de câncer de cólon. A distraída tia Clara era representada por **Marion Lorne**, que não conseguia lembrar-se de todos os medicamentos necessários para tratar seu câncer e morreu de infarto antes de o câncer acabar com ela, em 1968, aos 82 anos. O único ator do programa a não sucumbir ao câncer foi **David White**, que fazia Larry Tate, o chefe de Darin. Ele morreu em 1990, aos 74 anos, de infarto, nunca tendo se recuperado da morte de seu filho de 33 anos, dois anos antes, no atentado terrorista contra o vôo 103 da Pan Am.

MOUSEKETEER

A MTV dos anos 1950 era o "Clube do Mickey", popular programa de televisão produzido pela Disney Company. Era um *show* musical e de variedades que incluía esquetes contendo pequenas lições sobre como os adolescentes que enfrentam os obstáculos típicos dessa fase da vida podem aconselhar-se com pessoas mais velhas em que confiam. Uma dessas pessoas mais velhas e sábias era o barrigudo **Roy Williams**, chamado pelas crianças de "o Grande Mouseketeer". De acordo com fontes bem informadas, ele escondia garrafas de bebida pelo estúdio e tomava goles de uísque a cada vez que estava de costas para a câmera. Seu papel no programa era supostamente o de "protetor das meninas", mas, longe dos olhos dos responsáveis pelos atores mirins, ele chamava os pequenos de lado e lhes contava piadas de teor dúbio. Roy faleceu de infarto aos 69 anos, em 1976, e foi sepultado usando seu chapéu do "Clube do Mickey".

JIM MORRISON

Admirador de William Blake e Jean-Paul Sartre, Jim Morrison deu a sua banda o nome The Doors [Portas] em homenagem a *As portas da percepção*, de Aldous Huxley, e tinha por hábito usar álcool, LSD e qualquer droga que estivesse a seu alcance, com exceção da heroína, para ajudar a abrir as portas de sua própria percepção. Consta que ele morreu de overdose de heroína numa banheira em Paris, mas não foi feita autópsia; seu caixão seguiu fechado para o cemitério e o atestado de óbito traz a assinatura ilegível de um médico que ninguém conseguiu encontrar. A única pessoa que o viu morto foi sua namorada, Pamela Courson, que se suicidou alguns anos depois. Oficialmente, Jim Morrison morreu de overdose aos 27 anos, em 1971. Conta-se que seu túmulo no Cemitério Père Lachaise, em Paris, é visitado com freqüência por um *hippie* envelhecido que guarda semelhança estranha com Jim Morrison.

ROL DE MORTOS POR OVERDOSE

Em 1968 **Frankie Lymon**, conhecido por "Why Do Fools Fall in Love?" [Por que os doidos se apaixonam?] e "I'm Not a Juvenile Delinquent" [Não sou um delinqüente juvenil], deve ter cometido algum erro, mesmo assim, porque morreu de overdose de heroína aos 25 anos de idade. Em 1971, **Mary Ann Ganser**, do grupo Shangri-Las, conhecido pelo sucesso "Leader of the Pack" [Líder da turma], foi deixada para trás permanentemente depois de morrer de overdose de drogas aos 24 anos, apesar de os membros da banda terem insistido em que sua morte foi causada por uma picada de mosquito que se infeccionou.

Janis Joplin tornou-se superestrela com "Me and Bobby McGee", entre outras canções de *folk rock* celebrizadas por sua voz rouca — especialmente depois de sua apresentação no histórico festival de Woodstock, no verão de 1969. Sob a influência de sua própria imagem de cantora de *blues* e poetisa *beat*, Janis costumava tomar litros de Southern Comfort, bebida alcoólica com consistência de xarope, e tinha um fraco por anfetaminas, seguidas por um pouco de heroína para se acalmar. Não surpreende que tenha morrido de overdose — em 1970, aos 27 anos.

Em 1972 **Brian Cole** gravou o sucesso "Windy" [Arejado] com a banda Association, mas sentiu falta de ar e morreu aos 29 anos, de overdose de heroína. No ano seguinte, **Rick Dey**, do grupo The Wilde Knights and the Merry-Go-Round, conhecido pelo sucesso "Just Like Me", morreu sob o efeito do gás do riso (óxido nitroso), aos 25 anos. **Robbie McIntosh**, da Average White Band, gostava de cheirar apenas grandes quantidades de cocaína, mas, por engano, inalou uma dose letal de heroína muito pura. Morreu aos 24 anos, em 1974. No ano seguinte, **Tim Buckley**, que teve a canção "Once I Was" [Eu fui, uma vez], deixou de ser quando foi levado embora por uma overdose de heroína, aos 28 anos.

Em 1978 o saxofonista **Gregory Herbert**, do Blood, Sweat and Tears [Sangue, Suor e Lágrimas], provocou sangue, suor e lágrimas ao morrer de overdose de heroína com 31 anos de idade. No mesmo ano, outra banda popular teve uma dose

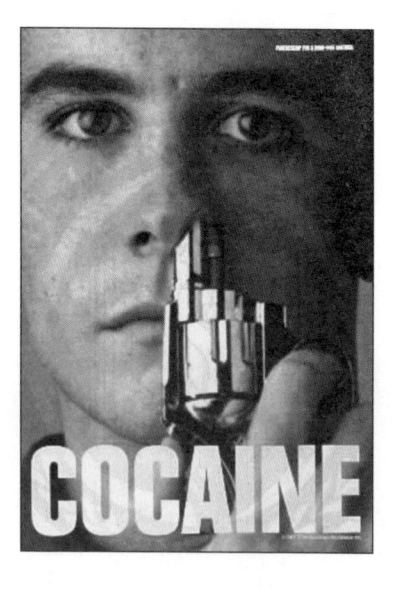

Todo o mundo imaginou que Jerry Garcia, da banda Grateful Dead, morreria de overdose de drogas, mas o que lhe aconteceu foi o contrário. Depois de toda uma carreira vivida como drogado clássico, Garcia tentou libertar-se da dependência, mas o choque de uma mudança tão radical desencadeou um ataque cardíaco fatal. O ano era 1995, e sua idade, 53 anos.

dupla de más notícias: **Pete Meaden**, 36 anos, empresário do The Who, e, um mês depois, o baterista da banda, **Keith Moon**, morreram de overdose. Moon escolheu para fazer sua derradeira saída do palco, aos 31 anos, o mesmo apartamento em que Mama Cass falecera. Em 1979 **Sid Vicious** (John Simon Ritchie) justificou a alcunha que usava [Sid Viciado] com sua banda Sex Pistols: libertado sob fiança depois de apunhalar sua namorada, morreu de overdose de heroína aos 21 anos. Em 1980, o desejo implícito expressado por **Tim Hardin** em "If I Were a Carpenter" [Se eu fosse um carpinteiro] não o salvou da indústria musical e da morte por consumo de heroína, aos 39 anos.

Em 1982, **James Honeyman-Scott**, da banda Pretenders, célebre por "Back on the Chain Gang", seguiu a rotina da overdose de heroína aos 25 anos. Em 1991 o vocalista do grupo Temptations, **David Ruffin**, sofreu overdose de cocaína quando já era velho demais para a coisa: 50 anos. Em 1998 o roqueiro punk **Will Clay**, do grupo Vomit Pigs, levou adiante a tradição da overdose por heroína, aos 43 anos.

Outro que teria tido todas as chances de morrer de overdose foi o Super Freak original, **Rick James** (James Johnson Jr.), músico *funk* esdrúxulo que chegou a ser acusado de manter mulheres como reféns e queimá-las com cachimbos de *crack*. Foi absolvido dessa acusação, mas cumpriu pena por posse de cocaína. Quando saiu da prisão, sofreu um AVC e morreu de ataque cardíaco, aos 56 anos, em 2004. No mesmo ano, o rapper **Ol' Dirty Bastard** (Russell Tyrone Jones), conhecido por seus passos de dança em estilo de *kung fu*, mostrou para muitos que era "o cara" ao fugir da prisão mas ser recapturado quando dava autógrafos no estacionamento de um McDonald's. Morreu de overdose no estúdio de gravação, dois dias antes de seu 36º aniversário.

O mais famoso festival de rock da história aconteceu perto de Woodstock, no estado de Nova York, numa fazenda de 240 hectares pertencente a Max Yasgur, entre 15 e 18 de agosto de 1969. Mais que qualquer outro evento desde então, Woodstock exemplificou a era da contracultura, ou hippie. Mais de 500 mil pessoas compareceram, quando apenas 50 mil eram aguardadas. Houve duas mortes oficialmente registradas: uma por overdose de heroína e outra por atropelamento por um trator. Mas, para equilibrar a coisa, consta que também houve dois nascimentos. Max Yasgur, proprietário da fazenda que abrigou o Festival Woodstock, morreu de ataque cardíaco aos 53 anos, em 1973 — a reação mais tardia da qual se tem notícia.

O duo pop Milli Vanilli era formado por Frankie Farian e Rob Pilatus, que receberam um Grammy mas foram obrigados a devolver o prêmio quando foi descoberto que nenhum deles cantava de fato em seus discos. Sempre foi comum que artistas dublem suas próprias canções quando estão no palco, mas Farian e Pilatus exageraram na falsificação e fizeram o público sentir-se ludibriado. Embora tivessem tentado lançar um álbum posterior contendo suas vozes de verdade, Pilatus retornou à vida anterior de criminalidade e drogas, passou um tempo na cadeia e, libertado, morreu de overdose de cocaína, em 1998, aos 32 anos.

JELLY ROLL MORTON

Jelly Roll Morton (Ferdinand Joseph Morton) nasceu em Nova Orleans em 1890. Aos 12 anos de idade já trabalhava como pianista em bordéis, tocando *ragtime*. Tornou-se músico itinerante, apresentando-se de Nova York a Los Angeles e sempre complementando sua renda com jogos e azar e sinuca. Graças às viagens, começou a incorporar estilos musicais diversos, com os quais acabou criando um som que viria a ser conhecido como *jazz*. Em 1926 Jelly Roll gravou algumas de suas composições, mas na década de 1930 já tinha caído no esquecimento, e, mais tarde, tornou-se gerente de um clube de *jazz* em Washington. Jelly Roll acreditava que sua decadência profissional e seus problemas de saúde subseqüentes tivessem como causa uma maldição do vodu. Ele tinha sido criado pela madrinha, que era sacerdotisa do vodu na cultura *creole* de Nova Orleans, e atribuía todos os seus êxitos e fracassos ao vodu. Ele foi gravemente apunhalado numa briga em Washington, o que o afetou mental e fisicamente. Jelly Roll tentou reverter sua sorte em Los Angeles, mas adoeceu e passou onze dias no hospital até morrer, em 1941, aos 50 anos, de sepsia, uma infecção do sangue.

A SEPSIA MATA 210 MIL AMERICANOS POR ANO E, EM TODO O MUNDO, MAIS DE 1.400 PESSOAS POR DIA. O CRIADOR DOS *MUPPETS*, JIM HENSON, MORREU DE SEPSIA, QUE FOI TAMBÉM A CAUSA FINAL DA MORTE DO ATOR CHRISTOPHER REEVE. DE ACORDO COM O DOUTOR ALMOUJAHED, ESPECIALISTA EM DOENÇAS INFECCIOSAS DA FACULDADE DE MEDICINA DE WISCONSIN, "A SEPSIA OCORRE QUANDO UMA INFECÇÃO GRAVE SUPERATIVA O SISTEMA IMUNOLÓGICO, DESENCADEANDO UMA SÉRIE DE REAÇÕES INFLAMATÓRIAS SISTÊMICAS QUE PODEM LEVAR A UMA QUEDA GRAVE NA PRESSÃO SANGUÍNEA E AO COLAPSO CARDIOVASCULAR".

WOLFGANG AMADEUS MOZART

Quase tudo o que Wolfgang Amadeus Mozart compôs é considerado clássico hoje, quer seja sinfonia, ópera, obra para orquestra de câmara, para piano ou coral. Seu pai era o professor mais admirado da Europa, e Mozart recebeu excelente instrução dos melhores mestres. Aos 3 anos de idade, o talento do pequeno Wolfgang já era evidente, e, à medida que foi crescendo, ele desenvolveu o dom de lembrar a menor nuance de fraseado de uma música ouvida anos antes. Mozart foi compositor e instrumentista financeiramente bem-sucedido, figurando entre os 5% mais bem pagos da Europa, mas sofreu problemas financeiros constantes. Devido ao pouco dinheiro que sobrara, quando morreu, aos 35 anos, em 1791, foi sepultado num túmulo sem identificação. Oficialmente, morreu de "febre militar", termo empregado para descrever uma condição desconhecida, possivelmente contraída em algum lugar exótico (já que muitos soldados a contraíam no exterior) e que resultava em febre alta. O método mais comum usado para combater a doença era a sangria, ou drenagem de um volume não especificado de sangue de uma veia, para tentar reequilibrar o organismo. Os sintomas apresentados por Mozart também se assemelhavam à febre reumática, que era comum nessa época. E há, ainda, sinais de que ele teria sido contaminado por mercúrio, que era o ingrediente principal das drogas empregadas para tratar a sífilis. Na noite anterior a sua morte ele foi submetido a mais uma sangria. Morreu à 1h00 da madrugada seguinte. Fraco demais para se levantar, suas derradeiras palavras foram: "O gosto da morte está em meus lábios [...] sinto algo que não é deste mundo".

> "Mozart é o maior compositor de todos. Beethoven criou sua música, mas a música de Mozart é de tal pureza e beleza que a impressão que temos é que ele apenas a encontrou — que ela sempre existiu como parte da beleza interna do universo, apenas esperando para ser revelada."
> — ALBERT EINSTEIN

MÚSICOS ASSASSINADOS

Os chimpanzés e outros primatas freqüentemente matam para proteger seus direitos territoriais e para satisfazer o desejo de poder e gratificação sexual. Para alguns especialistas, esse mesmo método de resolução de conflitos faz parte do padrão genético humano, e a história não é diferente quando os seres humanos em questão são músicos. Hoje, uma pessoa é assassinada a cada sessenta segundos.

Em 1957 o cantor *country* **Lonnie Baron**, que teve o sucesso "You're Not the First Girl" [Você não é a primeira garota], foi assassinado, aos 26 anos, numa briga de namorados. No ano seguinte, **"Big" John Dolphin** foi morto a tiros por um compositor do grupo do qual fazia parte, Don Julian and the Meadowlarks. Tinha 27 anos.

Sam Cooke, autor dos sucessos "You Send Me" [Você me manda de volta] e "Bring It On Home" [Traga-o para casa], foi alvo dos tiros de um gerente de hotel de beira de estrada no qual entrou intempestivamente, enfurecido, usando apenas casaco e sapatos, depois de ter suas roupas roubadas por uma prostituta. Visto como o pai do *soul*, Cooke morreu dos ferimentos, aos 33 anos, em 1964. O relatório médico-legal indica que Cooke estava embriagado quando foi alvejado, sendo o incidente visto como homicídio justificável. Os herdeiros de Cooke ainda insistem em que foi uma conspiração.

O cantor de *blues* **Bill Gillum**, conhecido pela canção "Got

*Em 8 de dezembro de 1980, o beatle **John Lennon** (John Ono Lennon), aos 40 anos, foi morto a tiros por um fã demente que afirmou ter sido instruído a fazê-lo pelo livro* O apanhador no campo de centeio. *Na noite anterior Lennon havia autografado a capa de um elepê para seu assassino, Mark David Chapman, que esperou o superastro diante do Edifício Dakota. Foi o último autógrafo que Lennon deu. Seu desejo de permanecer em contato com a realidade, vivendo entre pessoas comuns — imaginando, por assim dizer, que todas as pessoas eram basicamente boas em seus corações —, a própria qualidade que o tornara único e admirado, foi o que o matou.*

to Reap What You Sow" [Você tem de colher o que semeou], aparentemente fez exatamente isso quando morreu, vítima de tiros disparados durante uma discussão, aos 61 anos, em 1966. No mesmo ano, **Bobby Fuller**, que teve o sucesso "I Fought the Law", foi assassinado por asfixia ao ter gasolina derramada em sua boca. Tinha 23 anos. Em 1970, **James "Shep" Sheppard**, da banda Limelites, que ficou conhecida por "A Thousand Miles Away" [A mil milhas de distância], com certeza desejou estar muito longe da rodovia de Long Island em que foi morto a tiros dentro de seu carro, aos 33 anos. **King Curtis** (Curtis Ousley), criador de "Charlie Brown" e "Yakety Yak", foi morto a facadas numa briga aos 37 anos de idade, em 1971. No ano seguinte, **Bobby Ramirez**, do grupo Edgar Winter's White Trash, pediu para ser atendido num bar de Chicago e acabou sendo espancado até a morte, aos 23 anos, supostamente por ser cabeludo e estar mal vestido. Em 1975 o vocalista da banda Nutmegs, **Leroy McNeil**, cantor de "Ship of Love", foi esfaqueado numa briga e morreu, aos 36 anos. Em 1980, foi a vez de **Nathaniel "Buster" Wilson**, barítono do grupo The Coasters, conhecido por "Charlie Brown" e "Yakety Yak", ser assassinado. Essas canções devem ter enfurecido alguém (descobriu-se mais tarde que esse alguém foi seu antigo empresário), já que Buster foi morto a tiros e seu corpo foi esquartejado e abandonado num desfiladeiro perto da Barragem Hoover.

"The Ballad of the Green Berets", cuja letra pragmática dizia "soldados combatentes do céu, homens destemidos que saltam e morrem, homens que falam a sério..." foi um compacto que chegou ao número 1 em 1966, e era cantado pelo **Sargento Barry Sadler**. *Nunca se esclareceu se Sadler foi assassinado ou se morreu num assalto. Ele levou um tiro na cabeça dentro do táxi em que estava perto da Cidade da Guatemala, depois de um dia inteiro bebendo. Sadler passou 18 meses em coma até morrer, em 1989, aos 48 anos de idade.*

O vocalista do grupo The Capitols, **Samuel George**, morreu esfaqueado aos 40 anos, em 1982. Tiros disparados de um carro em movimento não foram a escolha de quem matou o cantor de *reggae* **Michael Smith** em Kingston, na Jamaica, em 1982 — em vez disso, ele foi apedrejado e, a título de reforço, baleado também. Tinha 34 anos. Em 1984, **Marvin Gaye** ("Can't We Just Get Along?" [Não podemos nos entender?]) foi morto a tiros por seu pai, um dia antes de seu 45º aniversário. **Peter Tosh**, da banda Bob Marley and the Wailers, morreu em 1987, aos 42 anos, baleado num assalto em sua casa. No mesmo ano, o baterista da banda de *blues-rock* Electric Elves, **Gary Driscoll**, foi morto num ritual ocultista em sua residência em Ithaca, no estado de Nova York, por agressores ainda não identificados, quando tinha 41 anos. Em 1987, ao tentar entrar num clube sem pagar, **Jaco Pastorius** (John Francis Pastorius III), de 35 anos, vocalista do Weather Report, não foi reconhecido por um leão-de-chácara devido a sua aparência desmazelada. Foi espancado até morrer.

Outro integrante da banda The Coasters, **Cornell Gunter** (54 anos), foi baleado em seu carro por um agressor desconhecido em Las Vegas, em 1990. O cantor de *doo-wop* **Pete Barin** (Peter Falciglia), dos Belmonts, conhecido por seu *timing* musical impecável, entrou numa mercearia no Bronx no momento errado, quando ela estava sendo assaltada. Levou um tiro e morreu aos 52 anos, em 1995. No mesmo ano, **Selena Quintanilla-Pérez**, "rainha da música '*tejana*'", foi abatida a tiros pela presidente de seu fã-clube, quando tinha 23 anos. O *rapper* conhecido como **2 Pac** (Tupac Amaru Shakur) tinha 25 anos em 1996, quando foi morto a tiros disparados pelos ocupantes de um carro em movimento. Em 1997, **Christopher Burmeister**, 29 anos, membro do grupo Bush-Pilots, estava fazendo turismo no alto do Empire State Building quando um lunático abriu fogo sobre os presentes, matando o músico e seis outras pessoas. No mesmo ano, o *rapper* **Notorious B.I.G.** (Christopher Wallace) foi morto a tiros aos 24 anos, supostamente por vingança. Outro músico de *reggae*, desta vez **Junior Braithwaite**, do grupo Bob Marley and the Wailers, foi morto a tiros em 1999, aos 50 anos. **Neal Newman**, do Blue Rhythm Band, descobriu que o cigarro pode matar de maneira inesperada quando saiu de uma casa noturna para dar algumas tragadas numa viela durante o intervalo de uma apresentação, foi esfaqueado e morreu, em 2001. Tinha 41 anos.

N

NEFERTITI

A rainha Nefertiti, da antiguidade egípcia, foi recordada ao longo da história principalmente por sua mítica beleza. Nefertiti foi a esposa real de dois faraós, Amenotep IV e Aquenaton, e, mais tarde, foi sogra do rei Tut. Seu nome significava "mulher perfeita", e não há dúvida de que usou sua beleza para conquistar poder pessoal imenso. Sua imagem maciça erguida do lado de um templo tinha dimensões iguais às do faraó. Sacerdotes poderosos a odiavam, e, assim que Tut morreu, Nefertiti desapareceu. A casa real aventou a hipótese de que ela teria morrido de uma peste, e foram feitas tentativas de apagar a memória de sua existência. A recente descoberta de seu túmulo mostrou que ela de fato foi temida, mesmo após sua morte. Seus pés mumificados foram mutilados por contemporâneos dela para garantir que não se reerguesse na vida após a morte. Outros ferimentos encontrados em seu corpo indicam que Nefertiti provavelmente não morreu de uma gripe forte como se acreditava, mas que foi assassinada.

RICKY NELSON

Eric Hilliard Nelson foi um ídolo *teen* famoso graças ao programa familiar de rádio e televisão "The Adventures of Ozzie and Harriet". Sua música "Poor Little Fool" figurou no 83º lugar entre as mais populares do século XX. Em 1985, quando tinha 45 anos, Ricky morreu num desastre aéreo quando viajava para fazer um espetáculo de véspera de Ano-Novo, na tentativa de reativar sua carreira. Em seu último ano de vida ele ganhou quase US$ 700 mil com sua música, mas, devido às grandes pensões alimentícias que pagava a ex-mulheres e, segundo alguns, a seus gastos ainda maiores com cocaína, só lhe restavam US$ 40 mil. Ele sabia que o velho avião fretado por sua banda precisava passar por uma revisão mecânica, mas achou mais importante chegar a tempo para a apresentação. O avião explodiu em chamas. Segundo algumas versões, foi o fato de membros do grupo usarem uma tocha para aquecer cocaína que teria provocado o incêndio, tão grande que Nelson e seis outros músicos só puderam ser identificados pelas arcadas dentárias.

OUTROS MÚSICOS MORTOS EM DESASTRES AÉREOS

Buddy Holly (Charles Hardin Holley), muito popular com o sucesso de sua música de *rock'n'roll* "Peggy Sue", morreu na queda de um avião fretado quando estava a caminho de uma apresentação, em 1959. Tinha 23 anos. No avião também estavam **Ritchie Valens** (Richard Steven Valenzuela), de 17 anos, que tivera os sucessos "Donna" e "La Bamba", e **"Big Bopper"** (Jiles Perry Richardson, Jr.), de 28, cujo sucesso "Chantilly Lace" acabara de chegar ao topo das paradas. Depois do acidente circulou o boato de que o piloto teria levado um tiro em pleno vôo, o que teria causado a queda. Uma arma fora encontrada perto do corpo de Buddy Holly, e pensava-se que uma discussão entre os roqueiros teria causado efeitos fatais. Em 2007, o filho de Big Bopper, Jay Richardson, nascido pouco após a morte de seu pai, contratou um antropólogo forense para exumar o corpo dele e se viu frente a frente com o pai pela primeira vez. O corpo estava surpreendentemente bem conservado e não mostrava sinais de disparos, o que confirmava a versão original, segundo a qual todos a bordo do avião tiveram morte instantânea por trauma de choque naquele dia gelado em que "a música morreu" em Iowa.

Em 1963, **Patsy Cline**, conhecida por "I Fall to Pieces" [Eu me despedaço], fez justamente isso, com o acidente aéreo fatal que sofreu aos 30 anos. **David Box** era vocalista da banda Buddy Holly

Ronnie Van Zant, membro da banda de rock do sul dos EUA Lynyrd Skynyrd, conhecida pela canção "Free Bird", estava num velho avião fretado que caiu porque ficou sem combustível. A queda matou o roqueiro quando tinha 29 anos, em 1977. Três dias após o lançamento de seu álbum Street Survivors, *três integrantes da banda, um gerente de turnê, piloto e co-piloto não sobreviveram à queda do aparelho num pântano isolado do Mississípi. É possível que Van Zant tenha sobrevivido à queda, mas haja morrido pelo impacto de equipamentos musicais contra sua cabeça. Estava sentado no corredor do avião, como fazia com freqüência por sentir-se demasiado preso num assento comum com cinto de segurança. O avião tinha sido rejeitado anteriormente pela banda Aerosmith porque era sabido que o piloto e o co-piloto guardavam uma garrafa de Jack Daniels ao lado dos controles. Van Zant previra muitas vezes que morreria antes dos 30 anos e "com as botas calçadas". Como tão freqüentemente acontece, ele de alguma maneira atraiu aquilo que visualizava, tanto que morreu apenas três meses antes de seu trigésimo aniversário.*

and The Crickets, e, não tendo conseguido lugar no avião que se acidentou em 1959, embarcou em outro vôo fatal, morrendo aos 21 anos em 1964 — segundo alguns, ainda por efeito da "maldição de Holly". **Otis Redding**, que teve o grande sucesso "(Sittin' on) The Dock of the Bay" [(Sentado) na doca da baía], certamente preferiria ter continuado sentado no cais em vez de morrer num avião fretado que caiu num lago próximo a Madison, em Wisconsin, matando-o aos 26 anos, em 1967. O cantor de "Time in a Bottle" (O tempo numa garrafa), **Jim Croce**, não sabia que sua canção seria profética. Morreu numa queda de avião em 1973, aos 30 anos.

Em 1982, **Randy Rhoads**, que teve o sucesso "Last Call for Rock & Roll", pediu ao piloto do avião fretado em que estava que sobrevoasse bem de perto o ônibus da turnê de Ozzie Osbourne, avistado no chão. A asa do avião tocou o teto do ônibus, e a aeronave caiu em parafuso, matando Rhoads aos 25 anos de idade. O helicóptero que levava o guitarrista de *rock* **Steve Ray Vaughn** a uma apresentação se perdeu em meio a neblina espessa e chocou-se com um morro, causando sua morte, em 1990, aos 35 anos. **Bill Graham** (Wolfgang Grajonca), conhecido por ter eletrificado os espetáculos de *rock* no Fillmore East and West, estava num helicóptero que tocou num cabo de alta tensão. Morreu eletrocutado aos 60 anos de idade, em 1991. "Country Roads" foi um dos maiores sucessos de **John Denver** (John Henry Deutschendorf Jr.), morto aos 53 anos, em 1997, na queda de um avião experimental que ele próprio pilotava ao largo da costa da Califórnia, perto de Monterey. E, em 2001, **Aaliyah** (Aeliyatt Dani Haughton), sobrinha de Gladys Knight e mulher do *rapper* R. Kelly, morreu aos 22 anos num desastre aéreo nas Baamas, pouco após a decolagem do avião.

NERO

Nero foi um imperador romano que chegou ao poder aos 17 anos. Embora quisesse deixar um legado relacionado às artes, tendo promovido a cultura com a construção de teatros e a realização de provas atléticas, ele é recordado sobretudo por sua crueldade. Para se manter no poder, Nero envenenou ou matou de várias maneiras todos os que se opuseram a seus desígnios, incluindo sua própria mãe e quase todos os membros de sua família. Qualquer pessoa suspeita de cobiçar sua coroa, ou qualquer pessoa de que não gostasse (foi o caso de uma tia idosa sua, a quem Nero mandou seus médicos eliminarem com uma dose fatal de laxantes), era envenenada ou sofria algum "acidente". O incidente que deu lugar à frase segundo a qual, "enquanto Roma ardia em chamas, Nero tocava rabeca" foi um incêndio ocorrido no Circo Máximo no verão de 64 d.C., quando tendas de mercadores pegaram fogo e as chamas se espalharam, destruindo quase um terço de Roma. Não foi uma rabeca, mas uma lira que Nero dedilhou enquanto isso, atuando numa peça em uma cidade a quilômetros de Roma. Para pôr fim aos rumores de que ele teria orquestrado o incêndio como desculpa para construir mais teatros, Nero arrebanhou os cristãos, vestiu-os com couros de animais e soltou cães ferozes contra eles na arena. Muitos cristãos foram queimados, tornando-se tochas humanas, para, nas palavras de Nero, servir de "iluminação dos jardins". Nero entrou na arena conduzindo sua biga e lançando insultos contra os que ainda estavam vivos. Até mesmo os romanos, acostumados a atos de crueldade, viram-no como louco sádico. Nero não se importava com isso e continuou a se enxergar como grande artista. Quando atuava, ninguém podia deixar o teatro; certa vez uma mulher deu à luz debaixo dos bancos, para não enfrentar sua ira. Depois de treze anos desses desmandos, o Senado finalmente encontrou uma oportunidade de afastá-lo do poder pelo voto, mas Nero fugiu antes de poder ser capturado e ridicularizado em uma execução pública. Quando se viu cercado por seus inimigos, não tinha nenhum de seus venenos favoritos à mão e ordenou a seu criado que o degolasse. Antes de morrer, em 68 d.C., aos 30 anos, lamentou: "Que artista o mundo perde com minha morte!"

HAING NGOR
O doutor Haing S. Ngor foi um dos dois únicos atores amadores da história a receber um Oscar. Ele concordou em reviver para Hollywood os dias de horror que sofreu num campo de concentração após os expurgos promovidos por Pol Pot e o Khmer Vermelho no Camboja, nos anos 1970. Dez anos depois de receber o Oscar, Ngor foi cercado diante de seu edifício em

Los Angeles por membros de uma gangue. Ele entregou a carteira, mas se recusou a fazer o mesmo com um medalhão que continha a foto de sua mulher, morta nos campos de concentração. Ngor sobreviveu aos rigores das torturas no Camboja apenas para ser morto a tiros em 1996, aos 55 anos, nos Estados Unidos.

NIÁGARA – AVENTUREIROS DESTEMIDOS QUE SE LANÇARAM NAS CATARATAS

O primeiro na história dos EUA a se arriscar nas cataratas do Niágara foi um certo **Sam Patch**, conhecido como Yankee Leaper (o saltador ianque). Ainda menino, ele saltava da barragem de um moinho em Pawtucket, em Rhode Island, para divertir as outras crianças operárias da fábrica. A partir dos 20 anos, lançou-se de pontos cada vez mais altos. Em 1827, Sam achou que poderia ganhar dinheiro com isso e anunciou que saltaria 21 metros, do alto da cachoeira Passaic, em Paterson, no estado de Nova Jersey. A multidão apreciou tanto sua façanha que ele seguiu adiante, encontrando altos muros de fábricas, mastros de navios e pontes de onde saltar. Inevitavelmente, sentiu-se atraído pela maior e mais dramática plataforma natural de saltos, tornando-se o primeiro a lançar-se do alto das cataratas do Niágara. Em 6 de novembro de 1829, Sam estendeu uma escada de 38 metros sobre as quedas e saltou dentro da correnteza turbulenta, 54 metros abaixo. Alguns minutos depois, veio à tona e foi resgatado por um barco que o aguardava, tornando-se com isso o primeiro a saltar das cataratas do Niágara e sobreviver. A platéia não foi tão grande quanto esperava, então

Sam imediatamente planejou um segundo salto. Uma semana depois, na sexta-feira 13 de novembro, mais de 10 mil pessoas aguardavam para vê-lo pular. Sam chegou no horário previsto; talvez por ter tomado algumas cervejas a mais, percorreu a escada cambaleando. Antes de chegar ao fim da escada, ele aparentemente caiu, não mergulhando reto à sua maneira habitual, e caiu de barriga no rio. O som do baque de seu corpo na água arrancou da multidão um "ai" coletivo de dor. O público esperou horas, mas Sam não retornou à superfície. Seu corpo foi encontrado, congelado, na primavera seguinte, quando se descobriu que ele quebrara as duas omoplatas e morrera afogado, provavelmente por não ter conseguido nadar até a margem. Tinha 30 anos.

PLANO DE APOSENTADORIA

A primeira pessoa e única mulher a descer as cataratas do Niágara num barril foi **Anna Edson Taylor**, de 63 anos, em 1901. Para ganhar dinheiro para sua velhice, ela achou que uma façanha no Niágara poderia torná-la famosa. Anna projetou seu barril e contratou um promotor de parques de diversão para atrair a atenção da imprensa. Em 24 de outubro de 1901 ela se sentou, presa por um arreio de couro e protegida por almofadas, em seu barril de carvalho de 1,3 x 0,9 m de diâmetro construído especialmente para esse fim e contando com uma bigorna de 91 quilos como lastro, para ser solta no rio 1,5 quilômetro antes das quedas. Milagrosamente, sobreviveu com apenas alguns arranhões. Após uma breve estadia no hospital, Anna partiu em turnê para dar palestras sobre seu feito, vender autógrafos e suvenires. Mas em pouco tempo o público se desinteressou por sua história, e a pobreza da qual ela tanto quisera fugir voltou a atormentá-la. Muitas vezes Anna passava o dia perto das cataratas, sob chuva e granizo gelados, sem que um único turista se dispusesse a comprar um de seus cartões-postais. Ela ficou paupérrima e se tornou sem-teto, morrendo em 1921 na Enfermaria de Caridade do Niágara. Um jornal local levantou fundos para pagar por seu enterro no setor Potters Field do Cemitério de Oakland, ao lado de outros aventureiros que se lançaram nas cataratas.

DEZESSEIS PESSOAS JÁ TENTARAM DESCER AS CATARATAS DO NIÁGARA EM UM BARRIL OU ALGO SEMELHANTE; SEIS DELAS MORRERAM TENTANDO. UM DOS QUE SOBREVIVEU, BOBBY LEACH, QUEBROU TODOS OS OSSOS DO CORPO NA FAÇANHA, EM 1911. DURANTE VIAGEM FEITA EM 1927, AOS 67 ANOS DE IDADE, ELE ESCORREGOU NUMA CASCA DE FRUTA E SOFREU UM CORTE NA CABEÇA, MORRENDO POUCO DEPOIS DE GANGRENA.

TENTATIVA SUICIDA
Karel Soucek, em 1984, promoveu-se como O Último dos Destemidos a Descer o Niágara. Ele desceu as cataratas num barril leve feito de plástico e metal, à velocidade de 120 km/h, e emergiu vivo, sangrando na cabeça depois de passar quase 45 minutos sendo fustigado pela correnteza. Também ele quis prolongar sua fama e planejou nova proeza num barril no Astrodome, no ano seguinte. Desde o topo do domo, a uma altura de 55 metros, planejava mergulhar num tanque de água de 3 metros de largura. Diante de uma multidão de 45 mil pessoas, o barril caiu antes da hora, bateu numa grade e passou longe do tanque. Soucek morreu de ferimentos internos e traumatismo, aos 38 anos de idade.

ALFRED NOBEL
O Prêmio Nobel foi instituído no testamento de Alfred Nobel, inventor da dinamite, depois de ele ter lido uma cópia antecipada de seu obituário. Este fazia críticas à natureza destrutiva de sua invenção, insinuando que seu uso na guerra poderia causar grande prejuízo à humanidade. Para deixar um legado mais positivo, Nobel decidiu doar parte de seus rendimentos futuros para a criação de um prêmio. Ele morreu em 1896, aos 63 anos, de derrame cerebral, e depois de cinco anos o primeiro Nobel foi entregue, em 10 de dezembro de 1901. A entrega do prêmio ainda acontece anualmente em 10 de dezembro, aniversário da morte de seu criador.

PRÊMIO NOBEL DA PAZ
Diferentemente das outras categorias do Nobel, o Prêmio Nobel da Paz gerou muitas polêmicas ao longo dos anos. Enquanto Mahatma Gandhi, por exemplo, não foi considerado digno de recebê-lo, alguns outros laureados tiveram credenciais dúbias (no que diz respeito à paz): Theodore Roosevelt, Iasser Arafat, Le Dúc Tho e Henry Kissinger. Adolf Hitler foi indicado ao prêmio em 1939, assim como Iossip Stálin e Benito Mussolini.

Bertha Von Suttner foi a primeira mulher laureada com o Nobel da Paz, em 1905. Ironicamente, ela tinha sido secretária e governanta de Alfred Nobel, depois de responder a um anúncio publicado por ele em 1876. Permanecera apenas uma semana no cargo, mas continuara a corresponder-se com Nobel até a morte dele. Suttner ficou conhecida no movimento pela paz graças a um romance que publicou em 1889, *Die Waffen nieder!* [Deponham as armas!). Pouco depois, editou uma revista que defendia a formação do movimento pacifista. Quando recebeu o prêmio, em 1905, Suttner estava vivendo com dificuldades financeiras e apresentando os primeiros sintomas de câncer. O prêmio lhe infundiu novo entusiasmo e energia, e ela percorreu o mundo dando palestras em prol da paz. Mas morreu de câncer aos 71 anos, em 1914, dois meses antes do início da Primeira Guerra Mundial — que usaria a dinamite, inventada por Nobel, para matar milhões de pessoas.

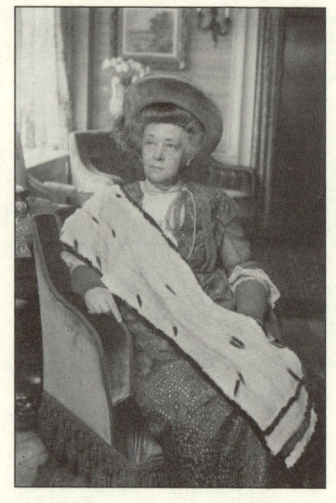

A **madre Teresa de Calcutá** (Agnes Gonxhe Bojaxhiu), laureada com o Nobel da Paz em 1979, exemplificou o objetivo pretendido do prêmio. Ela nasceu na Albânia e tornou-se freira católica aos 18 anos. Em 1950 fundou sua própria ordem religiosa, das Missionárias da Caridade, com doze outras freiras que trabalhavam com os párias nos pontos mais miseráveis de Calcutá, na Índia. A filosofia delas era: "Se não podes alimentar cem pessoas, alimenta apenas uma". Hoje mais de 1 milhão de pessoas trabalham para as Missionárias da Caridade em mais de cem países. Madre Teresa morreu em 1997, aos 87 anos, de parada cardíaca e malária. Uma pesquisa Gallup revelou que ela foi uma das pessoas mais admiradas do século XX. Em outubro de 2003, a madre Teresa foi canonizada.

***Joseph Roblat** recebeu o Prêmio Nobel da Paz em 1995. Ele foi o único cientista a afastar-se por vontade própria do Projeto Manhattan, e, a partir desse momento, passou a fazer campanha pela eliminação das armas atômicas do mundo. Morreu de parada respiratória aos 96 anos.*

O

EUGENE O'NEILL

Eugene O'Neill foi um dramaturgo conhecido pelos retratos precisos do desespero e da desilusão humana, dilacerantes e brutalmente realistas que fez em suas peças. Ele recebeu o Prêmio Nobel da Literatura em 1936 por suas obras, que incluem *Desire Under the Elms* e *Strange Interlude*, de grande sucesso. Mais tarde, escreveria os clássicos *Longa jornada noite adentro* e *The Iceman Cometh*. Embora seu pai e seu irmão tivessem morrido de alcoolismo na casa dos quarenta anos e sua mãe fosse dependente de heroína, o reconhecimento que O'Neill recebeu o levou a resistir a esses vícios. Mas também ele enfrentou a depressão e o alcoolismo, além de sofrer do mal de Parkinson, a tal ponto que passou os últimos dez anos de vida incapaz de escrever. O'Neill morreu em 1953, aos 65 anos. Os jornais da época atribuíram sua morte ao alcoolismo, mas sua autópsia revelou que a verdadeira causa da morte foi uma doença neurovegetativa, a atrofia cortical cerebelar, não relacionada ao álcool nem à doença de Parkinson.

OSCAR PÓSTUMO

Receber um prêmio póstumo evidentemente não ajuda a aumentar a longevidade de ninguém, mas algumas pessoas acham que o fato de o homenageado já ter morrido pode ajudar os jurados a escolhê-lo para a honra. O primeiro ganhador de um Oscar póstumo foi o roteirista **Sidney Howard**, por ... *E o vento levou*. Howard foi atropelado por um trator em sua fazenda no Massachusetts em 1939, meses antes do lançamento do filme, quando tinha 48 anos. Foi o primeiro dramaturgo a receber tanto um Pulitzer (em 1925) quanto um Oscar. Mas sua morte precoce talvez possa ser explicada não pelo reconhecimento de seus pares, mas por seu apego à vida rural. **Peter Finch** recebeu o Oscar de melhor ator por *Rede de intrigas* (1976), mas não pôde recebê-lo pessoalmente porque já falecera. Morreu aos 64 anos, durante uma turnê de divulgação do filme. Em 1983 **Ralph Richardson** era candidato ao Oscar de melhor ator coadjuvante por *Greystoke – A lenda de*

Tarzan, mas deixou um lugar vago na cerimônia de premiação por ter falecido antes dela, de derrame cerebral, aos 80 anos. **Massimo Troisi** nunca ficou sabendo de sua indicação para melhor ator por *O carteiro e o poeta* (1995). Ele adiara uma cirurgia cardíaca para poder concluir as filmagens. Morreu menos de doze horas depois de terminada a última cena, de infarto, aos 41 anos de idade.

P

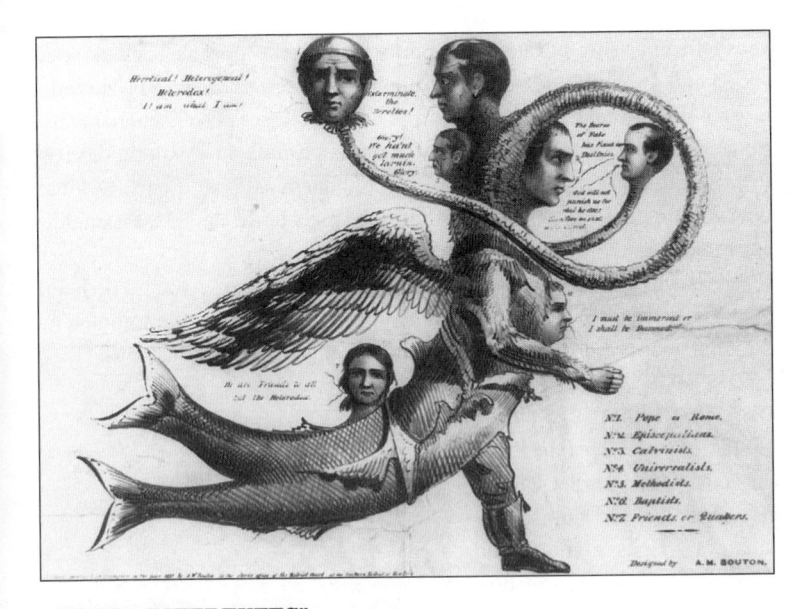

PAPAS "DIFERENTES"

Desde o apóstolo e braço direito de Jesus, Pedro, até o papa Bento XVI, houve 265 pontífices, alguns deles grandes e outros nem tanto. Registros indicam que pode ter havido também uma pontífice, uma mulher, a **papisa Joana**, que disfarçou-se de homem por mais de três anos. As fontes oficiais apagaram os documentos que atestariam sua existência. Entretanto, durante os mil anos seguintes, e até hoje, a procissão papal descreve um desvio inconveniente para evitar passar pela rua onde ela foi assassinada. Parece que a papisa Joana estava a caminho de uma função oficial quando, inesperadamente, deu à luz em sua carruagem. Suas vestes papais foram arrancadas, e ela foi apunhalada várias vezes no próprio local, em 858 d.C. Mas os tempos realmente instáveis da história pontifical foram os anos de 882 a 1042, quando 37 papas passaram pelo trono de São Pedro, alguns permanecendo por apenas um mês.

Pelo menos quarenta pessoas chegaram ao trono papal à custa de subornos e fraudes e conservaram seus estilos de vida aristocráticos, que incluíam acompanhantes e amantes, apesar dos votos feitos ao alcançar o pontificado. **Leão V** foi papa por apenas trinta dias, em 903, antes de ser encarcerado e torturado. Como demorava a morrer, foi estrangulado pessoalmente por **Cristóvão**, que então se declarou papa em seu lugar. Mas também seu pontificado durou poucos meses, até ele ser decapitado por um nobre romano que se tornou o **papa Sérgio III**. Este foi papa durante sete anos e ficou célebre por governar por meio de uma "pornocracia", ou seja, entregando o poder a seu grande grupo de amantes, até o ano 911, quando morreu de sintomas que lembravam as antigas técnicas de envenenamento romanas. Foi a célebre cortesã Teodora quem promulgou a maioria das leis e normas durante o pontificado de Sérgio e quem assegurou que sua filha, uma das amantes dele, tivesse um filho que mais tarde, em 931, foi ungido papa João XI.

Teodora morreu de câncer antes de ver seu neto — o filho de João, João XII — tornar-se papa aos 19 anos, em 955. Mas também ele acabou tendo problemas por dormir com a amante de seu pai e castrar diáconos.

CHARLIE PARKER

Conhecido pelo apelido Bird, ou Yardbird, Charlie Parker não chegou a ser famoso em vida, mas após a morte foi reconhecido como um dos maiores saxofonistas de todos os tempos. Em decorrência de um acidente automobilístico sofrido na adolescência, ele se viciou em morfina, o que, logo mais tarde, converteu-se numa dependência fortíssima de heroína. Quando o seu suprimento de droga acabou, Parker voltou-se para o álcool, que passou a consumir em tal quantidade que precisava ser apoiado para conseguir se manter em pé no palco. Charlie Parker tocava com virtuosismo, mas descuidava por completo de sua saúde física. Ele morreu em 1955, com 34 anos, de complicações decorrentes da obesidade e problemas hepáticos, mas, sobretudo, de uma úlcera supurada. Estava assistindo ao "Stage Show", de Tom Dorsey, na televisão quando faleceu. Após sua morte, os escritores *beat* o canonizaram e transmitiram a impressão de que os narcóticos tiveram relação com sua genialidade musical, levando muitos músicos nas décadas seguintes a recorrer às drogas para imitar seu ídolo.

> "A droga nunca ajudou ninguém a cantar melhor, tocar melhor ou fazer qualquer coisa melhor. A única coisa que a droga pode fazer por você é matá-lo — e matá-lo da maneira lenta, prolongada, sofrida."
> — BILLIE HOLIDAY

BORIS PASTERNAK

O poeta e romancista Boris Pasternak, conhecido sobretudo pelo romance épico *Doutor Jivago*, recusou o Prêmio Nobel da Literatura em 1958, embora, aparentemente, quisesse aceitá-lo. Quando recebeu a notícia, ele enviou um telegrama expressando sua gratidão. Quatro dias mais tarde, porém, mandou um segundo que dizia: "Levando em conta o significado atribuído a esse troféu na sociedade a que pertenço, devo rejeitar o prêmio imerecido que me foi ofertado". Pasternak temeu perder a cidadania soviética se aceitasse um prêmio capitalista e não queria considerar a possibilidade de ser exilado do país que tanto amava — apesar da política —, pois isso o mataria de tristeza. Em carta enviada a Kruchev no mesmo ano, escreveu: "Partir para além das fronteiras de meu país é para mim o equivalente à morte". Ele morreu dois anos mais tarde, aos 70 anos, em 1960, de câncer pulmonar.

GEORGE PATTON, JR.

O general George Patton, Jr., cujo apelido era Blood and Guts [Sangue e Coragem], nasceu para ser militar. Criado numa família abastada de militares veteranos, cercado desde cedo por histórias de guerra, decidiu ainda criança que seria herói. Como sofria de um problema de aprendizado, a dislexia, levou cinco anos para formar-se na academia militar de West Point. Depois da graduação, representou os Estados Unidos nas Olimpíadas de 1912, na prova do pentatlo. Patton ficou em quinto lugar devido a um problema técnico de pontaria: todos menos dois de seus tiros furaram o alvo exatamente no mesmo ponto, com tanta precisão que os juízes, erroneamente, consideraram que os acertos tinham sido erros. Ele serviu na Primeira Guerra Mundial, que iniciou como capitão e concluiu como coronel. Embora, num primeiro momento, não fosse popular com os soldados, suas vitórias fizeram a opinião geral pender a seu favor. Patton ajudou a expulsar os alemães do norte da África e, depois disso, combateu na Itália. Ele não tolerava covardes; certa vez, estapeou dois soldados hospitalizados por achar que tinham dado mostras de covardia. Descobriu-se mais tarde que eles sofriam de malária e síndrome de estresse pós-traumático. O incidente quase levou Patton a ser expulso das forças armadas, e ele foi temporariamente afastado do comando. Ele chegou ao fim da guerra liberando cidades da Tchecoslováquia. Em 1945, estava num carro na Alemanha, como passageiro, retornando de uma caçada a faisões, quando o veículo saiu da estrada. O acidente o deixou paralisado do pescoço para baixo. Três semanas mais tarde, Patton morreu de embolia, aos 60 anos. Vinte mil soldados se ofereceram para carregar seu féretro.

JOHN PEMBERTON

O xarope secreto usado na Coca-Cola foi desenvolvido em 1886 pelo farmacêutico John Pemberton. Ele se feriu durante a Guerra Civil Americana, quando combateu com os confederados, e então tornou-se dependente de morfina e cocaína. Antes da Coca-Cola, outro químico criara o Vin Mariani, um vinho *bordeaux* acrescido de cocaína que não fez sucesso junto ao público, mas deu a Pemberton a idéia de acrescentar cocaína a alguma bebida. Pemberton vendeu a fórmula da Coca a seu contador, Frank Robinson, por US$ 1.750, e foi Robinson quem criou o nome atual do refrigerante, com a caligrafia que está no logotipo que a bebida conserva até hoje. Robinson, por sua vez, vendeu a fórmula a Asa Candler por US$ 2.300, mas a transferência precisa dos direitos sobre a fórmula permanece envolta em suspeitas de falsificação e outras práticas comerciais questionáveis. Pemberton morreu praticamente na miséria, em 1888, aos 57 anos, de complicações decorrentes da dependência de morfina e cocaína. Hoje a Coca-Cola vale mais de US$ 58 bilhões.

A COCAÍNA É CONSUMIDA REGULARMENTE POR MAIS DE 1,5 MILHÃO DE AMERICANOS. A DROGA PROVOCA ARRITMIA CAÓTICA, ELEVA A PRESSÃO SANGUÍNEA E FAZ A TEMPERATURA CORPORAL SUBIR A NÍVEIS PERIGOSOS. QUANDO ASSOCIADA AO ÁLCOOL, A COCAÍNA SE CONVERTE EM UMA TOXINA AINDA MAIS LETAL, O COCAETILENO. ENTRE 2000 E 2005, 3 MIL ATESTADOS DE ÓBITO NOS ESTADOS UNIDOS CITARAM A OVERDOSE DE COCAÍNA COMO CAUSA PRINCIPAL DA MORTE. MAS ESSE NÚMERO REPRESENTA APENAS UMA FRAÇÃO DAS MORTES PROVOCADAS PELA DROGA, JÁ QUE A MAIORIA É ATRIBUÍDA A PARADAS CARDÍACAS.

PÉRICLES

Péricles foi um político e comandante militar grego que governou Atenas e muitas das pequenas cidades-Estados vizinhas reunidas em uma aliança, sob a égide de um conceito que, segundo ele, "se chama democracia, porque quem governa não são poucos, mas muitos". Sem ele, Atenas e a cultura grega não teriam conquistado a reputação artística e literária mundial que tiveram. Muitas estruturas gregas que estão em pé até hoje, incluindo o Partenon, foram erguidas por Péricles. Seus anos de liderança não foram destituídos de escândalos. A tradição da difamação de opositores antes das eleições nasceu com ele, sendo em algumas ocasiões o próprio Péricles e seus aliados acusados de malversação de fundos. Esparta, a cidade guerreira do sul da Grécia, foi sua eterna inimiga. Sua estratégia de não enfrentar em campo de batalha o exército espartano, superior ao ateniense, foi provavelmente inteligente em termos militares, mas, para roubar a vitória do inimigo de Atenas, ele ordenava a retirada dos moradores das cidades que estavam em seu caminho. Com isso, a população de Atenas aumentou muito. Após anos de superlotação da cidade, as doenças se espalharam e o tifo, causado por uma bactéria transmitida por ratos e piolhos, assumiu proporções epidêmicas. Péricles foi derrotado não pela espada, mas por micróbios. Depois de perder dois filhos para a doença, seu ânimo enfraqueceu e também ele morreu de tifo, aos 66 anos, em 429 a.C.

EDWIN PERKINS

Antes de inventar o Kool-Aid [Q-Suco], o químico do Nebraska Edwin Perkins ganhou dinheiro vendendo outra criação sua: um produto à base de ervas para o combate ao tabagismo chamado Nix-O-Tine Tobacco Remedy. Em 1927, inventou um pó para refresco que não precisava ser engarrafado, inspirando-se no Jell-O (pó para gelatina). Perkins vendeu os primeiros envelopes de Kool-Aid por 10 *cents* cada. O produto vinha em seis sabores: framboesa, cereja, uva, limão, laranja e *root beer*. Perkins gostava sobretudo do refresco de framboesa, que tomou por quase toda a vida. Ele faleceu em 1962, aos 73 anos, de doença hepática e complicações da diabete. Certamente não era um matuto ignorante o astuto inventor dessa bebida açucarada, que deixou para seus herdeiros uma fortuna de US$ 45 milhões.

O DEPARTAMENTO DE AGRICULTURA DOS EUA (USDA) CONSIDERA O AÇÚCAR ACEITÁVEL EM DOSES PEQUENAS: 35 GRAMAS, OU OITO COLHERES DE CHÁ, POR DIA. DE ACORDO COM SEUS DADOS, O CONSUMO DE AÇÚCAR EM 2006 FOI DE 70 QUILOS POR PESSOA. ISSO EQUIVALE A CERCA DE 237 GRAMAS POR DIA, OU 50 COLHERES DE CHÁ DE AÇÚCAR, VOLUME 30% SUPERIOR AO QUE ERA CONSUMIDO EM 1992. A CADA ANO 24 MIL PESSOAS FICAM CEGAS EM DECORRÊNCIA DA DIABETE, 38 MIL DIABÉTICOS SÃO TRATADOS POR FALÊNCIA HEPÁTICA E 86 MIL PRECISAM TER OS MEMBROS INFERIORES AMPUTADOS EM FUNÇÃO DA DOENÇA. MAIS DE 60 MIL PESSOAS MORRERAM EM 2005 DE COMPLICAÇÕES RELACIONADAS À DIABETE.

FRANCISCO PIZARRO

No ano de 1532 Pizarro conquistou o império inca do Peru — que era defendido por um exército de 80 mil homens —, contando com apenas 180 homens e 27 cavalos. Sua entrada no Peru não foi uma empreitada simples: levou quase doze anos sendo planejada e ensaiada. Quando, num primeiro momento, os incas chamaram os espanhóis de "filhos do sol" devido a sua compleição clara e suas armaduras reluzentes, a fama de suas ações cruéis os antecedeu. Quando Pizarro encontrou o governante inca Ataualpa, seu plano para alcançar a vitória envolvia um golpe contra o núcleo do poder, emboscando Ataualpa antes que os incas pudessem atacar. Ele fez o governante inca de refém, exigindo um resgate para devolvê-lo. Apesar de ter recebido o resgate pedido, uma sala repleta de ouro, mandou estrangular o governante inca com garrote e correntes de ferro. Graças à guerra civil que estava em curso na região, sua morte pôs fim ao império inca. Em 1541, quando tinha 62 anos, Pizarro foi assassinado pelo filho de um conquistador rival que ele próprio executara. Ele levou um tiro à queima-roupa no abdome. Antes de morrer, pintou uma cruz no peito com seu próprio sangue.

PLATÃO

Platão descendia de uma linhagem de reis gregos e foi muito respeitado durante sua vida. Tendo testemunhado a execução de Sócrates, começou a compreender a verdade que havia na lógica de seu antigo mestre e a queixar-se de um dos aspectos da democracia: o fato de alguém aprender a manipular eleições e ascender ao poder não fazia dessa pessoa um governante sábio ou justo. Pouco depois disso, Platão deixou Atenas e viajou pela Itália, retornando aos 40 anos de idade para abrir uma academia de filosofia, a primeira escola organizada da qual se tem conhecimento na civilização ocidental. Ele escreveu intensivamente e deixou vários manuscritos com suas reflexões, oferecendo uma visão nova que propunha a existência de outra verdade além daquela que é vista por nós e representada pelas formas. Sem ter se casado ou deixado herdeiros, Platão faleceu aos 80 anos de idade, em 347 a.C., de ataque cardíaco, numa festa de casamento à qual fora como convidado.

ÚLCERAS E CONHECIMENTO

Após a morte de Platão, seu aluno mais famoso, Aristóteles, não assumiu a direção de sua academia, ao contrário do que se previa, mas tornou-se o filósofo mais influente da Grécia clássica. Aristóteles foi um polímata — aquilo que mais tarde seria chamado de "homem renascentista" — , versado em muitas disciplinas, incluindo as artes e a as ciências. Ele foi procurado por Alexandre, o Grande, e tornou-se seu conselheiro para assuntos de ética, política, filosofia e até mesmo zoologia. Naquela época, a filosofia era vista como o estudo de todas as coisas. O método aristotélico de buscar a lógica e empregar o raciocínio dedutivo foi o precursor de boa parte do pensamento científico ocidental. Com a morte de Alexandre, a popularidade de Aristóteles se enfraqueceu. Autoridades em Atenas tentaram acusá-lo de ateísmo, como havia sido feito com Sócrates. Mas Aristóteles optou por fugir, dizendo que preferia que Atenas não fosse lembrada por ter pecado duas vezes contra a filosofia. Morreu em 322 a.C., aos 63 anos, de tumores abdominais e úlceras de estômago.

POCAHONTAS

Pocahontas — apelido que significa "pequena mimada" — nasceu em 1595, filha do chefe indígena norte-americano Powhatan, com o nome **Amonute**. Desde muito cedo mostrou ser extrovertida, curiosa e de boa índole. Aos 11 anos de idade, ajudou a assegurar a sobrevivência do colono inglês John Smith. Mais tarde, tornou-se intermediária no comércio entre os colonos e os indígenas que faziam escambo com eles em Jamestown. A versão romantizada de seu caso de amor com Smith pode ter algum fundo de verdade, mas tem algo de perturbador para nossa sensibilidade moderna. Hoje, um homem de 30 anos que tiver relações sexuais com uma pré-adolescente será acusado de pedofilia e crime. Naquela época, porém, o contato sexual com pagãos de qualquer idade não era visto como errado. Consta que Pocahontas tinha "conversas longas e íntimas" com John Smith em suas visitas freqüentes ao complexo de Jamestown, mas as verdadeiras dimensões desses encontros são apenas conjeturadas. Alguns anos mais tarde ela foi entregue em casamento a um inglês mais velho, John Rolfe

John Rolfe retornou à Virgínia e, antes de morrer aos 37 anos no Massacre Indígena de 1622, fez do tabaco o maior produto de exportação do Novo Mundo. John Smith morreu em 1631, aos 51 anos, de uma infecção da boca e da garganta: as aftas. Acreditava-se na época que as aftas acometiam pessoas que faltavam com a verdade, mas na realidade eram resultantes de falta de saneamento e de condições higiênicas básicas.

— mas apenas depois de concordar em ser batizada, em 1614. Dois anos mais tarde, Rolfe a levou para Londres, onde Pocahontas foi recebida como celebridade, saudada pela alta sociedade como princesa indígena e recebida em audiência pelo rei Jaime. Em 1617 ela achou que o ar esfumaçado de Londres fosse responsável por seus acessos de tosse e fraqueza e pediu para retornar às florestas em que nascera. Ao lado de Rolfe, embarcou num navio para retornar à Virgínia, mas a embarcação mal chegara à foz do rio Tâmisa quando fez meia-volta. Pocahontas morreu em Londres, aos 22 anos, de uma enfermidade conhecida como mal-do-rei — uma forma de tuberculose caracterizada pelo inchaço das glândulas linfáticas.

OS "POLARES" — EXPLORADORES DOS PÓLOS

Vitus Bering, o descobridor do mar existente entre a Rússia e a América do Norte, morreu de escorbuto em 1741, aos 60 anos, quando navegava perto das ilhas Aleutas, ao largo do Alasca. O explorador polar seguinte a falecer foi **George Washington DeLong**, quando fazia uma tentativa de chegar ao pólo Norte, em 1881, subindo pelo estreito de Bering num navio de madeira. Em pouquíssimo tempo o casco da embarcação foi esmagado pelo gelo em formação. DeLong e 32 tripulantes escaparam em barcos a remo e passaram o inverno lutando para sobreviver numa ilhota congelada, destituída de qualquer vegetação. DeLong, que tinha 37 anos na época, e dezenove membros da tripulação morreram de fome.

Em 1909, **Robert Edwin Peary** e cinco outros homens — Matthew Henson e quatro esquimós — plantaram a bandeira dos Estados Unidos no pólo Norte. Peary pensou ter sido o primeiro, mas, ao retornar, descobriu que Frederick Albert Cook reivindicara a descoberta do pólo Norte um ano antes dele. Peary passou os doze anos seguintes, até sua morte por anemia em 1920, aos 63, tentando desmentir a pretensão de Cook. O esforço o enfraqueceu e prejudicou sua chance de conquistar glória imaculada.

Frederick Cook afirmou ter sido o primeiro a alcançar o pólo Norte, em 1908, mas foi desacreditado, especialmente depois de envolver-se num esquema que procurava investidores para adquirir direitos sobre o petróleo ártico, e foi preso em 1922 por fraude postal. Libertado condicionalmente doze anos mais tarde, escreveu suas memórias. Mas não conseguiu atrair um editor antes de falecer, em 1940, aos 75 anos, de hemorragia cerebral. (Seu livro, *Return from the Pole*,

Na virada do século XX, a corrida para tornar-se o primeiro a chegar ao pólo Norte — ou seja, ficar no topo do mundo — era uma idéia muito sedutora, tanto que 756 homens já tinham perecido tentando realizar a façanha.

foi publicado postumamente, em 1951.) Especialistas da National Geographic Society disseram que Peary provavelmente não alcançou o pólo Norte de fato, mas que chegou a 8 quilômetros de distância dele. É provável que Cook tenha chegado igualmente perto, mas sua reputação nunca se recuperou da campanha difamatória à qual Peary a submeteu, há cem anos.

*Em 1897, durante uma das expedições de Peary ao extremo norte do planeta, ele encontrou um grupo de esquimós e convenceu alguns de seus integrantes a retornar com ele a Nova York. Os seis — um garoto de 6 anos, **Minik Wallace**, seu pai e quatro outros homens — foram instalados no Museu Americano de História Natural, formando uma espécie de zoológico humano. Como Peary não planejou como cuidar deles, os adultos não demoraram a morrer de tuberculose. O garoto suplicou a Peary que fossem realizados os procedimentos tradicionais de sepultamento, mas os corpos foram levados embora em segredo e descarnados. Sem que o menino soubesse, o corpo de seu pai foi levado de volta ao museu, onde ficou exposto como exemplar de esqueleto esquimó. Minik acabou sendo libertado e fez trabalhos manuais diversos até morrer, aos 28 anos, na epidemia de gripe espanhola de 1918.*

IREI A QUALQUER LUGAR SEM MEDO, DESDE QUE NÃO HAJA ARANHAS

Henry Robertson Bowers, conhecido como "Birdie da Antártica", foi um explorador destemido. A única coisa que lhe metia medo eram as aranhas. Foi convidado a participar de uma expedição que exploraria o rio Amazonas, mas, em lugar disso, juntou-se ao **capitão Robert Scott** na tentativa deste de ser o primeiro a chegar ao pólo Sul. Em 1912, Bowers, Scott e três outros morreram de desnutrição e ulcerações causadas pelo frio, dentro de sua barraca, no meio de uma nevasca, na tundra destituída de aranhas.

Richard Evelyn Byrd, em 1929, foi a primeira pessoa a sobrevoar o pólo Sul. Sua façanha foi documentada em cinejornais, tornando-se a primeira exploração a ter cobertura da mídia. Numa excursão subseqüente à Antártica, Byrd quase morreu intoxicado por monóxido de carbono, devido a um churrasco feito dentro de sua tenda. Em outro incidente quase fatal ocorrido no campo de base Little America, também na Antártica, ele se recusou a mandar um SOS pedindo socorro, por saber que outros morreriam na tentativa de resgatá-lo. Após anos de exposição à fumaça de churrascos, Byrd desenvolveu câncer e faleceu em 1957, aos 69 anos.

LEW POLLACK

Antes de ser conhecido o vínculo entre cigarros e câncer, o mundo do entretenimento teve muitos símbolos sexuais e celebridades que fumavam na tela e em anúncios de cigarros. A canção de 1934 "Two Cigarettes in the Dark" fez do ato de fumar uma metáfora do ato sexual, permitindo que os ouvintes que tivessem 10 *cents* com os quais comprar um maço de cigarros se sentissem como astros de cinema. A canção foi gravada por Bing Crosby e composta por Lew Pollack, que morreu, previsivelmente, de câncer do pulmão e ataque cardíaco, em 1946, aos 50 anos de idade.

MARCO POLO

O tio veneziano de Marco Polo percebeu que grandes problemas se avizinhavam de Constantinopla, onde estavam, e resolveu mudar-se mais para leste. Foi a salvação de ambos, pois, pouco depois disso, todos os habitantes do bairro veneziano da cidade foram cegados com ferros de marcar gado. Desse modo foi poupado o futuro de Marco Polo, que o levaria a conhecer as maravilhas do Oriente e revelá-las ao resto do mundo. Aos 12 anos de idade Marco tornou-se o primeiro ocidental a percorrer a perigosa Rota da Seda e chegar até Pequim, na China, onde ficava a corte de Kublai Khan. O governante mongol ficou tão fascinado com o jovem Marco que o manteve perto dele por dezessete anos, como uma espécie de prisioneiro honrado. De volta a Veneza, Marco ditou sua história, *As viagens de Marco Polo*, que foi publicada em francês e tornou-se *best-seller* imediatamente. As pessoas continuaram a ouvir suas histórias com ceticismo, apesar de adotarem muitas das coisas que Marco aprendera no Oriente — por exemplo, como fazer sorvete e macarrão chinês, ao qual os italianos rapidamente aderiram, chamando-o de espaguete. Marco Polo morreu de febre aos 69 anos, em 1324, mercador rico e astro literário famoso devido a sua obra, o primeiro livro de viagens do mundo. Em seu leito de morte, pediram-lhe que confessasse as mentiras contidas em seu relato sobre o Extremo Oriente. Sua resposta foi a frase perfeita que ainda hoje é empregada para promover seu livro: "Não contei nem metade do que vi. O resto é inacreditável".

JUAN PONCE DE LEÓN

Ponce de León partiu com Colombo em sua segunda viagem marítima. Acabou sendo nomeado governador de Porto Rico. Anos mais tarde, navegou até a Flórida para reivindicá-la para a Espanha. Quando partiu para explorar a península, não estava procurando a mítica fonte da juventude como reza a lenda, mas um retorno às glórias de sua própria juventude, que apenas honras e ouro seriam capazes de comprar. Ao final, a única imortalidade que encontrou foi a dos livros de história, porque foi atacado com setas venenosas que o atingiram no estômago e causaram sua morte, aos 61 anos, em 1521.

ELVIS PRESLEY

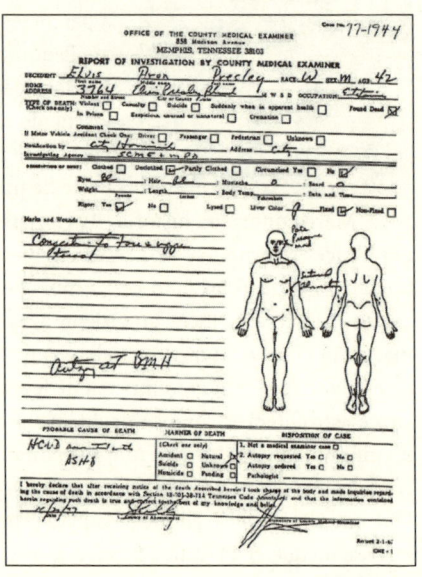

Quando Elvis Presley morreu, aos 42 anos, seus familiares autorizaram a realização de uma necrópsia. Concluiu-se que Elvis estivera sentado no vaso sanitário, lendo, nu. Ele então cambaleara alguns metros até o quarto, onde caíra de bruços, com o rosto afundado no tapete. Elvis havia tomado remédios para combater uma obstrução do cólon e sofria de problemas intestinais graves. O relatório inicial da autópsia afirmou que sua morte foi "natural", sendo a causa provável dada como doença cardiovascular hipertensiva, ou HCVD. Determinou-se que a morte tinha sido causada por uma arritmia, embora o coração de Elvis não se encontrasse em tão mau estado que, sob circunstâncias normais, o levasse a sofrer um infarto. A causa da falha no funcionamento de seu coração — isso se deixarmos de lado, momentaneamente, a combinação de drogas encontrada em seu organismo — foi sua frustração contínua por não poder ter uma evacuação normal. Como fazem muitos que sofrem esse desconforto, Elvis tentou evacuar à força, fechando a boca e segurando o nariz para manter as narinas fechadas também. Conhecida como manobra de Valsalva, essa técnica aumenta a pressão na cavidade torácica e impede o retorno do sangue ao coração. No caso de indivíduos saudáveis, não costuma provocar mais que tontura. Em razão da saúde comprometida de Elvis, porém, além dos pelo menos dez tipos de drogas cujos traços foram encontrados em seu sangue, as constatações da autópsia apontam essa como a mais provável causa verdadeira da morte do rei. Uma análise subseqüente de seus órgãos (o cérebro e o coração continuam preservados no Hospital Batista de Memphis) preferiu atribuir sua morte a "polifarmácia", ou seja, a mistura de muitos medicamentos receitados. Mas o homem que pautou sua vida pelo lema "cuidando dos negócios" morreu quando tentou concluir uma das necessidades da vida um pouco rapidamente demais.

ERNIE PYLE

O livro de não-ficção *Brave Men*, de Ernie Pyle, foi grande sucesso em 1945, não apenas por Pyle ser bom autor e escrever sobre soldados no campo de batalha sem enviesar sua narrativa com opiniões políticas, mas também, o que era mais importante, porque ele já falecera. Em abril daquele ano, o indisciplinado repórter de 1,69 metro e apenas 50 quilos de peso decidiu voltar a cobrir a guerra no Pacífico. Achou que seria falta de patriotismo não o fazer, embora os combates já tivessem terminado na Europa, onde ele conquistara sua reputação de melhor correspondente da época. Pyle desembarcou com as tropas americanas na ilha de Ie Shima, ao largo da costa de Okinawa, e o jipe em que estava sendo levado foi alvo de uma saraivada de disparos de metralhadora inimiga. Todos os seus ocupantes saltaram ao chão sem ferimentos, mas, quando Pyle ergueu a cabeça para verificar se todos estavam bem, foi atingido por uma bala entre os olhos. Teve morte instantânea, aos 44 anos. No ano anterior ele recebera um prêmio Pulitzer por suas reportagens sobre a morte pouco glamorosa de um capitão do exército americano, e um de seus livros, *Here Is Your War*, já figurava na lista dos mais vendidos.

R

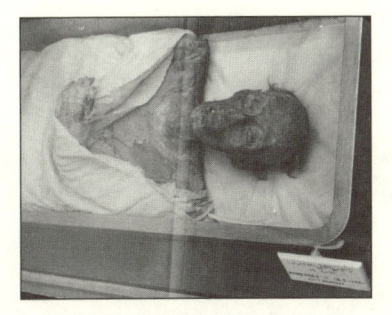

RAMSÉS II

O faraó egípcio Ramsés II hoje dá seu nome a uma marca de preservativos, mas acredita-se que ele próprio tenha tido mais de 160 filhos. Ramsés foi o faraó que ergueu uma das mais belas construções da antiguidade egípcia, que se mantém fascinante e misteriosa até hoje. Ele se tornou faraó aos 16 anos e conservou o poder por quase 67, encerrando seu reinado em 1213 a.C. Sua múmia revela que media 1,69 metro — ou seja, era alto para os padrões egípcios —, tinha maxilar forte e nariz adunco. Ramsés sofria de artrite e má circulação. Ao que parece, morreu de infecções decorrentes de cáries dentárias.

"REALIDADE" NA TELEVISÃO

Os programas de variedades e os de entrevistas ("*talk shows*") da televisão americana contemporânea adquiriram um formato que equivale em popularidade ao que acontecia no Circo Máximo e no Fórum romano juntos. Numa gama que vai da atual rainha da tevê americana, Oprah Winfrey, até o brincalhão Jerry Springer, esses programas comprovam que as idiossincrasias da vida — especialmente a dos outros — são a maior fonte de variedade e entretenimento nos dias de hoje.

Em 1999, o "The Jenny Jones Show" achou que seria divertido que um homem "saísse do armário" diante de uma platéia ao vivo. O segmento trouxe Scott Amedure, de 32 anos, para revelar que era *gay* e que tinha uma queda por Jon Schmitz, de 24. Diante do público espantado, Scott declarou que tinha vontade de "amarrar Jon numa rede e cobrir seu corpo de chantili e champanhe". Em seguida, o programa pagou o retorno aéreo dos dois para um subúrbio da zona norte de Detroit, que não é conhecida como área receptiva em relação aos *gays*. Naquela mesma noite, Schmitz foi até o trêiler em que Scott vivia e acertou dois tiros de espingarda em seu peito.

No ano seguinte, o "The Jerry Springer Show" lançou um segmento intitulado "Amantes Secretas Desmascaradas". Ralf Jurgen Panitz compareceu com sua esposa e acusou sua ex-mulher, Nancy, de perseguir o casal. Quando Nancy respondeu que não os perseguia, já que Ralf continuava a manter encontros sexuais regulares com ela, o público gostou dessa saída e a aplaudiu. Horas depois de o programa ir ao ar, Ralf matou Nancy durante uma discussão em casa dela.

Os *reality shows* intensificam o risco de morte um pouco mais ainda. Tudo começou com "America'a Funniest Home Videos" [As videocassetadas mais divertidas dos EUA], que destacava com enorme prazer os vídeos caseiros de candidatos a participantes, mostrando suas proezas estúpidas e os machucados delas decorrentes. Mais recentemente, alguns *reality shows* enviaram participantes a locais exóticos e os fizeram participar de façanhas perigosas para concorrer a um prêmio.

Em 2003, o concorrente Todd S., que sofria de claustrofobia, morreu de infarto depois de passar três dias trancado dentro de uma caixa de madeira com furos para a entrada de ar, como parte do desafio "Encare Seu Medo". (Os produtores do programa doaram US$ 10 mil para pesquisas sobre claustrofobia.) No ano seguinte, o mesmo programa mergulhou pessoas em água para ver quem conseguiria prender a respiração por mais tempo. Um *personal trainer* de 26 anos foi tirado da água inconsciente e cuspindo sangue. Mas sua morte, dois dias depois, foi atribuída a outras causas preexistentes.

Em 2005, uma garota de 17 anos morreu depois de participar das filmagens de um programa que levou pessoas ao interior inclemente da Austrália para ver como sobreviveriam equipadas apenas com ferramentas primitivas. No mesmo ano, o programa "Extreme Makeover" foi alvo de um processo com pedido de indenização no valor de US$ 1 milhão. O programa descobriu a candidata Deleese W. e prometeu mudar a aparência dela por meio de cirurgia plástica. Filmou familiares da moça comentando que Deleese era "considerada feia", e

A Thailand TV, em 2006, levou a "TV Realidade" ao grau máximo ao mostrar, com a ajuda de uma "webcam do corredor da morte", os mil detentos condenados à pena de morte por tráfico de drogas. Muitos ocidentais detidos no presídio de Bangkok — conhecido como Bangkwang Hilton, trata-se de uma penitenciária com capacidade para 90 mil detentos, mas que abriga 250 mil e cujos presos são obrigados a revezar-se para dormir no espaço disponível no chão — são mostrados ao ser retirados de suas celas, conduzidos pelo corredor da morte e executados. Os produtores do programa dizem que se trata de um serviço público que visa a desencorajar o tráfico de drogas.

um médico que prometia que, quando o programa chegasse ao fim, ele teria dado à moça "um sorriso de Hollywood, como o de Cindy Crawford". Deleese foi levada de avião a Los Angeles, mas o segmento do programa foi cancelado horas antes de sua cirurgia começar. Enviada para casa sem ter feito a operação, ela se suicidou.

O programa francês "Fazenda de Celebridades", no qual quinze subcelebridades tinham que cuidar de animais, causou ainda mais reações indignadas que essas mortes. Durante a produção, quinze frangos e um pato morreram depois de ciscar areia falsa que se revelou ser venenosa, um galo morreu esmagado por um monte de feno atirado sem cuidado, uma galinha foi eletrocutada por fios elétricos e um pônei se machucou e foi sacrificado depois de ser obrigado a subir numa escada rolante.

> "Se eu pudesse voltar ao 'Big Brother', acho que morreria dentro da casa. Acho que o público adoraria isso."
> — WARWICK CAPPER, PARTICIPANTE DO "BIG BROTHER"

ERICH MARIA REMARQUE

Nada de novo no front, de Erich Maria Remarque (pseudônimo do escritor alemão **Erich Paul Remark**) foi *best-seller* em 1929. Baseado na experiência do autor como soldado nas trincheiras do exército alemão, o romance mostrou o horror e a desesperança da Primeira Guerra Mundial. Com a publicação do livro, Remarque, que até então tivera situação financeira frágil, tornou-se um *playboy* abastado e envolveu-se num divórcio litigioso. Em 1933 os nazistas proibiram suas obras e as queimaram em público. Mas Remarque, que nessa época já vivia num castelo na Suíça, não se perturbou com o escárnio de Hitler e continuou a ser pacifista convicto. Em 1939 ele recebeu a cidadania americana, vivendo algum tempo em Hollywood e Nova York, mas retornou à Suíça dez anos mais tarde, onde permaneceu, raramente concedendo entrevistas, até falecer aos 72 anos, em 1970, de um aneurisma da aorta.

> "Só um hospital é capaz de mostrar o que é a guerra."
> — ERICH MARIA REMARQUE

IRA REMSEN

Ira Remsen, pai dos adoçantes artificiais, descobriu a sacarina por acaso. Certa vez, depois de passar o dia no laboratório realizando experimentos com alcatrão de hulha, ele voltou para casa apressado para jantar com sua mulher. Ao passar manteiga num pão, lambeu os dedos e sentiu um gosto doce, mas que deixou um sabor residual amargo. Perplexo, voltou ao laboratório para verificar o sabor de todos os produtos químicos que manuseara naquele dia. Remsen isolou a oxidação de algo chamado toluenossulfonamida e o chamou de sacarina, o primeiro substituto do açúcar. Muito antes de a Food and Drug Administration dos EUA [o órgão que fiscaliza alimentos e medicamentos no país] exigir a colocação de avisos sobre os edulcorantes artificiais nos rótulos, Remsen morreu de hemorragia cerebral, em 1927.

Nos rótulos dos produtos que a contêm, ostentava-se a informação que identificava a sacarina como cancerígeno humano conhecido, mas em 2000 a FDA a tirou da lista de substâncias perigosas. A incidência global de cânceres cerebrais e do sistema nervoso central começou a subir desde a introdução dos adoçantes artificiais, uma indústria que arrecada mais de US$ 2 bilhões em vendas anuais nos Estados Unidos.

RICARDO CORAÇÃO DE LEÃO

Em sua própria época, Ricardo Coração de Leão era conhecido como Ricardo Òc-e-Non, o que significa "Ricardo Sim-e-Não". Filho do rei Henrique II, era o segundo na linha de sucessão ao trono inglês; o primeiro era seu irmão mais velho. Na corte, Ricardo se destacava e era descrito como belo, sendo alto, de cabelos loiros e olhos claros. Os filhos de Henrique não demoraram muito a tentar arrebatar o trono do pai, mas não conseguiram. Ricardo então foi à França. Fez questão de que seu pai ouvisse que ele e o rei francês Filipe "comiam do mesmo prato e dormiam na mesma cama à noite". No dia 4 de julho de 1189, Ricardo retornou à Inglaterra com a ajuda do exército de Filipe e obrigou seu pai a declará-lo herdeiro imediato do trono. Dois dias depois, ele golpeou o pai com uma clava. Consta que teria segurado a cabeça de Henrique moribundo em suas mãos, "com sangue escorrendo do nariz do rei". Ricardo não morria de amores pela Inglaterra, tendo chegado a declarar que, se conseguisse encontrar um comprador interessado em Londres, a venderia. Em um ano ele esvaziou o tesouro de Henrique e então, com a ajuda de Filipe, partiu para a Terceira Cruzada, na esperança de levantar mais dinheiro. Ao retornar à Inglaterra para retomar o poder, ouviu que um tesouro romano fora encontrado na terra de um de seus súditos e rapidamente liderou um pequeno exército para confiscá-lo. Certa noite, enquanto caminhava na muralha protegida do castelo, vislumbrou uma figura nas sombras segurando uma besta e uma frigideira que lhe fazia as vezes de escudo. Quando uma primeira seta atingiu a muralha de pedra a seus pés, Ricardo riu e aplaudiu a ousadia do atirador. Segundos depois, uma segunda seta penetrou em seu ombro. O rei tentou arrancá-la sozinho, mas acabou pedindo a ajuda de um médico. A remoção da seta feriu seu ombro, e a ferida não demorou a gangrenar. Antes de morrer, Ricardo pediu que o atirador fosse conduzido a sua presença. Ao constatar que seu assassino era um garoto, que declarou ter atirado no rei como vingança por este ter assassinado seu pai, os presentes esperaram para ouvir se Ricardo diria "sim" ou "não" para a execução do rapaz. Mas Ricardo o chamou para perto dele e passou algum tempo a sós com o garoto, libertando-o depois e presenteando-o com 100 xelins. Ricardo morreu pouco depois, ao que consta, satisfeito, aos 41 anos de idade, em 1199.

DESDE 871 D.C., QUANDO ALFREDO, O GRANDE, TORNOU-SE REI DA INGLATERRA, O POVO INGLÊS JÁ TEVE SESSENTA MONARCAS E DOIS LORDES PROTETORES. A MÉDIA DE IDADE ATINGIDA PELOS REIS E RAINHAS QUE MORRERAM QUANDO ESTAVAM NO TRONO ERA DE 48,6 ANOS.

DAR ROBINSON

Dar Robinson fez a maior façanha já realizada no cinema por um dublê, durante a produção de *Highpoint – O código da morte*, em 1979, quando saltou 356 metros do alto do edifício CN Tower, em Toronto. Ele se prendeu a um cabo de 0,3 centímetro de espessura para interromper sua queda a poucos centímetros do chão. Quebrou nove recordes mundiais e entrou para os livros de estatísticas com 21 façanhas realizadas pela primeira vez na história. Sua carreira de dezenove anos como dublê de Hollywood não teve máculas, e Robinson não quebrou um único osso ao longo desse tempo. Mas em 1986, quando andava de motocicleta durante as filmagens de *O mistério de 4 milhões de dólares*, foi derrubado acidentalmente de um penhasco por outro dublê e morreu, aos 39 anos. Robinson pode ser visto fazendo a maioria das cenas de ação mais espantosas de Mel Gibson em *Máquina mortífera*, filme dedicado a sua memória.

GENE RODDENBERRY

Gene Roddenberry, criador de *Jornada nas estrelas*, faleceu em 1991, aos 70 anos, devido a um coágulo sanguíneo que provocou um infarto. Apesar de ser casado com a atriz que representava a enfermeira Chapel (Majel Barrett-Roddenberry) e fazia a voz do computador, ele teria tido um caso com a oficial de comunicações da nave Enterprise, Uhura (Nichelle Nichols), durante as filmagens da série. Mas Roddenberry morreu sem revelar a verdade. Suas cinzas foram depositadas numa cápsula do tamanho de um batom e foram as primeiras a ser colocadas em órbita da Terra.

Jornada nas estrelas *estreou em 1966 e tornou-se um sucesso sem precedentes na história da televisão. A série deu lugar a seis seriados distintos* Jornada nas estrelas, *com um total de 726 episódios, além de dez filmes. O que atraía os fãs era o tema subjacente de que existe um futuro auspicioso para a humanidade, futuro esse que pode ser repleto de engenhocas sedutoras. Do elenco original,* **DeForest Kelly** *(Dr. McCoy) morreu em 1999, aos 79 anos, de câncer de estômago. O engenheiro Scotty,* **James Doohan**, *foi para o espaço em 2005, aos 85, em decorrência de uma pneumonia.*

RICHARD RODGERS

Em 1935, o pior da Grande Depressão já tinha passado. O som das *big bands*, com toda a sua fanfarra, tornou-se o mais popular no rádio e no cinema. Foi nesse ano que começou um programa de rádio transmitido nacionalmente nos EUA, "Your Hit Parade", que levava aos lares americanos a parada dos dez maiores sucessos musicais de cada semana. Naquele ano, o primeiro lugar foi de "The Most Beautiful Girl in the World", valsa composta por Richard Charles Rodgers. Ele compôs mais de novecentas canções e trilhas sonoras para quarenta musicais da Broadway. Se alguma vez houve uma vida que simbolizou o lema "o espetáculo precisa continuar", foi a de Rodgers. No final, Rodgers enfrentou um câncer no maxilar, um ataque cardíaco e uma laringectomia. O final se deu quando seu coração deixou de funcionar e ele morreu, aos 77 anos, em 1979.

JOHN E WASHINGTON ROEBLING

John Augustus Roebling, criador da Ponte do Brooklyn, faleceu aos 63 anos, em 1868, de tétano, depois de sua perna ter sido esmagada por uma balsa enquanto ele inspecionava estacas perto da Rua Fulton, no lado de Brooklyn do rio Leste. Seu filho, Washington A. Roebling, visto por Roebling, pai, como apenas passavelmente competente — apesar de ter feito carreira de grande distinção no exército da União, onde alcançou o grau de coronel —, foi quem de fato concluiu a ponte que seu pai projetara, tendo quase morrido, ele próprio, várias vezes durante os dezessete anos levados para terminar a obra. Atormentado pela idéia de que nunca seria bom o suficiente na opinião do pai, Washington provou que John Roebling se equivocara — quando este já morrera. Uma vez completada a ponte, ele foi viver em Nova Jersey e deixou as convenções sociais para trás. Morreu, pouco preocupado em saber o que os outros pensavam a seu respeito, aos 89 anos de idade, de ataque cardíaco, enquanto fazia o que lhe dava enorme prazer: colecionar pedras.

JOE ROSENTHAL

A mais famosa foto da Segunda Guerra Mundial é a que mostra a bandeira americana sendo erguida em Iwo Jima, em 1945. Um quarto de todas as medalhas de honra concedidas ao longo de toda a guerra foi entregue a fuzileiros navais por suas ações nessa batalha, na qual morreram mais de 7 mil homens das forças americanas. A imagem da bandeira sendo erguida é a mais reproduzida de qualquer guerra e foi feita pelo fotógrafo Joe Rosenthal. Este recebeu um prêmio Pulitzer por ela — a única ocasião em que uma foto foi premiada no mesmo ano de sua divulgação. Dos seis homens retratados na foto, três morreram pouco depois: **Franklin Sousley**, de 19 anos, foi morto por um franco-atirador japonês; **Harlon Block** (de 20), por fragmentos de morteiro; **Michael Strank** (de 26) era o líder do grupo e recebeu a ordem de subir até o topo do morro para estender um fio telegráfico. Quando lhe foi dito que substituísse a bandeira pequena ali hasteada por outra maior, não achou a idéia muito inteligente, já que apenas ofereceria um alvo melhor para os japoneses. Mais tarde, foi morto por engano, por disparos de artilharia americana. Dos três que sobreviveram inicialmente, **John Bradley** morreu de derrame cerebral em 1994, aos 70 anos; seu filho, James Bradley, escreveu o *best-seller A conquista da honra*. O indígena americano **Ira Hayes** retornou à reserva onde vivia e sofreu de síndrome de estresse pós-traumático e alcoolismo. Foi encontrado em 1955, aos 32 anos, morto numa poça de seu próprio sangue e vômito. **Rene Gagnon** foi o único sobrevivente que procurou lucrar com a celebridade obtida graças à foto, tendo feito pontas em alguns filmes. Mas, sentindo-se amargurado, tornou-se alcoólatra e trabalhou como zelador, emprego do qual foi demitido, por ironia, no Memorial Day (o dia em que se homenageiam as pessoas que sacrificaram a vida pela pátria). Morreu alguns meses mais tarde, em 1979, ao 54 anos, de infarto. Rosenthal, o fotógrafo, morreu dormindo, em 2006, aos 94 anos, num lar para idosos.

BABE RUTH

George Herman Ruth, o "Bambino", ainda hoje é a maior lenda do beisebol dos Estados Unidos. Rei dos *home runs*, fez sessenta em um só ano e 714 ao todo, sem carregar o estigma da suspeita de uso de esteróides ou anfetaminas, nem de ser citado com asteriscos após seu nome. Ele nasceu em Baltimore, filho de pais que administravam um bar, foi criado nas ruas e, aos 7 anos de idade, já se metera em tantos problemas que seu pai o entregou à Escola Industrial para Meninos St. Mary, um reformatório, abrindo mão de sua guarda. Ali, um padre atleta usava o beisebol para ensinar regras aos alunos tidos como incorrigíveis e canalizar as deficiências de aprendizado ou comportamentais para o amor ao esporte. De acordo com testes realizados em 1921 por psicólogos da Universidade Colúmbia, Babe Ruth nasceu com coordenação visual, auditiva e muscular acima da média, graças à hiperatividade da função cerebral, principalmente no córtex parietal posterior, a parte do cérebro mais freqüentemente associada a interpretações espaciais. Biologicamente falando, se não tivesse sido apresentado ao esporte, poderia igualmente bem ter sido um ótimo arrombador de cofres. Sua morte por câncer da garganta em 1948, aos 53 anos, provavelmente deveu-se em especial a seu pendor por fumar charutos, mascar fumo e esfregar rapé nos dentes. Entretanto, estudos posteriores mostraram que carcinomas fatais como o dele — localizado na nasofaringe, ou parte superior da garganta, atrás do nariz — estão ligados mais freqüentemente a outros fatores de risco. A atividade aumentada da faixa gama (sinais elétricos) de seu córtex parietal posterior, condição que Ruth tinha de nascença, permitiu-lhe acumular os estímulos sensoriais de três vidas comuns em uma, o que possivelmente explique seu conhecido amor por mulheres, comida e bebida, além de sua excelência no beisebol. O funcionamento elevado da parte espacial de seu cérebro (pense num Pac-Man devorando pontos) desencadeou seu inesperado câncer maligno. O que tornou Babe Ruth grande — a anatomia de seu cérebro — foi também o que causou sua morte precoce.

S

SACAGAWEA

Sacagawea foi a jovem índia da tribo *shoshone* que atuou como tradutora de Meriwether Lewis e William Clark em sua expedição de 1803 para explorar a região ocidental dos Estados Unidos, que ainda não tinha sido mapeada. Ela fez a viagem inteira até o Pacífico, e o retorno, carregando seu bebê recém-nascido nas costas; muitos crêem que, sem sua ajuda, a viagem encomendada pelo presidente Thomas Jefferson teria fracassado. De acordo com alguns relatos, Sacagawea teria morrido em 1812, aos 25 anos, de febre pútrida, mas outros afirmam que ela morreu em 1884 na reserva indígena do Wyoming. A criança que carregou durante a viagem foi **Jean-Baptiste Charbonneau**, apelidado Pompy (primogênito), que acabou tendo seus estudos na St. Louis Academy pagos por Clark. Pompy mais tarde conheceu o príncipe Wilhelm, da Alemanha, numa expedição de história natural, e viajou com ele à Europa, onde aprendeu a falar quatro idiomas. Aos 24 anos, porém, Pompy já retornara à América do Norte e estava vivendo em plena natureza selvagem. Quando teve início a corrida ao ouro de 1849, ele se envolveu no garimpo e morreu depois de passar tempo demais dentro de rios gelados procurando ouro. A causa de sua morte, aos 61 anos, foi uma bronquite, e seu retrato é o único de uma criança a figurar em uma moeda dos Estados Unidos.

*Quando **Meriwether Lewis** retornou da expedição, que durou quatro anos, pediu à nova administração em Washington que reembolsasse suas despesas, mas o pedido foi recusado, e ele ficou fortemente endividado. Tornou-se alcoólatra e se suicidou aos 35 anos de idade, em 1809. **William Clark** tornou-se superintendente de Assuntos Indígenas, tendo a incumbência de encaminhar a reservas todos os índios que encontrara ao longo de sua expedição. Morreu aos 68 anos de pneumonia, em 1838.*

JONAS SALK

Jonas Salk foi o mais célebre cientista médico do século XX. Enquanto pesquisava a cura do resfriado comum, criou uma vacina eficaz contra a poliomielite. Até então, a pólio deixava aleijadas 57.600 pessoas por ano. Salk morreu aos 80 anos de idade, em 1995, de falência cardíaca congestiva. Como inventor completamente desinteressado em obter lucros, foi um dos derradeiros de uma linhagem rara. Certa vez, comentou: "A quem pertence minha vacina antipólio? Ao povo! Alguém poderia patentear o sol? Seria como querer vender ar ou água".

SALOMÃO

Quando Salomão lutou pelo trono de Israel, em 968 a.C., mandou executar todos os rivais. Entre estes estavam seu irmão Adonias, o súdito Joab, que era solidário com um rival de Salomão, e o traidor Shimein, todos abatidos para garantir o controle de Salomão. Uma vez no poder, ele impôs a servidão a 30 mil homens para que construíssem um templo enorme, no qual passou a manter sua corte e reinar sabiamente. Consta também que ele teria se casado com 700 princesas e tido além disso 300 concubinas antes de morrer — em decorrência de cupins. Salomão teria morrido em pé. Os cupins, que tinham devorado sua bengala, o levaram a cair ao chão, morto, em 928 a.C., aos 72 anos de idade.

LONGEVIDADE BÍBLICA

O povo da Judéia, país pequeno situado entre as fronteiras eternamente conflitantes de grandes impérios, foi o que deixou o maior número registrado de nomes de pessoas da antiguidade cuja existência foi comprovada por pesquisas. As escrituras dos hebreus, reunidas no Velho Testamento, são a razão principal pela qual a religião e a cultura judaicas existem há tanto tempo. Se nada tivesse sido escrito, em poucas gerações todos os rastros de sua existência teriam desaparecido, e dificilmente teriam passado de um milênio para outro como aconteceu. Essa etnia, o primeiro povo semita, manteve sua linhagem viva por traçar sua ascendência até **Abraão**, considerado seu fundador, que conduziu seu clã para fora do norte da Mesopotâmia, em direção a uma terra chamada Canaã — a atual Israel — por volta do ano 2000 a.C. Não foi uma proeza fácil, e parece que Abraão é recordado nos escritos do judaísmo e do islamismo como o homem que possuiu mais que qualquer outro dessa coisa impalpável chamada fé — a crença num deus singular chamado Javé, ou "Eu Sou". Três textos distintos dizem que Abraão viveu 175 anos e teve seu filho Isaac aos 100 anos de idade. Sua esposa, **Sara**, morreu com 127 anos. **Moisés**, que levou uma vida plena de emoções fortes, teve uma "morte prazerosa" quando Deus achou que ele já vivera o suficiente. Deixou seu célebre cajado e subiu as montanhas sozinho, embora não estivesse doente nem quisesse especialmente morrer. Obedeceu a ordem para que se cumprisse algo que lembra uma eutanásia cósmica. Pelo menos, contam-nos, havia anjos de prontidão para cuidar dos ritos de sepultamento quando Moisés morreu, aos 123 anos de idade, em 1405 a.c. Ainda segundo a Bíblia, outras figuras também atingiram idades espantosas: **Adão**, o primeiro homem, viveu por 930 anos, **Matusalém**, por 969, e **Noé**, por 950, 350 dos quais após o Grande Dilúvio. Entretanto, depois de Noé a longevidade do homem parece ter sofrido uma queda grande, passando-se para uma situação em que 50 anos de idade já faziam de um homem um ancião. Os cientistas que buscam explicações para esses tempos de vida aparentemente impossíveis dizem que, naquela época, a superfície terrestre era menos radiativa que hoje, não provocando o envelhecimento tão rapidamente quanto passou a provocar depois. Hoje, a radiação natural injeta 60 mrems (a medida da radiação) por ano nos órgãos de todos os organismos vivos, o que leva ao crescimento de células cancerosas e ao envelhecimento irreparável das células humanas a partir do momento em que a contagem cumulativa de mrems chega a 10 mil. Naquela época, pelo menos teoricamente, haveria muito menos ou nenhuma radiação. Outros dizem que a longevidade mencionada na Bíblia se deve a um erro de tradução e que os ciclos lunares eram contados como anos. Apesar disso, os fanáticos por longevidade bloqueiam a radiação ambiental letal construindo casas com paredes revestidas de chumbo e usando roupas com fios de chumbo para aventurar-se ao ar livre.

GEORGE SANDERS

George Sanders recebeu um Oscar por seu papel de coadjuvante em *A malvada*. No final da década de 1960, representava Mr. Freeze no seriado de tevê *Batman*. Em 1972, aos 65 anos de idade, decidiu que estava farto de tudo e tomou uma overdose de barbitúricos. A mensagem de despedida que deixou resumiu tudo: "Caro Mundo: estou partindo porque fiquei entediado. Sinto que já vivi o suficiente. Deixo-o com suas preocupações todas nesta doce cloaca. Boa sorte!"

CONDE DE SANDWICH

O sanduíche foi assim batizado em homenagem a **John Montagu**, o quarto conde de Sandwich, um britânico muito ocupado, que costumava ser visto diante de sua mesa de trabalho cuidando dos assuntos da Marinha e colecionando obras de arte. Para poupar tempo, ele juntava todos os alimentos servidos em seu prato e os colocava dentro de um pequeno pão cortado ao meio. Sandwich teria começado a fazer isso em 1762. Apesar da vida próspera que levava, Montagu teve pouca sorte no casamento — ensanduichado, segundo alguns, entre duas tragédias. Sua primeira mulher enlouqueceu, e a segunda foi assassinada diante da porta de casa do casal. O conde de Sandwich morreu de "pesar" aos 73 anos, em 1792.

*A **síndrome do coração partido** é hoje reconhecida pela ciência médica como uma condição capaz de causar fatalidades. O efeito traumático sofrido por vítimas de crimes ou por pessoas que ouvem a notícia da morte de um ente querido ou de alguma outra tragédia igualmente pessoal pode de fato levar o coração a parar. A liberação de adrenalina e de uma quantidade maciça de proteínas produzida pelo sistema nervoso atua como toxinas no organismo e sobrecarrega o coração, provocando inatividade cardíaca repentina. Durante séculos as pessoas souberam que isso era possível, tanto que "tristeza" e "nostalgia" eram freqüentemente citadas como causas de morte. Entre 1766 e 1910, segundo os registros, mais de 31.987 pessoas teriam morrido por ouvir a notícia da morte de uma pessoa amada, ou por sentir saudades de casa, ou, ainda, de uma melancolia prolongada e avassaladora.*

JEAN-PAUL SARTRE

Em 1964 Jean-Paul Sartre foi premiado com o Nobel da Literatura, mas o recusou, dizendo não querer alinhar-se com uma instituição ou ter seu nome associado a honrarias oficiais de qualquer natureza. Sartre foi um filósofo existencialista, dramaturgo e romancista. Para ele, o homem vive isolado num universo indiferente, e apenas suas próprias ações, e a interpretação que faz delas, podem lhe conferir algum valor. Em 1964, o ano de sua premiação, denunciou a literatura como ocupação da mente burguesa e substituto absurdo do envolvimento na vida real. Levou uma vida de asceta, com poucos confortos materiais, mas permitia-se com freqüência usar drogas como o LSD, que via como necessárias para intensificar sua dedicação incansável ao trabalho. No fim da vida, já estava cego e tomava anfetaminas para conseguir terminar mais um volume de sua longa biografia de Flaubert, *L'idiot de la famille*, e uma outra obra sobre ética, mas não chegou a concluir nenhuma das duas. Morreu de edema pulmonar em

1980, aos 74 anos, e legou os direitos sobre seus livros a sua amante, Arlette Elkaïm, uma das integrantes da "família" de mulheres que sustentava em apartamentos espalhados por Paris, e que ele adotara legalmente quinze anos antes.

> "Ainda somos o que vamos deixar de ser e já somos aquilo em que vamos nos tornar. Vivemos nossa morte, morremos nossa vida."
> — JEAN-PAUL SARTRE

THOMAS SAVERY

Thomas Savery é tido como o criador da primeira máquina a vapor, no final do século XVII. Sua máquina foi desenvolvida originalmente para bombear água de poços de minas inundados, salvando com isso as vidas de muitos trabalhadores na Inglaterra e promovendo o aumento da produtividade. Savery então começou a promover sua invenção para uso em muitas outras aplicações, como moinhos ou bombas-d'água para irrigar terras secas. O emprego de máquinas que usavam o calor para movimentar coisas assinalou o início da Revolução Industrial. Savery morreu em 1715, aos 65 anos, de hidropisia, doença freqüentemente associada à vida em habitações mal aquecidas. Os motores a vapor foram usados para fazer circular o calor de maneira regular, tornando suportável o inverno na Inglaterra. Mas seu uso não se difundiu amplamente a tempo de salvar a vida de seu inventor.

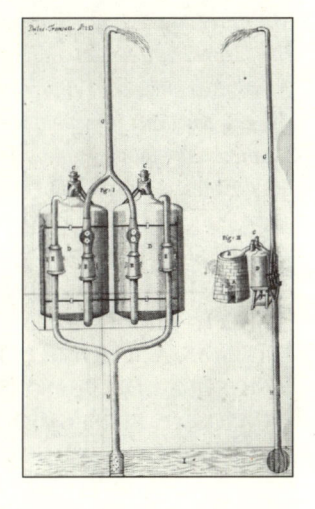

A HIDROPISIA ERA A SÉTIMA MAIOR CAUSA DE MORTES NO SÉCULO XVIII, MANIFESTANDO-SE FREQÜENTEMENTE EM DESMAIOS E EDEMAS NOS PÉS E PERNAS. O FATO DE A PESSOA CAIR [DROP] AO CHÃO INESPERADAMENTE DEPOIS DE ACOMETIDA DA DOENÇA ESTÁ NA ORIGEM DE SEU NOME EM INGLÊS, "DROPSY".

REBECCA SCHAEFFER

Ela atuou na sitcom *Minha irmã é demais* (1986-1988), no papel da irmã adolescente de Pam Dawber. Enquanto ainda atuava no seriado, Rebecca começou a receber centenas de cartas do mesmo fã. Em seguida, ele começou a persegui-la. Um ano depois de cancelado o programa, o fã conseguiu, do Departamento de Veículos Automotivos, o endereço residencial de Rebecca. Em 1989, quando ela tinha 21 anos, o fã a localizou diante de seu apartamento e a matou a facadas. O assassino, Robert Brado, já tinha perseguido Madonna e Tiffany antes de voltar suas atenções mortais para Rebecca. Ele está cumprindo pena de prisão perpétua sem possibilidade de libertação condicional.

Margaret Mary Ray foi a perseguidora perigosamente persistente do humorista David Letterman, apresentador de seu próprio programa, "Late Show". Acreditava que ela e Letterman eram almas gêmeas. Margaret roubou o Porsche dele em 1988, usava binóculos para espionar a residência de Letterman em Connecticut e foi presa mais de meia dúzia de vezes por persegui-lo. Em 1998, aos 46 anos, ela se suicidou ajoelhando-se diante de um trem em movimento.

ESTIMA-SE QUE 8% DAS AMERICANAS E 2% DOS AMERICANOS SERÃO PERSEGUIDOS EM ALGUM MOMENTO DE SUA VIDA. SÃO 1,4 MILHÃO DE AMERICANOS POR ANO PERSEGUINDO VÍTIMAS. A MAIORIA DOS PERSEGUIDORES JÁ TEVE RELAÇÃO AMOROSA COM SUAS VÍTIMAS, MAS, EM GRANDE NÚMERO DE CASOS, OS PERSEGUIDORES NÃO PASSAM DE CONHECIDOS, VIZINHOS, AMIGOS, COLEGAS DE TRABALHO OU FÃS DEMENTES DAS PESSOAS QUE ATORMENTAM.

FRANZ SCHUBERT

A produção musical de Schubert é incrível, considerando-se sua origem humilde — filho de um professor de escola paroquial — e o pouco tempo de duração de sua vida. Mais de seiscentas de suas canções, sonatas, sinfonias e óperas permanecem vivas até hoje. Embora nunca tenha conquistado a fama ou as recompensas financeiras dadas a alguns de seus contemporâneos, Schubert conseguiu ver pelo menos cem de suas obras impressas ainda em sua vida. Aos 25 anos, ele já manifestava sintomas de sífilis e começou a ingerir mercúrio em grandes doses. Schubert também começou a orar fervorosamente à Virgem Maria; compôs a célebre "Ave Maria" na esperança de ter seu mal curado. Aparentemente, nenhum dos métodos surtiu efeito. Não se sabia na época que o mercúrio afeta o sistema nervoso, provocando tremores, nervosismo e demência. Os últimos anos da vida de Schubert se caracterizaram por períodos de aparente normalidade intercalados com outros em que agia como louco. Parece que, em seu último ano de vida, o compositor também contraiu febre tifóide. Mas sua morte, em 1828, aos 31 anos, provavelmente foi causada pela ingestão de mercúrio.

A expressão "mad hatter" [chapeleiro louco], em inglês, descrevia uma pessoa vista falando sozinha, resmungando frases incoerentes e agindo de maneira bizarra e imprevisível. No século XIX, os chapeleiros usavam mercúrio para conservar tecidos e lhes conferir forma moldável. Um número muito grande de chapeleiros acabou enlouquecendo.

SEINFELD — A MALDIÇÃO

A "maldição de *Seinfeld*" foi um fenômeno atribuído aos principais membros do elenco da popular *sitcom*, a partir do momento em que deixaram de ser produzidos novos episódios e que seus astros se mostraram incapazes de fazer sucesso sozinhos (isso até a nova *sitcom* de Julia Louis-Dreyfuss, *The New Adventures of Old Christine*, engatilhar sua segunda temporada). Felizmente, a maldição não se estendeu à longevidade dos atores na vida real. O único membro regular do seriado a morrer em 2006 foi **Barney Martin**, que fazia o papel do pai de Jerry Seinfeld na televisão. Católico de origem irlandesa e ex-policial em Nova York, Martin representou à perfeição o típico pai judeu. Embora tenha morrido de câncer aos 82 anos, viveu por mais tempo que **Sandy Baron** (Sanford Beresofsky), que representava seu eterno adversário Jack Klompus. **John Randolph**, que fez o pai do personagem de George Costanza na primeira temporada do programa, morreu em 2004, aos 88 anos, de parada respiratória.

SÍNCOPE DE *SEINFELD*

Certos indivíduos sofreram desmaios enquanto assistiam a reprises de episódios de *Seinfeld*, sendo que um homem desmaiou e caiu com o rosto em seu prato de comida enquanto o programa estava no ar. A condição foi apelidada "síncope de *Seinfeld*", mas na realidade não guarda nenhuma relação com Jerry Seinfeld e sua turma. Está ligada ao estreitamento das artérias e à queda repentina de pressão sanguínea provocadas pelo riso.

ROD SERLING

Programas sobre naves espaciais e alienígenas eram populares na televisão dos anos 1950, principalmente depois de os EUA terem deslanchado a corrida para chegar à Lua. Entre 1959 e 1964, *Além da imaginação*, série criada e escrita por Rod Serling, apresentou ao público americano a quinta dimensão da imaginação e do sobrenatural. Com histórias de fantasia e ficção científica, Serling aperfeiçoou o final inesperado e irônico, como foi o caso no episódio clássico "Tempo suficiente". Nele, um bancário que adora ler, representado por Burgess Meredith, é atormentado pelas perturbações da vida moderna, que sempre lhe roubam a calma de que precisa para a leitura. No final, ele se vê como único sobrevivente de um holocausto nuclear e sobe as escadas da Biblioteca Pública de Nova York sorrindo — até seus espessos óculos caírem e ele os esmagar, ficando assim impossibilitado de ler qualquer coisa no meio de um mundo de livros, agora lúgubre. Serling escreveu esse e quase todos os outros 156 episódios do seriado. Também escreveu para o cinema, incluindo o roteiro de *O planeta dos macacos*. Porém, como aconteceu com muitos de seus personagens, seria a luta pelo sucesso que terminaria por derrotá-lo.

Após anos de tabagismo intenso e de altos e baixos em Hollywood, seu coração não suportou mais. Em 1975, aos 50 anos, Serling finalmente concordou em submeter-se a cirurgia para colocação de uma ponte de safena, mas morreu de parada cardíaca no dia seguinte. Quanto a Burgess Meredith, impossibilitado de recordar-se do episódio sobre o leitor inveterado ou de qualquer outra coisa, teve um final inesperado — digno de *Além da imaginação* —, provocado pelo mal de Alzheimer, em 1997, quando tinha 89 anos.

ANNE SEXTON

Os relatórios de autópsias oferecem as melhores pistas sobre fatos da vida do morto de que ninguém mais poderia ter conhecimento. Por exemplo, quando a poetisa Anne Sexton (de 45 anos), que escreveu sobre a morte (tendo recebido o prêmio Pulitzer por *Live or Die*), finalmente se suicidou, sabemos que o fez num automóvel vermelho Cougar 1969, dentro da garagem de sua casa em Boston, em 4 de outubro de 1974. Em seu estômago havia mais de 2 litros e meio de vodca. Ela tirara os anéis e vestira o casaco de peles de sua mãe, antes de sentar-se no lugar do motorista, ligar a ignição e o rádio. Nesse ponto a ciência da autópsia precisa ser acrescida de um manual de mecânica: o motor do veículo de Sexton não possuía conversor catalítico (que retira o chumbo da gasolina em combustão), fato que aumentou a quantidade de monóxido de carbono emitido. Como o carro estava num ambiente fechado, produziria monóxido de carbono em quantidade suficiente para envenenar e matar Sexton de asfixia em 25 a 35 minutos. Devido a fatores como seu peso corporal e o álcool presente em seu sangue, Anne Sexton começou a sentir falta de ar depois de aproximadamente vinte minutos. Não mais que cinco minutos mais tarde, ela, que escrevera "Abaixe-se, aproxime o ouvido de sua alma e ouça com atenção", estava morta. Não se sabe com quanta atenção estava ouvindo no final, mas sabe-se com certeza o que ouviu. O rádio de seu automóvel es-

A poetisa americana **Sylvia Plath**, *conhecida por* Ariel *e* A redoma de vidro, *era igualmente obcecada pela morte e o suicídio. Matou-se em 1963, aos 30 anos, com gás, colocando a cabeça dentro do forno de sua cozinha.*

tava sintonizado na estação de *rock* WZBC, 90,3. A partir da hora da morte definida pelo médico-legista e da lista de músicas tocadas pela WZBC nesse dia, sabe-se que a última canção que Anne ouviu foi "Fly Like an Eagle", de Steve Miller. Anne gostava de *rock'n'roll*, e a música animada provavelmente desviou sua atenção do perigo iminente; assim, desconhecemos se aquilo devia ser apenas um ensaio de suicídio ou se foi realmente assim que ela escolheu morrer.

WILLIAM SHAKESPEARE

Considerado o maior escritor da língua inglesa, Shakespeare escreveu 38 peças e 154 sonetos, tornando-se moderadamente rico e sendo celebrado por seu gênio ainda em vida, mas muitíssimo mais depois de morto. Apesar de ter se casado e haver tido três filhos, alguns dizem que a maior parte de seus poemas, dedicados a um certo "Belo Lorde" — um jovem anônimo —, indicaria uma tendência bissexual que ele teria mantido em segredo. Outros, também, afirmam que Shakespeare parou de escrever em 1604 e que muitas das obras atribuídas a ele teriam sido escritas por Thomas Marlowe ou Francis Bacon. Mas essa hipótese é vista como absurda pela maioria dos estudiosos. Ela reflete o mistério de como um homem de origem tão comum foi capaz de capturar tantas verdades humanas profundas, que continuam válidas até hoje. Shakespeare morreu em 1616, no dia de seu 52º aniversário. De acordo com o vigário da igreja local, cargo cujo ocupante costumava anotar os registros de óbitos, "[Shakespeare] bebia demais [...] e morreu de uma febre por essa razão contraída". A febre, na realidade, não tinha relação alguma com beber excessivamente, embora isso possa ter enfraquecido o sistema imunológico do dramaturgo, que sucumbiu ao tifo; um surto dessa doença ocorrera em Londres naquele ano.

Laurence Olivier foi o único ator a receber o Oscar por um papel shakespeariano, quando representou Hamlet em 1948. "Ser ou não ser, essa é a questão" — e, para Olivier, seu "não ser" aconteceu em 1989, devido a um câncer, quanto tinha 82 anos.

GEORGE BERNARD SHAW

George Bernard Shaw recebeu o Prêmio Nobel da Literatura em 1925 e, em 1938, um Oscar pelo roteiro de *Pigmalião*. Shaw era homem de opiniões firmes e usou seus escritos para divulgar suas idéias. Sendo socialista, pensava que a terra e o capital deveriam ser divididos de maneira equitativa, e, durante algum tempo, chegou a falar em tom aprovador do regime de Stálin na União Soviética. Além disso, era vegetariano convicto e defensor de algumas idéias bizarras relacionadas à saúde, como a de que vestir ternos de lã estimulava a longevidade. Quer tenha sido pelos ternos de lã, os prêmios ou a defesa de suas causas (ou, ainda, pela soma de todas as alternativas anteriores), ele teve vida longa e morreu em 1950, de pneumonia, aos 94 anos.

WILLIAM L. SHIRER

Em 1941 William L. Shirer chegou ao topo da lista dos livros mais vendidos de não-ficção com *Diários de Berlim*, um relato bem informado da ascensão da Alemanha nazista e da Segunda Guerra Mundial até aquele momento. Shirer tinha sido radialista da CBS em Berlim, assistira à maioria dos comícios de Hitler e conhecia em primeira mão os principais líderes do Terceiro Reich. Apesar de sua voz nasal, não havia americano que não o conhecesse e a seu parceiro Edward R. Murrow, que transmitia notícias de todo o mundo no estilo que mais tarde seria copiado pela CNN e por todos os jornalistas futuros. Shirer continuou na Alemanha corajosamente mesmo quando as bombas inglesas começaram a cair sobre Berlim, mas deixou o país pouco antes de a Gestapo acusá-lo de espionagem. Num primeiro momento, pensou em eliminar pela descarga os papéis que mais tarde se tornariam *Diários de Berlim*, porque, se fosse preso, o material o levaria a ser executado. Mas acabou conseguindo passar pela alfândega, escondendo seus diários sob material de propaganda política com carimbo da Gestapo. Desse modo conseguiu divulgar verdades sobre a Alemanha de Hitler, para o horror de milhões de pessoas. Em 1950, depois de seu nome aparecer entre 151 outros num panfleto escrito por um antigo agente do FBI, *Canais vermelhos: relatório sobre a influência comunista no rádio e na televisão*, Shirer foi abandonado por

Murrow e despedido de um programa de jornalismo, apesar do trabalho que fizera durante a guerra. Passou o resto da década sobrevivendo com dificuldades do que recebia dando palestras. Estava quase falido até a publicação, em 1960, de seu livro *Ascensão e queda do Terceiro Reich*, de mil páginas, que teve 25 reimpressões apenas naquele primeiro ano. A traição de Murrow não pôde ser esquecida por nenhum dos dois, e a amizade entre Shirer e ele nunca foi reatada. Murrow morreu de câncer em 1965, dois dias após seu 57º aniversário. O fato de ter chegado ao *status* de autor *best-seller* por duas vezes manteve Shirer vivo por muito mais tempo; ele morreu apenas em 1993, aos 89 anos, de doença cardíaca.

DINAH SHORE

"Shoefly Pie and Apple Pan Dowdie" foi um sucesso de **Dinah Shore** (Frances Rose Shore) e da banda de **Guy Lombardo** em 1946; aparentemente, agradava ao público por seu apelo ao retorno ao estilo de vida americano antigo, caseiro, do pré-guerra (vale notar que existem mais de mil canções americanas que têm comida em seus títulos). Dinah foi a mais importante expoente sulista dos bons modos e da classe. Ela gravou oitenta compactos que figuraram nas paradas de sucesso e apresentou um dos *talk shows* que mais tempo permaneceram na televisão, "The Dinah Shore Show", de 1951 a 1963 e de 1970 a 1980. Dinah superou a pólio contraída na infância e outros males, mas sucumbiu ao câncer de ovário em 1994, aos 77 anos. Guy Lombardo é lembrado sobretudo pelo especial de Ano-Novo na televisão que transmitiu ao vivo do Hotel Waldorf Astoria todos os anos entre 1959 e 1976. Ele morreu de parada cardíaca em 1977, durante os ensaios para o programa de Ano-Novo daquele ano.

BERNARD SILVER

O crescimento dos empórios e mercearias e o aumento do número de produtos que vendiam levou a indústria alimentícia a esperar pelo dia em que seria capaz de manter um registro preciso de seus estoques sempre crescentes. Em

1948 o estudante de engenharia elétrica Bernard Silver, do Instituto Drexel de Tecnologia, ouviu o executivo-chefe da rede de mercearias Food Fair, de Filadélfia, pedir ao reitor da faculdade que pesquisasse e desenvolvesse um sistema de inventário. O reitor recusou a proposta, mas Silver e um seu amigo, o engenheiro mecânico Norman J. Woodland, ficaram fascinados com a idéia. Eles desenvolveram o primeiro código de barras (também conhecido como Código Universal de Produto, ou UPC) depois de ver o código Morse. Como explicou Woodland: "Puxei os pontos e riscos para baixo e fiz deles linhas estreitas e largas". Quando Woodland teve a idéia da criação dos códigos de barra, estava sentado em Miami Beach numa cadeira de praia e começou a desenhar linhas na areia. Ele e Silver patentearam a idéia em 1952, mas a invenção não lhes valeu grande sucesso comercial, já que a tecnologia de escaneamento necessária para torná-la comercialmente útil só seria aperfeiçoada vinte anos depois. Foi apenas na década de 1970 que o código de barras começou a ser usado em mercearias, sendo impresso primeiro no chiclete Wrigley's. Silver e Woodland venderam a patente e todos os direitos à Philco em 1962, por US$ 15 mil. A Philco, por sua vez, os revendeu à RCA. Hoje o código de barras é uma indústria que movimenta US$ 6 bilhões. Silver, o ás técnico responsável pela invenção, morreu em 1963, aos 38 anos, de uma doença sanguínea aparentemente causada pela exposição a substâncias químicas.

FRANK SINATRA

Frank Sinatra (Francis Albert) ganhou um concurso de calouros em 1937 e pouco depois já estava cantando com *big bands*. Em pouco tempo passou a vocalista da banda de Tommy Dorsey, o que pôs seu nome na parada semanal de sucessos. Em 1942, decidiu aventurar-se na carreira solo e gravou "Night and Day". Pouco depois nascia um novo fenômeno: o dos admiradores fanáticos, que acabaram sendo apelidados de "fãs". Dez mil jovens se acotovelaram para conseguir ingressos para a apresentação seguinte de Sinatra. No meio da confusão, começou um empurra-empurra, no qual moças desmaiaram no meio da multidão, pessoas foram pisoteadas e a bilheteria foi destruída. Daquele momento em diante, a condição de ícone dos artistas musicais tornou-se um aspecto comum da cultura americana. Sinatra possuía o dom de se reinventar e nunca perdeu popularidade durante os 65 anos que durou sua carreira, apesar dos rumores sobre suas ligações com a máfia ou seu pendor pelas mulheres e pelo álcool. Sua atitude arrogante, exemplificada na canção "My Way", acabou lhe valendo o apelido "Chairman of the Board" [Presidente do Conselho], e Sinatra passou a ser tido por muitos como um dos músicos mais influentes do século XX. O homem que fez bater mais forte os corações de milhões de mulheres sentiu seu próprio coração fazer o mesmo pela última vez em 14 de maio de 1998, quando morreu de parada cardiorrespiratória em sua residência em Beverly Hills, na Califórnia.

ISAAC BASHEVIS SINGER

Isaac Bashevis Singer cresceu no bairro judeu pobre de Varsóvia, onde a língua mais falada era o iídiche, e se mudou para os Estados Unidos em 1935, fugindo do nazismo. Recebeu o Prêmio Nobel da Literatura em 1979, em reconhecimento por seus dezoito romances, catorze livros infantis e diversas coletâneas de contos, que exploraram tematicamente o choque entre culturas novas e velhas. Morreu de acidente vascular cerebral em 1991, quando tinha 87 anos.

> "Quando eu era menininho, me chamavam de mentiroso.
> Agora que sou adulto, me dizem escritor."
> — ISAAC BASHEVIS SINGER

RICHARD "RED" SKELTON

Richard "Red" Skelton foi um palhaço ágil e de expressão versátil, que atuava com ou sem maquiagem; trabalhou em 23 filmes e teve programas de rádio e televisão próprios. Seu programa de tevê, "The Red Skelton Hour", ficou no ar por vinte anos, de 1951 a 1971. Seus personagens palhaços, muito conhecidos, eram Freddy, the Freeloader, e Clem Kadiddlehopper. Red morreu aos 84 anos de doença cardíaca e pneumonia, em 1997. Dizia-se que, na vida pessoal, era um homem solitário, amargurado por se sentir ludibriado por várias das pessoas com quem trabalhara. Ele nunca perdoou a CBS por cancelar seu programa, considerando que a atitude foi motivada por seu apoio à Guerra do Vietnã. Na velhice, ganhou US$ 2 milhões com suas pinturas de palhaços, mas morreu sem legar seu dinheiro a ninguém.

BESSIE SMITH

Bessie Smith começou a carreira de cantora profissional aos 18 anos de idade, em 1912, ganhando 8 dólares por semana. Passou anos viajando no circuito dos *minstrel shows* e do teatro de variedades, até fazer sua primeira gravação em 1923, "Down-Hearted Blues", que vendeu mais de 750 mil cópias no primeiro ano, fazendo de Bessie a artista negra mais bem-sucedida da época. Ela recebia US$ 1.500 dólares por cada apresentação, um valor tremendo para a época, mas não recebia direitos sobre as gravações. Dos 160 discos que gravou, Bessie Smith recebeu apenas 30 dólares referentes a cada um. Embora hoje se possa imaginar que ela foi ludibriada para assinar um contrato de gravação como esse, Bessie era uma mulher forte que bebia muito, sempre disposta a brigar diante do menor insulto recebido. Conhecida como Imperatriz do Blues, ela viveu intensa e rapidamente. Morreu aos 43 anos em 1937, no Mississípi. O carro no qual viajava como passageira colidiu com a traseira de um caminhão. Bessie quase teve o braço decepado, e morreu de trauma e hemorragia. Seu namorado, o vendedor de bebidas alcoólicas falsificadas Richard Morgan, que conduzia o automóvel, não se feriu. Não havia, na época, exames de consumo de álcool para determinar a causa de um acidente. As informações publicadas nos jornais deixam entrever que Bessie Smith teria morrido porque foi levada a um hospital que aceitava apenas pacientes brancos e que lhe recusou tratamento. Mas os registros confirmam que ela foi levada diretamente para o Hospital Clarksdale, para negros, onde morreu seis horas depois.

SÓCRATES

Considera-se que a maior realização de Sócrates foi ter originado o pensamento filosófico, que pede ao homem que questione sua existência e busque um significado mais profundo na vida. Mas Sócrates discordava dos princípios básicos da democracia, por achar que as pessoas, na maioria, são iludidas e incapazes de governar-se. O célebre Oráculo de Delfos o descreveu como o mais sábio dos atenienses. Seus contemporâneos, porém, com freqüência o retratavam como um tolo cômico que andava pelas ruas discursando sobre coisas irrelevantes, formulando perguntas retóricas como "que é a piedade?"

ou "que é a sabedoria?". Seus questionamentos levaram Sócrates a ser espancado com freqüência. Não obstante, as aulas que ele dava ao ar livre foram atraindo cada vez mais jovens, enquanto o significado mais sério de suas idéias filosóficas era ignorado por seus inimigos, que, em lugar disso, concentravam as críticas na aversão de Sócrates à democracia, vista por algumas autoridades como ameaça séria à ordem. Assim, Sócrates foi levado a julgamento por ateísmo e corrupção de jovens. Seu julgamento levou nove horas, com um júri de quinhentos cidadãos sorteados, que ficavam sentados em bancos de madeira ouvindo argumentos pró e contra o filósofo. Muitos dos homens atenienses da época eram bissexuais, mas, mesmo assim, alguns jurados não gostaram da idéia de Sócrates dormir com seus filhos. Ao final, 280 membros do júri o consideraram culpado, por razões mais políticas que sexuais, e propuseram que seu castigo fosse a morte. Sócrates poderia ter escolhido o desterro, ou mesmo a fuga, depois de ser encarcerado, mas estava velho e preferiu morrer. Pelas leis de Atenas, os condenados eram executados por envenenamento, bebendo um copo de cicuta, que provocava a morte pela paralisia lenta e extremamente dolorosa do sistema nervoso central. Sócrates morreu aos 70 anos de idade, em 399 a.C.

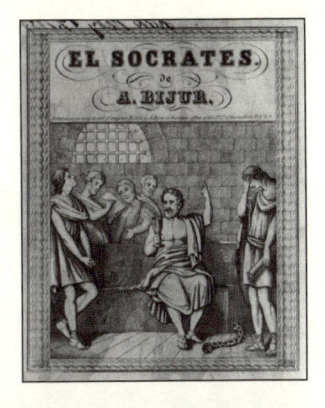

HERNANDO DE SOTO

Hernando de Soto começou a explorar a América do Norte continental em 1539, e disseminou o resfriado — mal até então desconhecido na região e que acabou por dizimar 75% da população nativa. Sua odisséia de três anos em busca de ouro e de uma passagem por mar para o oceano Pacífico o levou a abrir caminho da Flórida até o lago Michigan, descobrindo o rio Mississípi no trajeto, e depois rumar para o sul, até o Texas. A rota que ele seguiu formou mais tarde o traçado de importantes rodovias americanas; os pontos em que acampou se tornaram as primeiras cidades, e os pontos em que atravessou rios são os mesmos em que hoje se erguem pontes. No terceiro ano de sua expedição, quando tentava construir navios para poder voltar a Cuba, De Soto morreu de exaustão e de coriza, da qual não conseguiu se curar. Tinha 45 anos, e o ano era 1542. Seus homens amarraram pedras a seus pés e afundaram o corpo no rio Mississípi.

SPARTACUS [ESPÁRTACO]

No ano 73 a.C., Espártaco (Spartacus, em latim) chefiou a fuga de setenta gladiadores escravos de seus alojamentos sob o Coliseu romano, armados apenas de utensílios e muita astúcia. Como os escravos superavam em número a classe dominante romana, essa rebelião foi encarada como ameaça grave. Três mil soldados foram despachados para recapturar o grupo de Espártaco, mas eles foram derrotados e humilhados pelos gladiadores, que dispunham apenas de paus, cipós e um punhado de armas. Com o tempo, mais de 120 mil escravos, incluindo idosos, mulheres e crianças, se sentiram inspirados por Espártaco a fugir. Ele os recebia de braços abertos e os empregava na fabricação de armas para sua defesa. Seu exército maltrapilho conseguiu derrotar as forças que Roma enviou contra ele por dois anos inteiros, até ser encurralado na bota da Itália, quando Espártaco procurava navios para levar seus seguidores de volta a suas terras de origem. Ali, oito legiões romanas separaram a força liderada por ele e a derrotaram por partes. Embora Espártaco não ferisse os soldados romanos que capturava, os romanos, depois de sua vitória, se mostraram impiedosos. Mais de 6.600 homens de Espártaco foram crucificados. Seus corpos putrefatos e, mais tarde, seus esqueletos permaneceram por décadas ladeando a estrada principal até Roma, servindo como aviso sinistro aos escravos que cogitassem fugir. Alguns dizem que Espártaco morreu na última batalha, mas havia mortos demais para que seu corpo pudesse ter sido separado ou reconhecido. Outros afirmam que seus homens lhe eram tão leais que nenhum deles denunciou a identidade de Espártaco, de modo que também ele teria sido crucificado, em 70 a.C., aos 49 anos de idade.

JOHN STEINBECK

John Steinbeck recebeu o Nobel da Literatura em 1962 por seus romances, que destacaram os pobres, os oprimidos e a vida dos migrantes rurais dos Estados Unidos. Seu clássico *Ratos e homens* ainda é lido todos os anos por muitos estudantes. Steinbeck foi um escritor aceito pelo "sistema", mais que Faulkner ou Hemingway, tendo sido amigo dos presidentes John Kennedy e Lyndon Johnson. Com exceção de sua obra-prima, *As vinhas da ira*, que lhe valeu um prêmio Pulitzer em 1939, seus livros são criticados hoje por muitos devido ao tom excessivo de pregação moral. Ele morreu de parada cardíaca em 1968, aos 66 anos.

> "Parece-mé que, se você ou eu tivermos que escolher entre dois pensamentos ou duas ações, devemos lembrar-nos de nossa morte e tentar viver de tal maneira que nossa morte não dê prazer ao mundo."
> — JOHN STEINBECK

DAVID STRICKLAND

David Strickland representou o repórter musical Todd Stites na sitcom *Suddenly Susan* (1996-2000). Dois anos depois do início do seriado, ele foi preso por posse de cocaína, ganhou liberdade condicional e foi encaminhado para tratamento de reabilitação. Em 1999, três dias antes de sua audiência prevista diante do tribunal, passou 72 horas bebendo e se drogando. Quando o juiz emitiu mandado de prisão contra ele por não ter comparecido ao tribunal, Strickland já estava morto, aos 29 anos de idade, enforcado com lençóis que amarrara numa viga.

ED SULLIVAN

A estréia do "Ed Sullivan Show", em 1948 (intitulado originalmente "Toast

*Outro candidato a tratamento contra o vício das drogas, **Robert Pastorelli**, representou o pintor de paredes no seriado* Murphy Brown *(1988-1998) e teve um desempenho assustador no papel de matador no filme* Zona de perigo, *em 1993. Em 2001, sua namorada, Charemon Jonovich, foi encontrada morta em seu apartamento; Pastorelli disse à polícia que tentara impedi-la de se suicidar, mas que a arma disparara acidentalmente. Em 2004 foi divulgado que as autoridades tinham decidido dar a causa da morte da namorada como homicídio, em lugar de morte acidental. No dia seguinte Pastorelli foi encontrado morto de overdose de heroína. Tinha 50 anos.*

of the Town"), deu o tom aos programas de variedades e entretenimento na televisão durante anos a seguir. Apesar de seu jeito desajeitado e inexpressivo, o ex-jornalista Sullivan fez de seu *"show* realmente grande", transmitido nas noites de domingo, um dos programas mais assistidos por mais de duas décadas, até 1971. A maneira como apresentava seus convidados era direta: "Este é José Feliciano. Ele é cego. E é porto-riquenho." Apesar disso, o programa era realmente grande e introduziu várias personalidades que se tornariam ícones culturais, desde Elvis (mostrado apenas da cintura para cima) até a então desconhecida Barbra Streisand e os Beatles. Os nomes de talento de áreas diversas que ganharam destaque no programa de Sullivan agradavam a todos os setores do público, ressaltando a mistura eclética da cultura americana — desde Pearl Bailey (morta aos 72 anos, em 1990, de parada cardíaca) até Maria Callas (que morreu em 1977, aos 53, de falência cardíaca). Ed Sullivan despediu-se dos telespectadores para sempre em 1974, aos 73 anos, da pior forma possível de "falta de jeito": um câncer de esôfago.

"A televisão vai ser o teste do mundo moderno [...] ou descobriremos uma nova e insuportável perturbação da paz geral, ou um brilho salvador no céu. É a televisão que vai determinar nosso sucesso ou fracasso — disso tenho certeza", escreveu E. B. White em 1938. **Elwyn Brooks White**, *autor de* A teia de Charlotte *e* The Elements of Style, *entre outros livros, e famoso por sua precisão gramatical, infelizmente sucumbiu ao mal de Alzheimer aos 86 anos, em 1985, ano em que o programa mais popular da televisão americana era "Growing Pains".*

JOHN L. SULLIVAN

A primeira celebridade esportiva americana nacionalmente reconhecida como tal foi o irlandês John L. Sullivan, apelidado de "Garoto Forte de Boston". Sullivan tinha 1,77 metro de altura e chegou a pesar 104 quilos. Segundo seu histórico oficial, entre 1878 e 1905 ele participou de 35 lutas, das quais venceu 31, mais da metade por nocaute. Isso não inclui sua turnê por todo o país, na qual fez 195 apresentações de boxe em 136 cidades, cobrando US$ 250 de quem fosse suficientemente incauto para entrar no ringue com ele. John passou a infância no bairro de Roxbury, em Boston, na época superlotado de imigrantes irlandeses. Ainda adolescente, foi preso muitas vezes por lutar em ringues improvisados, nos quais se aceitavam apostas. Quando se tornou lutador profissional, as luvas acolchoadas já tinham sido adotadas no boxe, e a maioria das lutas de Sullivan respeitou essas normas. Mas ele é recordado como o último boxeador a ter participado de uma luta sem luvas, em 1889 — que, inacreditavelmente, se estendeu por 75 assaltos. Sullivan se reanimou depois de vomitar sobre a lona no 44º e continuou firme até que seu adversário finalmente jogou a toalha, horas depois. A resistência de "Big John" era inacreditável por qualquer padrão de referência, especialmente porque ele raramente treinava e freqüentemente era arrastado diretamente de um bar para o ringue. Testemunhas oculares contaram que seu aperto de mão era capaz de arrancar lágrimas de quem o recebia. Em 1905, ainda ostentando seu bigode duro e o leve sotaque irlandês, John renunciou publicamente ao álcool e uniu-se ao movimento abstêmio. Apesar disso, o campeão americano, primeira celebridade esportiva, morreu de complicações hepáticas e parada cardíaca aos 59 anos, em 1918. Ele teria ganhado US$ 1 milhão com sua carreira de pugilista, mas gastara a maior parte dessa fortuna em bebida — para si próprio e para seus amigos —, antes de repudiar o álcool.

*O primeiro grande evento esportivo transmitido pela televisão foi a luta entre os pesos-pesados Joe Louis e Billy Conn no Yankee Stadium, em 1946. O programa estarreceu os anunciantes, devido ao alcance desse novo meio de comunicação junto ao público. Estimou-se que 150 mil pessoas assistiram à luta em 5 mil televisores. Mais de trinta pessoas se apinhavam nas residências que possuíam a nova invenção, muitas delas assistindo a um evento esportivo na telinha pela primeira vez. A tela da televisão media 10 polegadas e era embutida num móvel de 43 quilos, que custava US$ 352 dólares, numa época em que o salário anual médio era US$ 2.992 e um pão custava por volta de 14 cents. **Billy Conn** perdera para Joe Louis em 1941, na disputa pelo título, e a luta de 1946 era um evento que vinha sendo aguardado havia muito tempo. Conn foi nocauteado no oitavo assalto, o que, na prática, pôs fim a sua carreira. Ele morreu de pneumonia aos 75 anos, em 1993. **Joe Louis** morreu de ataque cardíaco em 1981, aos 66 anos.*

SUPERMAN [SUPER-HOMEM]

Superman, o Homem de Aço, originalmente personagem de história em quadrinhos, ganhou uma adaptação para a televisão em 1952. George Reeves (George Keefer Brewer) estrelou os 104 episódios do seriado, que continuou a ser reprisado por décadas. Ao lado de Clayton Moore, que fazia *O Cavaleiro Solitário*, Reeves foi um dos atores mais amados pelas crianças da década de 1950 e o início da seguinte. Essa popularidade acabou tendo efeitos negativos para ele, que se via principalmente como ator de cinema, tendo feito sua estréia em 1939 em ... *E o vento levou*. Quando *The Adventures of Superman* foi cancelado, ele descobriu que não conseguia encontrar outro papel, já que era visto exclusivamente como Clark Kent disfarçado. Mais entristecido do que deixara entrever aos amigos — especialmente sua noiva, **Lenore Lemmon** —, Reeves supostamente se matou com um tiro aos 45 anos, três dias antes da data marcada para seu casamento. Sua morte foi oficialmente dada como suicídio, mas muitos acreditaram tratar-se de um assassinato encomendado. Seis meses antes disso, Reeves tinha abandonado sua namorada — uma mulher casada e oito anos mais velha que ele, **Toni Mannix**, que se mostrara publicamente inconformada e assediara Reeves após a separação. (Após a morte em 1963 do marido de Mannix, um executivo da MGM que teria tido vínculos com a máfia, a ex-namorada abandonada converteu sua mansão num santuário em memória de Reeves, com suas fotos e seus suvenires cobrindo todos os espaços disponíveis.) Outros dizem que Lenore Lemmon teria atirado em Reeves — que, depois de uma noite de festa, eles teriam brigado e Reeves teria desmarcado o casamento. E, ainda, que em seu testamento ele teria legado todo o seu dinheiro a Toni Mannix — o que se revelou ser verdade. Toni faleceu em 1983, aos 77 anos, de complicações do mal de Alzheimer. Lemmon, antiga cantora, foi barrada em boates por brigar com uma garçonete e supostamente atear fogo a ela. Morreu em 1990, aos 66 anos, de câncer. Antes das mortes de Mannix e Lemmon, os atores que representavam Jimmy Olsen e Lois Lane abriram uma investigação para descobrir a verdadeira causa da morte de Reeves, mas não se chegou a uma resposta conclusiva.

KRIPTONITA DA VIDA REAL

O ator Christopher Reeve, que representou *Superman* no cinema entre 1978 e 1987, não tinha parentesco com George Reeves, apesar da quase coincidência dos sobrenomes. Em 1995, depois de sofrer um acidente de equitação em que sua cabeça foi quase totalmente separada de sua coluna, tendo sido mantida presa apenas pelos músculos do pescoço, o ator passou por cirurgias bem-sucedidas e ficou confinado a uma cadeira de rodas e a um aparelho para auxiliar sua respiração, paralisado do pescoço para baixo. Apesar de admitir que a idéia do suicídio lhe passou pela cabeça, Reeve demonstrou um espírito de heroísmo digno de um super-homem da vida real. Abriu fundações de pesquisas sobre traumas na coluna e continuou a atuar. Uma infecção na medula óssea passou para seu sangue e o fez morrer de ataque cardíaco aos 52 anos, em 2004. Dois anos depois, sua esposa, Dana, sucumbiu a um câncer pulmonar, aos 44 anos de idade.

T

WILLIAM TAFT

William Taft, 27º presidente dos Estados Unidos (1909-1913), é comumente recordado por ter sido o maior deles: chegou, em alguns momentos, a pesar mais de 160 quilos. Diz-se que, aos onze anos de idade, Taft sofreu um acidente ao andar de cavalo que teria prejudicado sua glândula pituitária, resultando em ganho de peso descontrolado. Com 18 anos, Taft media 1,80 metro e pesava 109 quilos. Hoje, ele seria visto como um comedor emotivo: seus ganhos de peso exagerados estavam relacionados ao estresse. Embora fosse imensamente obeso, sua surpreendente longevidade — morreu aos 72 anos — pode ser atribuída à sua abstinência total de álcool, razão pela qual era ridicularizado. Antes da era dos microfones, remédios misturados com cocaína lhe eram prescritos regularmente para manter sua voz poderosa e sonora. Isso exacerbou os males que o deixavam acamado por semanas a fio: azia, refluxo ácido, gota e o que ele chamava de inflamação interna — indigestão grave.

Taft fazia dietas periódicas, o que fazia seu peso oscilar 45 quilos para mais ou para menos. Sofria de cistite crônica (condição que resulta em desconforto na bexiga), de endurecimento das artérias, angina e privação de oxigênio, ou falta de fôlego. Hoje ele possivelmente receberia também o diagnóstico de Alzheimer, mas é provável que sua confusão mental e a perda de memória fossem frutos da obesidade vitalícia. Quando, antes de morrer — segundo o atestado de óbito, de "debilidade" —, ele afirmou: "Não me recordo de ter sido presidente", é muito possível que tenha falado a sério.

A tentativa de reeleição de Taft resultou na pior derrota de um presidente em exercício na história eleitoral dos EUA. Taft passou vários períodos da campanha de reeleição imobilizado por indigestão. Pode-se afirmar que sua dor de estômago levou Woodrow Wilson à presidência, o que alterou o rumo do envolvimento dos EUA na Primeira Guerra Mundial.

*Numa comemoração do 4 de Julho em 1850, no Monumento a Washington, o presidente **Zachary Taylor** experimentou vários dos pratos levados por cidadãos. Ele adoeceu gravemente, possivelmente de intoxicação alimentar pela bactéria Listeria, e morreu três dias depois. Muitos historiadores tinham suas dúvidas, e em 1991 o corpo de Taylor foi exumado. A autópsia revelou a presença de arsênico em seu corpo, motivando suspeitas de assassinato. Mas o atestado de óbito original define como* causa mortis *"indigestão aguda".*

NIKOLA TESLA

Se alguém quisesse provar que viajantes no tempo vindos do futuro vêm nos visitando ao longo da história, a prova poderia se materializar na pessoa do inventor Nikola Tesla. Além dos detalhes de seu nascimento — ele chegou à Terra à meia-noite, durante uma estranha e violenta tempestade elétrica — e de sua morte solitária e esdrúxula, sua vida foi repleta de manifestações de talento extraordinário. Adulto, Tesla tinha a *persona* de um mágico, misterioso e avesso à proximidade com outras pessoas, que anunciava suas criações com toda a fanfarra de um artista de palco. Muitas de suas invenções foram e ainda são futuristas em seu conceito e *design*, e incluem desde os teletransportes, raios mortais e naves de guerra antigravidade até a corrente alternada, as velas de ignição e o rádio. Mas Tesla fez um inimigo poderoso quando derrotou Thomas Edison ao provar que a eletricidade de corrente direta de Edison não era segura e que sua corrente alternada, que tinha o apoio de George Westinghouse, era melhor. Além disso, Tesla era bizarro e falava de coisas tão estranhas que os investidores não poderiam deixar de rejeitá-las — especialmente porque a desordem obsessivo-compulsiva da qual sofria o levava a sempre dar três voltas ao quarteirão, dobrar as roupas três vezes e fazer tudo multiplicado por três. Sem possuir o dom

Edwin Armstrong *aperfeiçoou o rádio, mas ficou perplexo quando sua invenção do sinal de rádio da faixa FM não foi adotada como o melhor som para a transmissão de música. Por causa disso, saltou da janela de seu apartamento no 13º andar e morreu ao chocar-se com o chão, em 1954. Tinha 64 anos.*

do *marketing*, ele perdeu as patentes de muitas de suas criações, entre elas a do rádio — esta para Guglielmo Marconi (após a morte de Tesla, porém, em 1943, a invenção do rádio acabou sendo creditada a ele novamente).

Tesla passou boa parte de seus últimos anos vivendo num hotel de Nova York e tentando usar suas ondas de rádio para lançar sinais para o sistema solar, convencido de que transmissões estavam sendo enviadas para a Terra a partir do espaço. Morreu em seu quarto de hotel aos 86 anos, sozinho, falido e enfraquecido por doença coronariana. Quando seu corpo foi encontrado, parecia um saco de pele, ou a pele da qual uma serpente se livrara. Há quem creia que sua preocupação em ouvir os sons vindos do espaço, ou aquilo que muitos viam como o desperdício de seu gênio, fosse uma tentativa de retornar ao tempo do qual viera. Seja como for, o FBI confiscou a maioria de seus escritos e os mantém até hoje classificados como materiais ultra-secretos.

Uma pesquisa recente do Gallup revela que 100 milhões de americanos acreditam que a Terra já recebeu a visita de extraterrestres. Os partidários da idéia pensam que um terço dos casos de pessoas desaparecidas nos EUA é insolúvel porque as pessoas teriam sido abduzidas por alienígenas do espaço sideral. Dados compilados pelo FBI citam mais de 800 mil ocorrências de pessoas desaparecidas em 2006. Mais da metade delas seguirá desaparecida para sempre, ou, na opinião de alguns, continuará a viver com extraterrestres, e mais de 13 mil serão encontradas mortas.

JIM THORPE

O primeiro astro do futebol-americano a receber reconhecimento em todo o seu país foi Jim Thorpe, ganhador de duas medalhas de ouro olímpicas que começou a jogar profissionalmente em 1913. Thorpe era indígena e foi visto por muitos como o maior multiatleta do século XX, tendo chegado a bater recordes no futebol-americano universitário e profissional, no atletismo e no beisebol. Em 1920, foi eleito primeiro presidente da Associação Americana de Futebol-Americano Profissional, que mais tarde se tornaria a NFL. Quando chegou aos 41 anos,

Thorpe se afastou do esporte e passou a fazer biscates para sustentar a família. Fez pontas em alguns filmes de Hollywood no papel de chefe indígena, mas passou a maior parte do tempo combatendo a pobreza e o alcoolismo — este, seu calcanhar-de-aquiles. Morreu de complicações do alcoolismo e de parada cardíaca quando jantava em seu trêiler em Lomita, na Califórnia, em 1953, aos 64 anos.

GRITAR TAMBÉM CANSA

O homem mais influente na transformação do futebol-americano no esporte que ele é hoje foi o legendário treinador **Glenn "Pop" Warner**, que ensinou os jogadores a usar formações e bloqueios de corpo. Foi Warner quem instaurou a colocação de números nas camisetas dos jogadores e incentivou o uso de ombreiras e proteções nas coxas. Inicialmente advogado, ele se tornou treinador depois de formar-se na Universidade Cornell, em 1894; durante 44 anos foi um dos treinadores a alcançar o maior número de vitórias. Em 1929, fundou a Liga de Futebol-Americano Juvenil de Pop Warner, que existe ainda hoje, para ensinar aos jovens "o esforço da luta e a alegria da vitória". Morreu em 1954, aos 83 anos, de câncer na garganta.

SPENCER TRACY

Spencer Tracy recebeu dois Oscars, um por *Marujo intrépido* (1937) e outro, no ano seguinte, por *Com os braços abertos*. Dividiu com Laurence Olivier o recorde do maior número de indicações ao Oscar: nove. Americano de origem irlandesa, afeito ao álcool, certa vez revelou: "Eu fazia horários de almoço que duravam duas semanas!" Morreu de infarto em 1967, aos 67 anos.

SOJOURNER TRUTH

Sojourner Truth (1797-1883) nasceu escrava em Nova York, mas conquistou sua liberdade em 1827, depois de a maioria de seus treze filhos terem sido vendidos. Em 1836, tornou-se a primeira negra a ganhar uma ação por difamação movida contra a imprensa. Em 1851, numa convenção de mulheres em Akron, em Ohio, ela proferiu um discurso que ficou célebre, intitulado "Não Sou uma Mulher?", que comoveu e entusiasmou até mesmo seus detratores. Possuía inteligência notável; apesar de analfabeta, tornou-se oradora incansável e, aos 86 anos, era considerada "a palestrante mais velha do mundo". Durante a Guerra Civil, ela recolhia alimentos e roupas para entregar aos regimentos negros; certa vez teve uma audiência com Abraham Lincoln na Casa Branca e lhe perguntou se algum dia ele poderia proibir a segregação racial em locais públicos, como bondes e restaurantes. Em 1883 ela adoeceu de uma úlcera na perna. O doutor Kellogg, do Sanatório Battle Creek (e, mais tarde, conhecido pelos flocos de milho), enxertou um pedaço de sua própria pele na perna de Sojourner, na tentativa fracassada de salvá-la.

TUTANKHAMON

O antigo Egito era governado por faraós considerados divinos, mas cujas vidas, na maioria, terminavam de maneira muito terrena, normalmente em decorrência de assassínios, violência ou desaparecimentos misteriosos. Tutankhamon, ou rei Tut, é o mais célebre dos faraós, tendo ficado conhecido como "o Rei Menino". Seu túmulo foi descoberto em 1922, e desde então sua múmia já percorreu o mundo e foi vista por milhões de pessoas. Radiografias de seus restos mortais mostram que sua morte se deveu a um golpe na parte posterior da cabeça, provavelmente sofrido enquanto ele dormia. Contudo, alguns especialistas menos realistas dizem que ele morreu de causas naturais, possivelmente de um tumor cerebral ou uma enfermidade pulmonar. Tutankhamon se tornou faraó aos 9 anos de idade, em 1334 a.C., e morreu dez anos depois, aos 19.

V

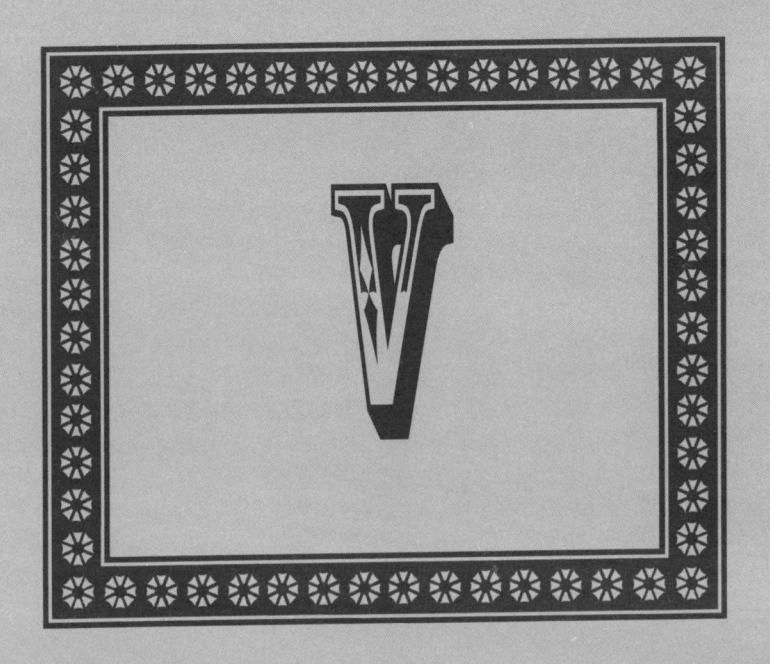

RODOLFO VALENTINO

De origem italiana e francesa, dotado de beleza andrógina, Rodolfo Valentino foi o primeiro símbolo sexual masculino do cinema. Começou como músico e dançarino profissional de tango, mas fez seu nome no cinema mudo, especialmente com *The Sheik* (1925), em que um harém interminável de mulheres se joga em seus braços. Valentino morreu antes da era do Oscar, mas foi sem dúvida alguma a maior atração das bilheterias na era do cinema mudo, de 1914 a 1926 — ano em que faleceu, aos 31 anos, oficialmente de complicações decorrentes de uma cirurgia de úlcera. Extra-oficialmente, dizia-se que o buraco em seu estômago fora provocado por um tiro disparado por um marido enciumado que o teria flagrado em um de seus muitos encontros amorosos clandestinos. Mais de 100 mil pessoas compareceram a seu funeral. Jornais de todos os Estados Unidos divulgaram que mulheres estavam se suicidando, e circularam histórias sobre pelo menos vinte mulheres que teriam morrido de ataque cardíaco ao tomar conhecimento do falecimento de seu ídolo. O fiel cão de guarda de Valentino, Kahar, esperou por duas semanas ao lado da porta pelo retorno de seu dono, e então morreu repentinamente, sem razão aparente.

RUDY VALLÉE

"As Time Goes By" foi um grande sucesso de Rudy Vallée (Hubert Prior) em 1931, defendendo a tese de que o amor romântico "vai durar, enquanto o tempo existir". A canção seria usada mais tarde em *Casablanca*. Antes de surgirem ídolos como Elvis ou Sinatra, as garotas se derretiam ao ouvir Rudy Vallée, também conhecido como "Amante Errante", que cantava com a ajuda de megafone. Quando a Segunda Guerra Mundial chegou ao fim, a carreira de cantor perdeu força, mas ele continuou ativo, atuando em mais de cinqüenta filmes e produções de televisão, até falecer em 1986 de câncer de pulmão, algumas semanas antes de seu 85º aniversário. Vallée estava assistindo na televisão a um programa sobre a reforma da Estátua da Liberdade, quando respirou fundo e morreu. De acordo com a certidão de óbito, a morte se deveu a um ataque cardíaco.

CORNELIUS VANDERBILT

No início do século XIX, Cornelius Vanderbilt, com apenas 16 anos, inaugurou seu primeiro serviço de balsa, que transportava lavradores de Staten Island para Manhattan a fim de venderem seus produtos na Rua Whitehall. Ele trabalhava de sol a sol, sem temer o mau tempo ou a concorrência e freqüentemente recorrendo a métodos escusos para proteger seu espaço de atuação no cais do porto. Em pouco tempo dominava o transporte de balsas na região, o que conseguiu reduzindo as tarifas até prejudicar a concorrência a tal ponto que esta foi obrigada a comprar seu negócio, com lucro enorme para Vanderbilt. Com o início da corrida do ouro, em 1849, Vanderbilt enxergou uma oportunidade de levar as pessoas para o oeste em embarcações a vapor, um método mais veloz que as carroças usadas até então. Construiu um canal que interligava vários lagos e atravessava a Nicarágua. Quando seus sócios tentaram passá-lo para trás, Vanderbilt lhes escreveu uma carta famosa pela infâmia nos anais da economia americana: "Cavalheiros: os senhores se propuseram a me enganar. Não os processarei, pois a lei é demasiado lenta. Eu os levarei à falência".

Quando um pregador do Tennessee, **William Walker**, declarou-se ditador da Nicarágua e atrapalhou os negócios de Vanderbilt, este bloqueou a chegada de suprimentos a Walker, que acabou sendo derrubado do poder e obrigado a fugir para Honduras, onde foi

A menção à "exaustão" como causa de morte era bastante comum nos atestados de óbito de homens no século XIX. Revelava o valor atribuído pela sociedade à ética do trabalho e funcionava como indicativo de que o defunto era admirado. O termo nunca era usado em conexão com pessoas de classe baixa — no caso delas, a causa de morte citada era a "ausência de fortaleza". As mulheres tampouco tinham a "exaustão" citada como causa mortis, exceto quando a morte ocorria durante o parto.

executado por pelotão de fuzilamento (aos 36 anos, em 1860). Novamente Vanderbilt foi pago para deixar a América Central — dessa vez por uma taxa de US$ 56 mil mensais. Depois da Guerra Civil ele aplicou a mesma tática de pressão implacável sobre o setor ferroviário, comprando e manipulando ações. Vanderbilt não era generoso (a filantropia ficou por conta de seus descendentes). Morreu em 1877, segundo o *New York Times* de "exaustão", aos 82 anos de idade. Era o homem mais rico do mundo; sua fortuna foi avaliada em US$ 100 milhões, o equivalente a US$ 8 bilhões em dólares de hoje.

GIOVANNI DA VERRAZANO

Em 1524 o italiano Giovanni da Verrazano, navegando sob bandeira francesa, explorou a costa norte-americana desde a Terra Nova até as Carolinas, tendo sido o primeiro a descobrir a enseada de Nova York. Ele descreveu os habitantes de Nova York na época: "As pessoas são quase iguais umas às outras e se vestem de penas de aves de diversas cores. Elas se aproximaram de nós com grande alegria, soltando grandes gritos de admiração". Mas Verrazano não recebeu a mesma acolhida calorosa quando velejou para o sul, até o Caribe, e ancorou ao largo de Guadalupe. Ali, em 1528, aos 43 anos de idade, foi posto num caldeirão de água fervente e devorado ainda fresco.

AMÉRICO VESPÚCIO

Américo Vespúcio foi um cartógrafo italiano que supostamente fez duas viagens ao Novo Mundo, embora existam dúvidas sobre se ele de fato fez mesmo as duas. Mas Vespúcio foi, com certeza, o primeiro a mostrar à Europa que o que Colombo descobrira era um novo continente, e não parte da Ásia como até o próprio Colombo acreditou até morrer. Vespúcio era um mercador altamente instruído e lido; de seu currículo constavam até mesmo algumas aulas de arte ministradas por Michelangelo. Um mapa publicado em 1507 trazia seu primeiro nome tão destacado que as novas massas terrestres ali desenhadas acabaram sendo descritas como "América". O editor do mapa tentou mudar esse nome na segunda tiragem, mas "América" soava exótico, e o nome acabou sendo largamente adotado. Vespúcio recebeu o cargo de chefe de navegação em Sevilha, treinando marinheiros, e ali permaneceu até a morte, em 1512, aos 58 anos, de febre intermitente (tifo ou malária) que contraiu de um marinheiro que retornara do continente que ostentava seu nome.

VIQUINGUES (VIKINGS)

Os viquingues tiveram sua época áurea entre os séculos VIII e XI, quando esses guerreiros-marinheiros nórdicos usavam longos navios movidos a velas e remos nos mares nórdicos, além de invadir a maior parte da Europa, chegando até Bagdá, ao sul, e à Rússia. Os viquingues eram temidos, e com razão, porque seus ataques eram fulminantes e inesperados e eles não se mostravam interessados em fazer muitos prisioneiros. O nome de um de seus líderes, Erik, o Machado Sangrento, resume a história de sua vida. Inicialmente Erik foi admirado pela habilidade no uso da arma viquingue — um pesado machado de ferro, capaz de cortar uma cabeça ao meio como se fosse uma noz. Coroado, foi rei por algum tempo, mas acabou afastado do trono pela pressão popular. Comenta-se que um sobrenome como o seu talvez lhe causasse problemas de imagem, mesmo em tempos de paz. Machado Sangrento foi atraído para as charnecas de Teesdale, no norte da Inglaterra, pelo agente de um rei rival, e morto por um machado ainda mais sangrento que o seu, em 954 d.C.

Erik, o Vermelho (que não tinha parentesco com a família de Machado Sangrento) foi assim chamado por seus cabelos e barba ruivos, mas a razão pode também ter sido seu temperamento explosivo. Quando era jovem, seu pai foi expulso da Noruega devido a "algumas matanças". Com sua família, transferiu-se para a Islândia. Como seu pai, Erik acabou sendo banido da Islândia (Terra do Gelo) por "algumas matanças", entre as quais o assassinato de seus vizinhos, o que o obrigou a navegar 800 quilômetros em direção oeste, até assentar-se na Groenlândia (Terra do Verde). Se Erik não tivesse sido tão estouvado, a América não teria sido descoberta. Leif Eriksson encontrou a Terra Nova, à qual chamou Vinland (Terra das Uvas) devido às uvas silvestres encontradas nas florestas. Entre 1000 e 1003, com seus irmãos e irmãs, Leif tentou criar uma colônia norte-americana, tendo enviado excursões exploratórias que chegaram até o atual estado de Maryland, nos Estados Unidos. Depois da morte de Erik, de gripe, no inverno de 1003, aos 53 anos, Leif não voltou a Vinland; permaneceu na Groenlândia para comandar o assentamento viquingue ali criado. Mas enviou a Vinland seu irmão Thorwald, que foi morto por indígenas americanos, e seu outro irmão, Thorstein, enviado para recuperar o corpo de Thorwald, mas cujo navio se perdeu no mar. Leif morreu de pneumonia em 1020, aos 58 anos. Suas derradeiras palavras foram: "Se dois homens pensam igual, então um deles não está pensando".

W

A FAMÍLIA WALLENDA

A **família Wallenda** é a mais conhecida família circense moderna especializada em aramismo em grandes altitudes. O patriarca, o alemão Karl Wallenda, começou a aprender o ofício em 1905, aos 6 anos de idade, e, juntamente com seu irmão, entrou para o Circo Barnum, fazendo sua sensacional estréia americana no Madison Square Garden, em 1928, sem rede de segurança. Mais e mais membros da família foram se juntando à trupe, até serem suficientes para apresentar a célebre pirâmide de sete pessoas sobre a corda bamba. Em 1962, a pirâmide ruiu e o genro, Richard Faughnan, e o sobrinho, Dieter Schepp, de Wallenda morreram ao cair de uma altura de 12 metros. Em 1972, outro genro de Wallenda foi eletrocutado quando escalava um poste para apresentar sua parte desse número. Karl acabou optando pela carreira solo e passou a andar em um arame esticado sobre estádios de futebol; aos 65 anos de idade, caminhou sobre a ravina das cataratas de Tallulah, na Geórgia, percorrendo uma distância de 366 metros. Em 1978, aos 73 anos, morreu ao cair de um cabo de 228 metros de comprimento estendido entre dois hotéis de frente para o mar em Porto Rico. Uma forte rajada de vento o derrubou do cabo, e Wallenda desabou de uma altura de 30 metros, batendo num táxi antes de cair sobre a calçada. Morreu de traumatismo e fraturas múltiplas.

ELES ANDAM NA CORDA BAMBA

O volatim, ou funambulista — aquele que se equilibra em uma corda bamba ou arame —, é há muitos anos o paradigma da pessoa que não tem medo de riscos, geralmente ligada a um circo e, por definição, alguém que desafia a morte com freqüência. Andar numa corda em qualquer altura requer habilidade, mas a façanha só ganha valor quando a corda é esticada a grande distância do chão, de modo que a emoção passa a estar na ausência de qualquer margem para erros.

Harold Davis, conhecido pela alcunha artística de "O Grande Alzana", fazia as coisas mais malucas na corda bamba, como dar cambalhotas para trás, andar de bicicleta e pular corda. Ele se negava a usar rede de segurança. "Se você a tiver", dizia, "cairá nela." Davis quebrou a coluna em três ocasiões distintas: em Miami, Boston e Nova York. Depois de seu último acidente, o estado de Nova York aprovou uma lei exigindo que trapezistas usassem redes. Aposentado, Davis ficava sentado no quintal de sua casa em Sarasota, na Flórida, trepava numa escada e percorria um arame baixo que estendera no jardim, apresentando-se para uma platéia de formigas e gafanhotos. Acabou por causar um ataque cardíaco em si próprio, do qual morreu aos 82 anos, em 2001.

FATS WALLER

O primeiro emprego musical de Fats Waller (Thomas Wright Waller), nascido em 1904, foi como organista em cinemas, quando tinha 16 anos. Em meados da década de 1920, porém, ele já gravava e compunha músicas. A mais famosa delas, "Ain't Misbehavin'", foi composta para a produção na Broadway de *Hot Chocolates* e cantada por Louis Armstrong em 1929. Fats (que pesava mais de 136 quilos) tinha apetite insaciável pela vida, sendo apaixonado não apenas por sua música, mas também por mulheres, álcool e comida. Seu peso e seu uso excessivo de álcool foram aumentando em decorrência do estresse provocado pelos processos de pensão alimentícia de que foi alvo, e Fats passou os últimos anos de vida combatendo problemas de saúde (tendo recebido o diagnóstico de pneumonia leve recorrente), ao mesmo tempo em que cumpria um cronograma exaustivo de apresentações. Em 1943, morreu de um ataque cardíaco fulminante, resultante da pneumonia. Tinha 39 anos e estava num trem, a caminho de uma apresentação em Kansas City, no Missouri.

Hoje, quando um médico diagnostica pneumonia leve recorrente num paciente, em geral se refere a uma infecção pelo organismo Mycoplasma pneumoniae, *bactéria que afeta o sistema respiratório mas que provavelmente não prejudicará o paciente tanto quanto o faria uma pneumonia plena. Na época de Fats Waller, porém, isso significava que ele sofria de deficiências do sistema imunológico decorrentes de estresse e levava um estilo de vida inadequado que permitia que microrganismos, vírus, substâncias químicas irritantes ou organismos estranhos afetassem seu coração, levando-o à morte.*

GEORGE WASHINGTON

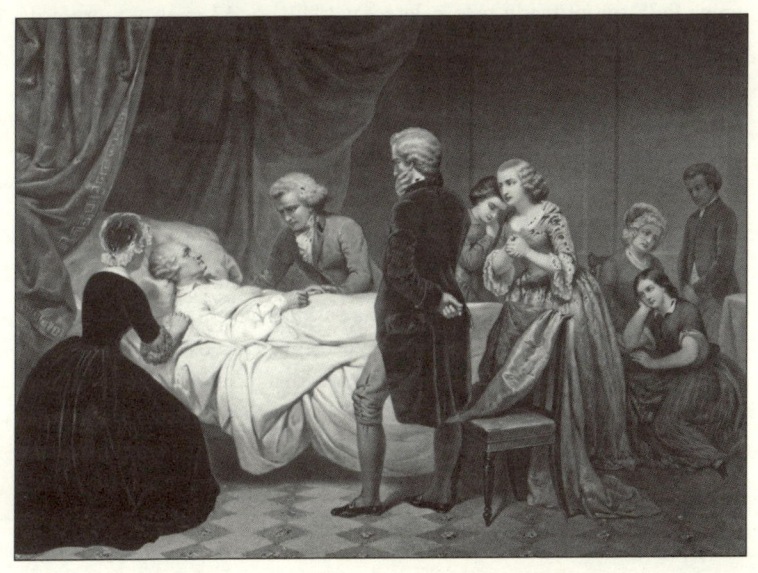

George Washington tornou-se o primeiro presidente dos Estados Unidos, em 1789. Recebeu uma oferta de salário anual de US$ 25 mil (exorbitante para a época), que, num primeiro momento, recusou, não querendo prejudicar sua reputação de homem público ilibado. Foi convencido a aceitar o salário para não criar um precedente que levaria os presidentes futuros a saírem apenas do grupo dos cidadãos mais ricos do país. Depois de deixar a presidência, em 1797, Washington foi viver em sua residência em Mount Vernon. Ali, ajudou um vizinho cuja carruagem caiu numa valeta durante uma tempestade. Washington teve dor de garganta, e, quando ela se agravou, convocou seus médicos pessoais. Naquela época, mesmo os médicos mais respeitados acreditavam que a doença era fruto de um desequilíbrio dos quatro fluidos vitais, conhecidos como humores, e que a drenagem de uma quantidade importante de sangue do paciente faria o organismo voltar ao estado equilibrado e saudável. Os médicos de Washington drenaram meio litro de seu sangue e o fizeram tomar um preparado de melado, vinagre e manteiga derretida. Indiferentes a seus protestos, repetiram o tratamento três vezes. Washington morreu pouco depois. O ano era 1799, e ele tinha 67 anos. A causa oficial de sua morte, citada no atestado de óbito, foi pneumonia, e não erro médico. Momentos antes de morrer, Washington cochichou ao médico que não queria ser enterrado de imediato. Ele tinha muito medo de ser sepultado ainda vivo. Os sinos das igrejas tocaram por quatro dias sem parar até que seu ataúde foi posto na terra.

*Para comemorar o 50º aniversário da Declaração da Independência, o governo declarou 1826 "ano de júbilo nacional". Enquanto o 4 de Julho era festejado em todo o país com tiros de canhões de verdade e disparos de balas, dois autores do histórico documento da independência, ambos ex-presidentes, morreram a poucas horas um do outro: **Thomas Jefferson** sucumbiu à diarréia e problemas digestivos e urinários crônicos, aos 83 anos, e **John Adams** morreu de pneumonia aos 90.*

Os Estados Unidos tiveram 39 presidentes mortos até agora. A idade média de seu falecimento é de 69 anos.

OS PRESIDENTES NÃO CITADOS EM OUTRA PARTE

James Polk foi vitimado pelo cólera em 1849, aos 53 anos, e morreu de disenteria.

Chester Arthur morreu de falência renal crônica em 1886, aos 57.

William McKinley recebeu um tiro em Buffalo, no estado de Nova York, em 6 de setembro de 1901 e morreu em 14 do mesmo mês, aos 58 anos. Sua morte se deu por hemorragia interna, numa época em que ainda não se conheciam os procedimentos de transfusão sanguínea.

Theodore Roosevelt faleceu em 1919, aos 60 anos, em decorrência de infarto. Em 1912 Roosevelt recebeu um tiro no peito, mas continuou a fazer um discurso de uma hora e meia, mesmo com a bala alojada em suas costelas.

Calvin Coolidge morreu de ataque cardíaco em 1933, aos 60 anos.

Franklin D. Roosevelt morreu de acidente vascular cerebral em 1945, aos 63.

Ulysses S. Grant morreu de câncer de garganta em 1885, quando tinha 63 anos.

Quando Grant estava no leito de morte, um ministro que o assistia exclamou: "É a Providência. É a Providência Divina". O presidente pediu uma folha de papel e nela rabiscou: "Não, foram os charutos e o conhaque".

Lyndon B. Johnson morreu inesperadamente em 1973, aos 64 anos, de ataque cardíaco fulminante. Ele foi encontrado deitado na cama, com o braço estendido para pegar o telefone.

O presidente abstêmio **Franklin Pierce** morreu de cirrose hepática aos 64 anos, em 1869.

Andrew Johnson faleceu aos 66 anos, em 1875, de derrame cerebral.

A morte de **Woodrow Wilson**, em 1924, aos 67 anos, se deveu a enfermidades diversas. A *causa mortis* oficial foi apoplexia, definida na época como cessação repentina de todos os sentidos.

Benjamin Harrison morreu de pneumonia em 1901, aos 67 anos.

Rutherford B. Hayes morreu de ataque cardíaco aos 70, em 1903.

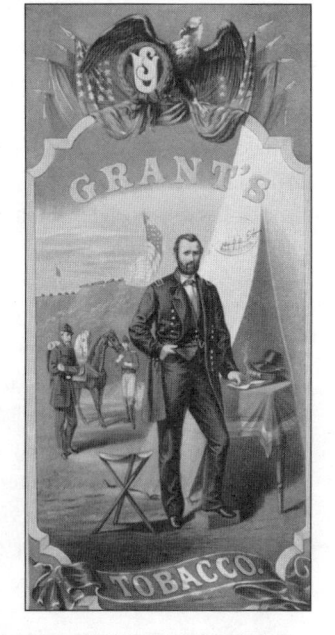

Grover Cleveland sofreu um infarto mortal em 1908, aos 71 anos de idade.

John Tyler morreu com 71 anos, em 1862. Seu atestado de óbito atribui a morte à "biliosidade", ou seja, icterícia associada a doença hepática. Doente ou não, ele se tratou durante anos com emplastros de mostarda, conhaque e um xarope antitussígeno à base de morfina.

James Monroe faleceu em 1831, aos 73 anos, de tuberculose.

Andrew Jackson morreu com 78 anos, em 1845, de "consumpção e hidropisia decorrentes de ferimentos antigos". Hidropisia é um edema, e a consumpção — no caso de Jackson, pelo menos — significava tuberculose. Pouco antes de morrer, Jackson olhou-se no espelho e disse: "Sou um gordo de água".

Aos 78 anos de idade, **Dwight D. Eisenhower** morreu de falência cardíaca congestiva, em 1969.

Após a morte do presidente Eisenhower, cirurgiões extraíram cálculos biliares e um molar superior de seu corpo. Esses suvenires estão expostos no Museu Nacional de Saúde e Medicina.

Em 1862, quando tinha 79 anos, **Martin van Buren** morreu de pneumonia.

Aos 80 anos de idade, **John Quincy Adams** caminhou, trôpego, até a tribuna da Câmara dos Deputados, esperou os aplausos terminarem e então caiu ao chão, morto de derrame cerebral fulminante, em 1848.

Richard Nixon morreu em 1994, aos 81 anos, de acidente vascular cerebral.

James Madison faleceu aos 85, em 1836, de "debilidade", termo empregado na época para designar as mortes provocadas por velhice e cansaço.

Harry S. Truman morreu em 1972, aos 88 anos, de falência cardíaca e arterial.

Ronald Reagan faleceu com 93, em 2004, de complicações decorrentes do mal de Alzheimer.

Gerald Ford, o presidente americano mais longevo, morreu de pneumonia em 2006, aos 93 anos.

JOHN WAYNE

Depois de representar caubóis ou militares em quase cem filmes, John Wayne finalmente foi premiado com o Oscar de melhor ator por *Bravura indômita* (1969). Ele próprio, visto como paradigma de virilidade e força, foi dispensado do serviço militar durante a Segunda Guerra Mundial devido a um problema do ouvido interno. Comentou-se que a conquista do Oscar teria somado dez anos a sua vida. Apesar de ter fumado em média quatro maços diários de cigarros por quase toda a vida, Wayne morreu de câncer gástrico em 1979, aos 72 anos.

Em 1955, John Wayne fez parte dos 120 atores e membros da equipe técnica que trabalharam em Sangue de bárbaros. *O filme foi rodado no estado de Utah, num local contaminado por resíduos radiativos de testes atômicos. Boa parte do solo foi levada de volta a Hollywood para a filmagem de cenas em*

estúdio. Em 1980, mais de noventa das pessoas que trabalharam no filme já sofriam de câncer, doença que matou 46 delas. Embora Wayne estivesse ciente do perigo, tanto que freqüentemente levava um contador Geiger para o estúdio de filmagem, considerava o risco insignificante.

JACK WEBB

O seriado *Dragnet* era centrado em procedimentos policiais, como os posteriores *Hill Street Blues* e *NYPD Blue* [*Nova York contra o crime*]. *Dragnet* é provavelmente o mais famoso de todos os seriados policiais que a televisão já teve. "Apenas os fatos, madame" deve ser a melhor frase já proferida por um policial durão na tevê. O seriado ficou no ar de 1951 a 1959 e entre 1967 e 1970. O sempre calmo sargento Joe Friday era representado por Jack Webb. Embora fosse recordado pelo papel de tira durão, Webb também foi diretor, produtor e roteirista (sob o pseudônimo de John Randolph) de dezenas de produções de rádio, cinema e televisão. Detalhista, dava grande importância ao realismo. Essa característica, aliada ao tabagismo, o levou a morrer de ataque cardíaco em 1982, aos 62 anos. Os policiais de toda parte apreciavam profundamente sua atuação como sargento Joe Friday, tanto que, quando Webb morreu, o Departamento de Polícia de Los Angeles lhe deu um enterro com honras policiais completas e aposentou seu distintivo imaginário de número 714, apesar de ele nunca ter trabalhado na polícia na vida real.

O primeiro seriado a mostrar histórias policiais sob a óptica de um advogado foi Perry Mason, *cujo personagem-título protagonizou oitenta romances de Erle Stanley Gardner antes de a série estrear na televisão em 1957, permanecendo no ar até 1966. O durão* **Ray Collins**, *que fazia o papel do tenente Tragg, acabou derrubado em 1965, aos 75 anos, por um enfisema.* **William Hopper** *representava o detetive Paul Drake, encarregado de procurar provas para inocentar os clientes injustamente acusados de Perry Mason. Ele morreu misteriosamente de pneumonia em 1970, aos 55 anos. O advogado de defesa Perry Mason era representado por* **Raymond Burr** *(que mais tarde faria o investigador-chefe em* Ironside). *Burr recebeu de um câncer no fígado sua intimação derradeira e inescapável, em 1993, quando tinha 76 anos.*

GEORGE WELCH

O ataque-surpresa da força aérea japonesa contra Pearl Harbor não deu tempo às forças americanas de colocar seus aviões no ar; debaixo do fogo cerrado, apenas vinte aviões conseguiram decolar. Um piloto americano, George Welch — herdeiro de uma fortuna enorme feita com a produção de suco de uva — e seu colega **Ken Taylor** estavam terminando uma partida de pôquer que durara a noite inteira quando viram o céu do amanhecer repleto de aviões japoneses. Destemidos, os dois decolaram diretamente para dentro da batalha, disparando todas as suas armas. Welch derrubou quatro bombardeiros antes de seu avião Tomahawk P-40 ser atingido e forçado a aterrissar. Ele acabaria por derrubar outros doze aparelhos inimigos no teatro de guerra do Pacífico. Suas façanhas foram mostradas no filme *Tora! Tora! Tora!* Welch não recebeu a Medalha de Honra porque, foi esta a desculpa, decolou sem ordens oficiais. Mais tarde, tornou-se o primeiro piloto a romper a barreira do som, mas não recebeu o crédito pela façanha devido ao uso de aparelhos de registro de velocidade supostamente não-oficiais. Morreu em 1954, aos 36 anos, durante outro vôo experimental em que foi obrigado a se ejetar do avião. Seu corpo ainda estava preso ao assento de ejeção; ele morreu de traumatismo e ferimentos internos. Ken Taylor tornou-se general-de-brigada e morreu em 2006, aos 86 anos.

HORACE WELLS

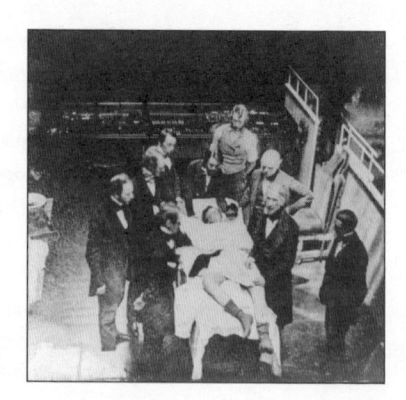

Quando Horace Wells, dentista de Connecticut, viu os efeitos do óxido nitroso durante um espetáculo de parque de diversões, no qual uma pessoa sob a influência do gás parecia estar consciente mas era indiferente à dor, ele entendeu que aquilo encerrava algo de importância. Wells realizou experimentos consigo próprio, e então começou a utilizar o gás com seus pacientes. Procurou promover seu uso entre colegas de profissão, mas foi recebido com descaso. Os especialistas da época qualificaram a idéia de "fajuta". Wells então procurou outro recurso anestésico e optou pelo clorofórmio, do qual se tornou muito dependente. Depois de ser acusado de molestar pacientes do sexo feminino quando estavam sob o efeito do clorofórmio, ele jogou ácido sulfúrico sobre duas prostitutas que encontrou na rua. Em 1848, três dias antes de seu 33º aniversário, Wells pôs fim à própria vida, cortando a artéria femoral de sua perna e inalando uma forte dose de clorofórmio.

RISCOS OCUPACIONAIS

Acredita-se que a dependência de anestésicos, como o hidrocloreto de meperidina (Demerol) e outros narcóticos, seja maior entre os médicos. A razão disso é que eles têm anestésicos facilmente ao alcance da mão, aliada à idéia equivocada de que esses profissionais seriam mais capazes de controlar a utilização das substâncias. Alguns médicos somam à ingestão de produtos farmacêuticos o álcool, além de freqüentemente usarem drogas para acelerar sua recuperação das ressacas. Muitos dos médicos que bebem também manifestam tendência de moderada a grave ao narcisismo, semelhante à de Horace Wells. Hoje, de todas as categorias profissionais, a que apresenta a maior incidência de suicídios pela ingestão de drogas é a dos médicos, sendo a taxa mais alta verificada entre os de etnia branca, do sexo masculino, com idade entre 24 e 35 anos.

EDITH WHARTON

Edith Wharton foi premiada com o Pulitzer em 1921, por *A era da inocência*, e novamente em 1927, dessa vez por *Twilight Sleep*. Nascida em família rica com o nome Edith Newbold Jones, ela se casou aos 23 anos com Teddy Wharton. Divorciou-se em 1913, após quase 25 anos de casamento, e então teve uma série de casos amorosos altamente divulgados. Edith Wharton sentia forte atração por tudo o que era europeu, tanto que fez 66 viagens transatlânticas — empreendimento nada desprezível naquela época. Foi amiga de todos os grandes nomes da época, como Henry James, F. Scott Fitzgerald e Ernest Hemingway, além de Theodore Roosevelt. Wharton continuou a escrever até morrer, em 1937, aos 75 anos, de derrame apoplético.

CHARLES WHILDEN

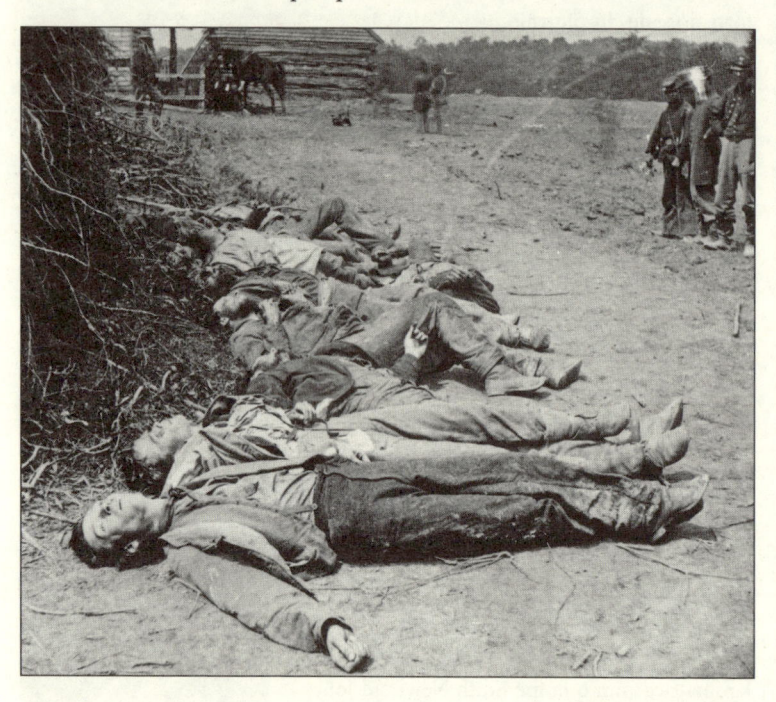

Durante a Guerra Civil Americana, os porta-bandeiras eram importantes para assegurar o moral das tropas, à frente dos avanços sobre o inimigo. Mas essa posição costumava ser a primeira visada pelos atiradores adversários, e os soldados que carregavam a bandeira com freqüência se tornavam ímãs humanos para as balas. Na Batalha de Fair Oaks, por exemplo, em 1862, que teve mil mortos, doze porta-bandeiras morreram apenas na frente sul. Seria razoável supor que os soldados interessados em sobreviver evitassem o encargo de portar a bandeira sempre que possível. Mas o caso do soldado raso confederado Charles Whilden era o oposto. Com 41 anos de idade, apesar de mal conseguir caminhar e de ter evidentemente tido sua velhice apressada pela guerra, Whilden fazia questão de ser o porta-bandeira. De acordo com uma testemunha ocular, Whilden estava "com a saúde debilitada e totalmente inapto para o serviço ativo [...] Na realidade, tropeçava a cada passo dado". Quando o mastro da bandeira foi despedaçado pelos tiros, Whilden envolveu seu próprio corpo nela e liderou o ataque. Acabou sendo baleado no ombro e carregado para junto dos médicos, ainda agarrado à bandeira. Dispensado do exército, recebeu de presente a bandeira, mas muito pouco além dela, e morreu dois anos depois durante uma convulsão epilética. Sobreviveu à guerra, mas morreu afogado numa poça de água da chuva de 5 centímetros de profundidade. A bandeira que Whilden carregou está exposta no prédio do Capitólio de Columbia, na Carolina do Sul.

THORNTON WILDER

Thornton Wilder recebeu um prêmio Pulitzer em 1928 por seu romance *best seller* A Ponte do Rei São Luís, sobre uma ponte do Peru que desabou matando cinco pessoas. Também foi dramaturgo, sendo sua peça mais conhecida *Our Town*, que lhe valeu outro Pulitzer, dez anos após o primeiro. Uma terceira peça, *The Skin of Our Teeth*, também recebeu o prêmio, em 1943. Wilder nunca admitiu publicamente ser homossexual, mas seu estilo de vida era admirado pela comunidade *gay*. Seu amigo íntimo, o escritor Samuel M. Steward (*Understanding the Male Hustler*), teria sido também seu amante. Wilder faleceu em 1975, aos 78 anos, de ataque cardíaco.

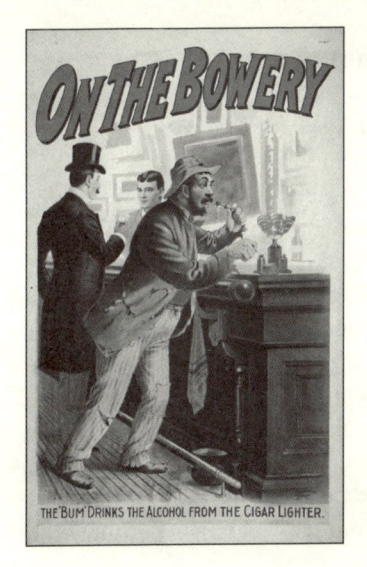

BILL WILSON

Bill Wilson (William Griffith Wilson), co-fundador dos Alcoólicos Anônimos, morreu em Miami em 1971, aos 75 anos de idade. Ele criou um programa que ajudou milhões de pessoas a escapar da devastação provocada por uma enfermidade antes vista como irreversível, sem demonizar o álcool nem pedir a proibição de sua venda às pessoas para as quais beber não representava risco. Ao longo de sua vida, Wilson fez de sua idéia — a auto-ajuda por meio de um programa em doze passos — o método de promoção da saúde mental mais amplamente utilizado, podendo ser empregado no combate ao álcool, à compulsão alimentar, à compulsão pelo jogo e até mesmo ao câncer. O célebre pensador e escritor Aldous Huxley descreveu Wilson como "o maior arquiteto social do século XX". Quando morreu, seu obituário publicado pelo *Washington Post* indicou que ele sofria de pneumonia, mas o verdadeiro culpado por sua morte foi um enfisema fatal. Bill Wilson fumara dois maços de cigarros por dia por mais de cinqüenta anos. Dias antes de morrer, suplicou às pessoas que estavam perto que lhe trouxessem uma garrafa de uísque. Seu último desejo não foi atendido. Seus 35 anos de sobriedade e sua condição de ícone da luta pela recuperação social permaneceram intactos. O Dr. Bob (**doutor Robert H. Smith**), que, juntamente com Bill, fundara o movimento em 1935, era o contrapeso perfeito a sua tendência para a grandiosidade excessiva. Bill, em dado momento, pensara em levar o conceito da recuperação a Rockefeller para buscar financiamento. Sem alarde, o Dr. Bob patrocinou (termo usado pela AA para se referir ao trabalho do mentor pessoal) mais de 5 mil homens e mulheres, ajudando a salvar um número enorme de desesperançados de suas próprias mazelas. Ele morreu sóbrio, em 1950, aos 71 anos, de câncer. Suas últimas palavras para Bill foram: "Não pise na bola. Conserve a simplicidade".

EXISTEM ESTIMADOS 12 MILHÕES DE ALCOÓLATRAS NOS ESTADOS UNIDOS. MAIS DE 78 MIL MORTES EM 2006 FORAM DIRETAMENTE ATRIBUÍDAS AO CONSUMO EXCESSIVO DE ÁLCOOL.

THOMAS WOLFE

Thomas Wolfe chegou ao sucesso de vendas em 1935 com seu romance *Of Time and the River*, a história da busca da realização por um homem que partiu de uma pequena cidade do interior dos EUA para Nova York — com abundantes elementos autobiográficos que retratavam sua vida em Chapel Hill, na Carolina do Norte, e sua jornada para tornar-se escritor. Escreveu quatro romances, embora apenas dois tenham sido publicados enquanto viveu. O primeiro, *Look Homeward Angel* (1929), foi dedicado a uma mulher casada, vinte anos mais velha que ele, com quem Wolfe teve um caso amoroso problemático e tempestuoso. Em 1938 ele contraiu pneumonia, e, durante uma cirurgia, descobriu-se que sofria de tuberculose cerebral, que o levou à morte aos 37 anos de idade.

ALEXANDER WOOLCOTT

Alexander Woolcott era amplamente conhecido por seu programa semanal de rádio, o "Town Crier"; foi importante crítico de teatro do *New York Times* e colunista de fofocas da revista *The New Yorker*. Com seus elogios bombásticos ou suas críticas acerbas, tinha o poder de garantir o sucesso ou fracasso de uma peça ou um filme que estreavam. Por temor de suas críticas, vários teatros da Broadway proibiram sua presença nas noites de estréia. Na vida real, Woolcott era uma personalidade interessante; solteiro vitalício, referia-se a si próprio como "monstro fabuloso" e cumprimentava os amigos íntimos dizendo "alô, Repulsivo". Em 1943, durante um programa ao vivo no rádio, sofreu um ataque cardíaco; permaneceu no ar até o final da transmissão, e morreu quatro dias após seu 56º aniversário.

FRANK WOOLWORTH

A primeira loja americana de artigos variados a preço baixo foi aberta por Frank Woolworth em 1878, com a idéia de vender todos os tipos de mercadorias por 5 ou 10 *cents*. Com isso, muitos outros varejistas foram excluídos do mercado, e Woolworth não demorou a difundir seu conceito por todo o país. Em 1910 encomendou a construção de um arranha-céu em Nova York e pagou por ele em dinheiro vivo. O Edifício Woolworth, que se tornou a sede de sua empresa, foi o mais alto do mundo até 1930. O conceito de 5 ou 10 *cents* saiu de moda na década de 1970, dando lugar às grandes lojas de descontos. A grande concorrente da Woolworth's entre as lojas de 5 ou 10 *cents*, a S. S. Kresge Co., tornou-se a Kmart, e a Woolworth's virou Foot Locker. F.

W. Woolworth, filho de um fazendeiro que começou com uma simples mesa na qual vendia mercadorias a preço baixo na rua principal de Watertown, no estado de Nova York, e depois trabalhou sem salário numa mercearia para aprender o ofício, morreu dono de uma fortuna de US$ 65 milhões e de mais de mil lojas espalhadas pelo país. Porém, ele, um dos homens mais ricos do mundo, tinha medo do dentista. Morreu de infecção periodontal aos 66 anos, em 1919, cinco dias antes de seu aniversário.

Problemas com os dentes eram a quinta maior causa de mortes no século XX. Eram freqüentemente os ricos, e não os integrantes das classes mais pobres, que sofriam mais com cáries e problemas de gengiva, devido ao excesso de açúcar em sua dieta. As bactérias dos dentes infectados podem ingressar na corrente sanguínea e alojar-se no coração. Os abscessos extremos podem provocar septicemia ou infecção generalizada do sangue.

FRANK LLOYD WRIGHT

Frank Lloyd Wright foi um arquiteto inovador que definiu como as construções podem interagir com a natureza. Pacifista durante a Segunda Guerra Mundial, incentivou seus alunos a fugir da convocação militar, o que acabou levando-o a ser incluído na lista do senador McCarthy de acusados de atividades antiamericanas, fato que explica por que não existem edifícios governamentais nos EUA criados por ele. Tendo trabalhado incansavelmente até a morte, em 1959, aos 91 anos, faleceu de complicações pós-cirúrgicas, deixando inacabado seu famoso Museu Guggenheim, em Nova York, que incluía uma rampa em espiral a percorrer o prédio. Indagado sobre o conselho que poderia deixar aos interessados, Lloyd Wright respondeu: "Pimenta. Não a coma. Ela vai matar você antes do tempo".

WILBUR E ORVILLE WRIGHT

Wilbur e Orville Wright são considerados nos Estados Unidos os inventores da primeira aeronave a ter voado de fato. Os irmãos Wright com certeza não foram os primeiros, e poderiam ter sido relegados à lista dos que apenas quase o conseguiram, não fosse o fato de Wilbur Wright ter sido atingido no rosto com uma raquete quando disputava uma partida esportiva em 1886, aos 19 anos. Esse acidente o confinou em casa por quatro anos, devido em parte a uma enfermidade cardíaca que se acreditou tivesse sido provocada pelo golpe em sua cabeça. Wilbur passou a convalescença lendo boa parte da biblioteca de seu pai e procurando tudo o que já fora escrito sobre aviação. Conseqüentemente, tornou-se o sonhador dos dois irmãos. Quando todas as informações sobre aviação publicadas na época lhes pareceram falhas, os irmãos construíram seus próprios túneis de vento e chapas experimentais, fabricaram modelos, planadores e torres para fazer seus equipamentos voadores rudimentares alçar vôo, até que seu primeiro avião voou por 12 segundos, a 36 metros de altitude, em 1903. Wilbur, o sonhador, morreu de febre tifóide em 1912, aos 45 anos. Três anos depois, seu irmão Orville, o mecânico, perdeu interesse na companhia de avião que eles tinham criado e a vendeu. Morreu aos 76 anos, em 1948, de falência cardíaca.

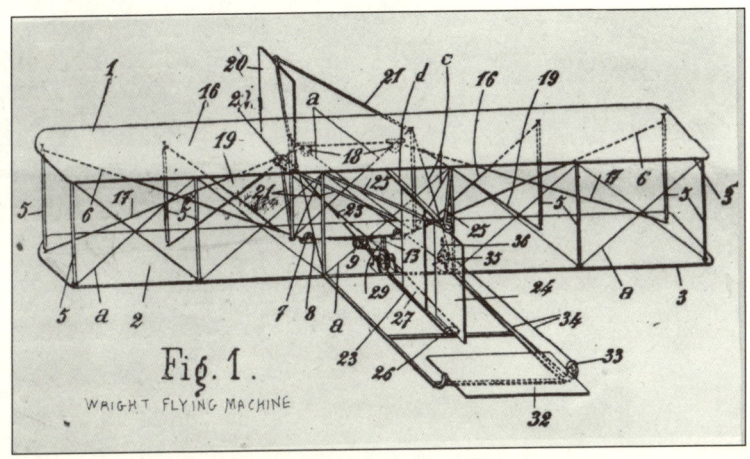

*Em 1908, **Thomas Selfridge**, de 26 anos, tornou-se a primeira pessoa a morrer durante um vôo motorizado, num avião pilotado por Orville Wright que caiu em decorrência de uma falha do motor. Orville ficou gravemente ferido no acidente e, depois disso, nunca mais teve a mesma atitude em relação a voar.*

Y

BRIGHAM YOUNG

Brigham Young tornou-se explorador e, para muitos, herói quando, em 1847, lançou-se na mais bem organizada migração para o oeste da história dos Estados Unidos. Motivado pela visão de encontrar um lugar seguro para implementar suas idéias religiosas, levou a Igreja Mórmon ao Utah e, com isso, ajudou a formar o Oeste americano. Quando chegou ao vale do Grande Lago Salgado, declarou: "Basta; este é o local certo". Durante trinta anos dirigiu a instalação de assentamentos mórmons no que hoje são os estados de Utah, Nevada, Idaho, Wyoming, Arizona e Califórnia. Teve mais de cinqüenta esposas e faleceu de apendicite aguda aos 76 anos, em 1877.

CY YOUNG

O grande lançador Cy Young foi batizado Denton Young, mas recebeu o apelido de Cyclone, mais tarde abreviado para Cy. Fez fama durante o período do beisebol conhecido como "Bola Morta", caracterizado por partidas de escore baixo, dominadas pelos lançadores. Cy Young jogou beisebol profissional por espantosos 22 anos e ainda hoje detém os recordes do maior número de vitórias, maior número de turnos lançados e maior número de partidas completas (749), muito antes da tendência atual de empregar um jogador encarregado especificamente de concluir as partidas. Em campo e fora dele, Cy era essencialmente um sujeito simples e interiorano, que nunca ostentava e era admirado por seu comportamento íntegro e reservado. Depois de aposentar-se do beisebol, em 1912, viveu com US$ 450 por ano, que recebia de investimentos em ações. Cy morreu em 1955, aos 88 anos, de ataque cardíaco, sentado numa cadeira, enquanto visitava um amigo que vivia perto de sua fazenda em Ohio. Sua longevidade foi atribuída a uma vida marcada por poucos remorsos e pelo reconhecimento de seus pares.

A BOLA NA CABEÇA

Desde que o beisebol começou, os lançadores sempre procuraram assustar os batedores atirando bolas velozes que passam perto da cabeça destes. Quando eles erram a pontaria e acertam a cabeça do batedor, isso é conhecido como "*beanball*". Milhares de batedores já foram vítimas de *beanballs*, que provocaram algumas mortes, a maioria das quais ocorridas antes da adoção obrigatória dos capacetes. Foi o que aconteceu em 1906 com Thomas Burke, da Liga da Nova Inglaterra, em 1909 com Charles Pinkey, da Liga Central, e em 1920 com Ray Chapman, de Cleveland, todos jogadores profissionais que morreram depois de atingidos por uma bola na cabeça.

LESTER YOUNG

Lester Young aprendeu música com a banda do pai, tocando bateria em circos e espetáculos itinerantes, aos 10 anos de idade. Ainda adolescente, fugiu de casa para tornar-se músico por conta própria, e em pouco tempo já era reconhecido por seu talento no saxofone e no clarinete. Young não demorou a desenvolver um estilo próprio e inconfundível de segurar o saxofone de lado quando o tocava, como se fosse uma flauta. Ele e Billie Holiday encontraram uma afinidade natural em suas respectivas técnicas musicais e gravaram juntos muitas de suas canções mais famosas. A vida era difícil para tipos sensíveis como Lester, que podia tocar no palco mas, devido à segregação racial, não conseguia que lhe servissem refeições. Billie Holiday desabafou certa vez: "Eu me canso de enfrentar cenas em restaurantes chinfrins de beira de estrada, quando quero ser servida. Canso-me de enfrentar uma confusão federal para tomar café, almoçar e jantar". Para enfrentar as agruras do mundo musical, Lester Young recorreu às drogas e ao álcool, que o matou de cirrose hepática em 1959, quando tinha 49 anos.

ROBERT YOUNG

Em 1960 o então chefe da Comissão Federal de Comunicações dos EUA, Newton Minow, descreveu a televisão como "uma imensidão árida" e lançou uma onda de repressão a qualquer material sugestivo ou inapropriado transmitido pela rádio ou televisão. A iniciativa levou as redes de tevê a produzir programas que mostravam visões adocicadas e falsas da realidade. Dois programas muito populares que alimentaram o mito da família perfeita foram *Leave It to Beaver* e *Papai sabe tudo*. *Leave It to Beaver* eram os EUA do pão de fôrma fatiado no que eles tinham de melhor, apresentando ideais de família e oferecendo lições de moral em torno das menores coisas. Na vida real, **Stanley Fafara**, que representava Whitey, o amigo de Beaver, tornou-se um pequeno criminoso viciado em drogas. Morreu na mesa de cirurgia aos 53 anos, em 2003, de complicações hepáticas e intestinais decorrentes do consumo de entorpecentes. *Papai sabe tudo* era tão popular que foi o único programa a ser transmitido pelas três maiores redes de tevê americanas ao mesmo tempo. **Robert Young**, que fazia o papel do pai, era na vida real tudo menos o "papai" que representava no seriado. Sofria de depressão e alcoolismo e tentou o suicídio em mais de uma ocasião. Morreu de falência respiratória em 1998, aos 91 anos, após uma vida que mais pareceu uma pena de prisão perpétua.

Z

ZIP-A-DEE-DOO-DAH

"Zip-A-Dee-Doo-Dah" recebeu o Oscar de melhor canção do ano em 1947. A música apareceu no desenho animado da Disney *A canção do sul*, cantada pelo personagem fictício Tio Remo — na realidade, **James Baskett**. Em anos posteriores, qualquer coisa relacionada a Tio Remo (personagem narrador de uma coletânea de histórias folclóricas afro-americanas publicadas em 1881) passou a ser tachada de racista, apesar de o filme animado mostrar os negros como personagens sábios e amigáveis, cercados de interioranos brancos não tão inteligentes assim. Em anos recentes, alguns blogues afirmaram que "Zip-A-Dee-Doo-Dah" teria sido escrita por um "mago imperial" da Ku Klux Klan. Na realidade, porém, foi composta por Ray Gilbert, natural de Connecticut, que morreu em 1976 aos 63 anos. Baskett foi um comediante de rádio que também fez alguns filmes e morreu de ataque cardíaco aos 44 anos, em 1948. No mesmo ano, ele recebeu um Oscar póstumo pelo papel de querido contador de histórias infantis. Foi o primeiro afro-americano a ser premiado com um Oscar.

ZORRO

Zorro fez sucesso enorme nas décadas de 1950 e 1960. O ousado mascarado envolto numa capa preta, que traçava a letra Z, sua assinatura, com a espada, era imitado por milhões de crianças, tanto que as letras Z cortadas em carteiras escolares se tornaram uma epidemia nos Estados Unidos. Houve muitos zorros, mas o mais conhecido no primeiro seriado da televisão foi representado por **Guy Williams**, cujo nome de batismo era Armando Catalano — belo, atlético e com 1,88 de altura. Por sua causa, muitas mães acompanhavam o programa ao lado dos filhinhos. Finalmente desmascarado, Zorro morreu em 1989, aos 65 anos, de aneurisma cerebral.

VIVENDO UMA REPRISE

Em 7 de setembro de 1999 o doutor Allan Zarkin — mais tarde apelidado de "Dr. Zorro" — usou o bisturi para gravar suas iniciais no abdome de uma mãe, depois de realizar uma cirurgia cesariana nela. Um Z de 7,6 por 2,5 centímetros ficou gravado de maneira permanente na barriga da parturiente.

APÊNDICE

O CÓDIGO DA MORTE

Para apreciar verdadeiramente a grandeza e a natureza inexorável da capacidade humana de resistência e restabelecimento, basta considerar os detalhes surpreendentes encontrados nos relatórios de autópsias. As constatações das cirurgias de necropsia comprovam que o corpo humano é uma máquina milagrosamente durável, capaz de resistir a uma quantidade inacreditável de excessos auto-impostos e à deterioração ambiental inevitável. Quando uma pessoa morre sob circunstâncias incomuns, os exames médico e toxicológico de seu corpo procuram determinar a causa do óbito. Na década de 1950, quase todas as pessoas que morriam em um hospital eram submetidas a autópsia; hoje, porém, isso é feito com menos de 10% delas. Todos os óbitos precisam ser classificados sob uma das seguintes rubricas: natural, acidental, homicídio, suicídio ou causa indeterminada. "Natural" é interpretado como sendo o resultado final de mais de 3 mil doenças conhecidas que podem levar à morte. Quando uma pessoa morre e suspeita-se de que a causa se enquadre em uma das outras quatro categorias, é de praxe realizar uma autópsia, embora esta não seja obrigatória, exceto se fizer parte de uma investigação criminal. A autópsia traz à tona muitas pistas e causalidades, mas a medicina legal é uma ciência ainda sujeita à interpretação criteriosa do patologista. Não obstante os sistemas de codificação médica existentes, como a Classificação Internacional de Doenças ICD-9-CM e a SNOMED (Nomenclatura Sistematizada de Informação Médica), o problema da busca da criação de um registro padronizado do modo como os seres humanos realmente morrem deve-se à virtual impossibilidade de se chegar a uma análise unívoca. O que uma pessoa vê como sendo marrom-claro, por exemplo, outra pode chamar de castanho. Mesmo com milhares de códigos relativos a todos os aspectos das enfermidades e das funções corporais, a precisão depende da inserção correta das informações no sistema. O emprego ou não de linguagem natural ou codificada é algo que ainda está em discussão entre os profissionais que realizam autópsias. Contudo, embora as conclusões da autópsia devam ser apresentadas num contexto criminal, o relatório precisa empregar termos que o leigo seja capaz de ler e compreender.

OS DETALHES TÉCNICOS

Os relatórios de autópsias seguem uma fórmula predeterminada, começando pela descrição do cadáver que o médico tem à sua frente. O relatório indica se o corpo, quando tocado, está frio, se a pele está arroxeada, amarelada ou azulada, e descreve a extensão da rigidez dos membros, criando uma imagem expressiva. São mencionados também o comprimento e a cor dos cabelos, além do penteado. A situação e o ambiente em que o corpo foi encontrado, além das informações de que o legista dispõe sobre as circunstâncias da morte, criam o ambiente do mistério da necropsia. Cada parte do cadáver é submetida a um escrutínio final minucioso, do qual provavelmente nunca foi alvo em vida: cada pequena cicatriz, a condição dos dentes e da língua, o formato das orelhas, o tamanho do pênis ou a largura da vagina, as lacerações do ânus. Então, com bisturi, é feita uma incisão em formato de Y para o deslocamento da caixa torácica, com um estalido que lembra o som de um graveto ao ser quebrado. Os órgãos internos, até agora vistos apenas com a ajuda de raio X, são manuseados, retirados e colocados na balança, ainda pingando. Um cadáver desmontado parte por parte relata a história de como a pessoa viveu sua vida, a partir de um ponto de vista clínico. Os pulmões podem revelar quantos maços de cigarros a pessoa pôde fumar, por exemplo, mas não há como saber quantas vezes os pulmões se encheram de ar para assoprar as velas de um bolo de aniversário. Também o cérebro, retirado do crânio e cortado do tronco cerebral, é uma massa densa de tecidos, repleta de sulcos e dobras. Uma vez colocado em uma bandeja de aço inoxidável, não parece ser um monumento à vida. Para determinar a verdadeira *causa mortis* é necessário o enfoque de uma mente científica arguta, não anuviada por sentimentos ou distraída por devaneios metafísicos — que não se detenha, por exemplo, em reflexões sobre o significado e o mistério da própria vida.

Nota editorial: os procedimentos acima descritos se referem à prática e às condições vigentes nos Estados Unidos da América.

PALAVRAS FINAIS

SEGUEM OS DIZERES OFICIAIS CONSTANTES DOS ATESTADOS DE ÓBITO DE ALGUNS FAMOSOS E RICOS:

[Nome / data da morte / idade / *causa mortis*]

Bud Abbott / 24 de abril de 1975 / 75 / falência respiratória DEVIDA A AVC agudo E metástase cerebral

Claude Atkins / 27 de janeiro de 1997 / 67 / parada cardiopulmonar DEVIDA A falência cardíaca congestiva E câncer do estômago com metástases

Jack Albertson / 25 de novembro de 1981 / 74 / adenocarcinoma do cólon DEVIDO A metástases do fígado E adenocarcinoma do cólon

Irwin Allen / 2 de novembro de 1991 / 75 / parada cardiopulmonar DEVIDA A infarto agudo do miocárdio E aterosclerose cardíaca

Morey Amsterdam / 27 de outubro de 1996 / 87 / parada cardiopulmonar DEVIDA A infarto agudo do miocárdio E doença coronária arterial

Dame Judith Anderson / 2 de janeiro de 1992 / 94 / falência respiratória DEVIDA A tumor cerebral – primário

Royce Applegate / 1º de janeiro de 2003 / 63 / inalação de fumaça

Eve Arden / 12 de novembro de 1990 / 82 / parada cardíaca DEVIDA A doença cardíaca arteriosclerótica

Mary Astor / 25 de setembro de 1987 / 81 / falência respiratória DEVIDA A enfisema pulmonar

Eleanor Audley / 25 de novembro de 1991 / 86 / parada cardiorrespiratória aguda DEVIDA A infarto agudo do miocárdio E doença cardíaca hipertensiva crônica

Gene Autry / 2 de outubro de 1998 / 91 / parada cardiopulmonar

DEVIDA A falência respiratória E linfoma

Hermione Baddeley / 19 de agosto de 1986 / 77 / parada cardiorrespiratória DEVIDA A necrose cortical E oclusão arterial cerebral

Bonny Bakley / 4 de maio de 2001 / 44 / múltiplos ferimentos de bala

Red Barry / 17 de julho de 1980 / 69 / ferimento de bala que perfurou cabeça e pescoço

Ethel Barrymore / 18 de junho de 1959 / 79 / infarto pulmonar DEVIDO A doença cardíaca arteriosclerótica E arteriosclerose generalizada

Billy Barty / 23 de dezembro de 2000 / 76 / parada cardiopulmonar DEVIDA A aterosclerose cardiovascular

Ralph Bellamy / 29 de novembro de 1991 / 87 / insuficiência cardíaca DEVIDA A doença obstrutiva pulmonar crônica

William Bendix / 14 de dezembro de 1964 / 58 / pneumonia

Jack Benny / 26 de dezembro de 1974 / 80 / carcinoma do pâncreas

Paul Bern / 5 de setembro de 1932 / 42 / ferimento de bala na cabeça

Ted Bessel / 6 de outubro de 1996 / 61 / parada cardíaca DEVIDA A aneurisma da aorta

Carl Betz / 18 de junho de 1978 / carcinoma broncogênico

Amanda Blake / 16 de agosto de 1989 / 60 / parada cardiopulmonar DEVIDA A falência hepática E hepatite por CMV

Madge Blake / 19 de fevereiro de 1989 / 69 / arteriosclerose cardiovascular DEVIDA A fratura do tornozelo esquerdo

Mel Blanc / 10 de julho de 1989 / 81 / colapso cardiopulmonar DEVIDO A coma E derrame

Joan Blondell / 25 de dezembro de 1979 / leucemia mielóide

Humphrey Bogart / 14 de janeiro de 1957 / 57 / carcinomatose generalizada DEVIDA A carcinoma do esôfago

Ray Bolger / 15 de janeiro de 1987 / 83 / câncer celular transicional metastático da bexiga

Margaret Booth / 28 de outubro de 2002 / 104 / falência respiratória DEVIDA A pneumonia E acidente vascular cerebral

Clara Bow / 17 de setembro de 1965 / 58 / trombose coronariana DEVIDA A aterosclerose coronariana

William Boyd / 12 de setembro de 1972 / 77 / broncopneumonia e falência cardíaca congestiva DEVIDA A carcinoma celular escamoso metastático — causa primária desconhecida

Lloyd Bridges / 10 de março de 1998 / 85 / parada cardiopulmonar DEVIDA A falência cardíaca congestiva

Charles Bronson / 30 de agosto de 2003 / 81 / falência respiratória DEVIDA A câncer pulmonar metastático

Foster Brooks / 20 de dezembro de 2001 / 89 / parada cardiorrespiratória DEVIDA A doença cardíaca arteriosclerótica

Mae Busch / 26 de abril de 1946 / 44 / carcinomatose DEVIDA A carcinoma retal

Francis X. Bushman / 23 de agosto de 1966 / 83 / hemopericárdio maciço DEVIDO A infarto do miocárdio recente, com ruptura E trombose coronariana

Spring Byington / 7 de setembro de 1971 / 84 / carcinoma retal

Rory Calhoun / 28 de abril de 1999 / 76 / parada cardiorrespiratória DEVIDA A enfisema

Eddie Cantor / 10 de outubro de 1964 / 72 / infarto do miocárdio DEVIDO A doença cardíaca arteriosclerótica

Truman Capote / 25 de agosto de 1984 / 59 / adiado

Macdonald Carey / 21 de março de 1994 / 81 / parada cardiopulmonar DEVIDA A câncer pulmonar metastático E adenocarcinoma pulmonar primário

Nell Carter / 23 de janeiro de 2003 / 54 / adiado

John Cassavetes / 3 de fevereiro de 1989 / 59 / falência hepática DEVIDA A cirrose do fígado

Jeff Chandler / 17 de junho de 1961 / 42 / choque — colapso vascular periférico DEVIDO A septicemia por estafilococo E pneumonite

Lon Chaney / 26 de agosto de 1930 / 47 / carcinoma do brônquio direito superior

Lana Clarkson / 3 de fevereiro de 2003 / 40 / ferimento a bala na cabeça e no pescoço

Rosemary Clooney / 29 de junho de 2002 / 74 / parada respiratória DEVIDA A câncer pulmonar terminal

James Coburn / 18 de novembro de 2002 / 74 / parada cardíaca DEVIDA A doença arterial coronariana

Imogene Coca / 2 de junho de 2001 / 92 / acidente vascular cerebral DEVIDO A doença de Alzheimer

Iron Eyes Cody / 4 de janeiro de 1999 / 94 / parada cardiorrespiratória DEVIDA A falência cardíaca congestiva

Ray Collins / 11 de julho de 1965 / 75 / broncopneumonia terminal DEVIDA A enfisema pulmonar

Bert Convy / 15 de julho de 1991 / 57 / parada cardíaca DEVIDA A glioblastoma multiforme

Jackie Coogan / 1º de março de 1984 / 69 / parada cardíaca DEVIDA A doença cardíaca arteriosclerótica E doença cardiovascular hipertensiva

Gary Cooper / 13 de maio de 1961 / 60 / carcinoma do cólon

Ellen Corby / 14 de abril de 1999 / 87 / falência cardiopulmonar DEVIDA A enterocolite isquêmica

Lou Costello / 3 de março de 1959 / 52 / fibrilação ventricular

Broderick Crawford / 26 de abril de 1986 / 74 / parada respiratória DEVIDA A pneumonia

Richard Crenna / 17 de janeiro de 2003 / 76 / carcinoma do pâncreas

Hume Cronyn / 15 de junho de 2003 / 91 / hemoptise DEVIDA A trombocitopenia E carcinoma metastático da próstata

Robert Cummings / 2 de dezembro de 1990 / 80 / parada cardíaca DEVIDA A hipotensão E púrpura trombocitopênica trombótica

Dorothy Dandridge / 8 de setembro de 1965 / 42 / intoxicação medicamentosa aguda DEVIDA A ingestão de tofranil

Rodney Dangerfield / 5 de outubro de 2004 / 82 / sepse DEVIDA A colite isquêmica E aterosclerose cardíaca vascular

Brad Davis / 8 de setembro de 1991 / 41 / infecção por *Mycobacterium avium* DEVIDA A aids E histórico de abuso de drogas intravenosas

Albert Dekker / 5 de maio de 1968 / 52 / asfixia DEVIDA A sufocação E constrição do pescoço por ligaduras

Cecil B. DeMille / 21 de janeiro de 1959 / 77 / falência cardíaca congestiva DEVIDA A trombose coronariana E infarto do miocárdio

Peter Deuel / 31 de dezembro de 1971 / 31 / destruição cerebral DEVIDA A ferimento a bala na cabeça

Selma Diamond / 13 de maio de 1985 / 64 / carcinoma broncogênico

Troy Donahue / 2 de setembro de 2001 / 65 / parada cardíaca DEVIDA A choque cardiogênico E infarto do miocárdio

David Doyle / 26 de fevereiro de 1997 / 67 / edema pulmonar agudo DEVIDO A infarto agudo do miocárdio E doença cardíaca arteriosclerótica

Marie Dressler / 28 de julho de 1934 / 62 / falência cardíaca congestiva

Dominique Dunne / 4 de novembro de 1982 / 22 / encefalopatia anóxica DEVIDA A estrangulamento

Irene Dunne / 4 de setembro de 1990 / 88 / insuficiência do miocárdio DEVIDA A arteriosclerose generalizada

Jimmy Durante / 29 de janeiro de 1980 / 86 / pneumonia terminal

Wyatt Earp / 13 de janeiro de 1929 / 80 / cistite crônica DEVIDA A próstata hipertrofiada

Hope Emerson / 24 de abril de 1960 / 62 / carcinoma do cólon com metástases hepática e pulmonar

Harry Essex / 6 de fevereiro de 1997 / 86 / parada cardiopulmonar DEVIDA A doença cardíaca arteriosclerótica

Douglas Fairbanks / 12 de dezembro de 1939 / 56 / arteriosclerose E esclerose coronariana DEVIDA A oclusão coronariana

Norman Fell / 14 de dezembro de

1998 / 74 / falência cardiopulmonar DEVIDA A pneumonia E mieloma múltiplo

Verna Felton / 14 de dezembro de 1966 / 76 / falência cardíaca DEVIDA A AVC E doença cardíaca arteriosclerótica

W. C. Fields / 22 de dezembro de 1946 / 76 / cirrose do fígado DEVIDA A alcoolismo crônico

Susan Fleming / 22 de dezembro de 2002 / 94 / falência cardiopulmonar DEVIDA A cardiomiopatia E infarto do miocárdio E provável doença arterial coronariana

Henry Fonda / 12 de agosto de 1982 / 77 / parada cardiorrespiratória DEVIDA A falência cardíaca crônica E cardiopatia restritiva

James Franciscus / 8 de julho de 1991 / 57 / parada respiratória DEVIDA A pneumonia aspirativa E encefalopatia anóxica E cardiomiopatia

John Frankenheimer / 6 de julho de 2002 / 72 / infarto cerebral bilateral DEVIDO A embolia pulmonar E câncer pulmonar metastático E metástase espinhal torácica

William Frawley / 3 de março de 1966 / 79 / insuficiência do miocárdio DEVIDA A arteriosclerose

Allen Funt / 5 de setembro de 1999 / 84 / falência cardíaca congestiva DEVIDA A cardiomiopatia

Clark Gable / 16 de novembro de 1960 / 59 / trombose coronariana

Magda Gabor / 6 de junho de 1997 / 78 / sepse DEVIDA A falência renal aguda E pionefrite

Gretchen Gailing / 15 de junho de 1961 / 45 / falência cardiorrespiratória DEVIDA A carcinoma extremo do ovário

Janet Gaynor / 14 de setembro de 1984 / 77 / pneumonia DEVIDA A suspeita de complicação de traumatismo

Christopher George / 29 de novembro de 1983 / 52 / fibrilação ventricular DEVIDA A insuficiência coronariana E arteriosclerose coronariana

John Gilbert / 9 de janeiro de 1936 / 38 / miocardite aguda (álcool) DEVIDA A alcoolismo crônico

Trevor Goddard / 14 de outubro de 1962 / 40 / intoxicação múltipla por drogas

Alexander Godunov / encontrado em 18 de maio de 1995 / 45 / alcoolismo crônico

Ronald Goldman / 13 de junho de 1994 / 25 / ferimentos múltiplos por instrumento cortante

Samuel Goldwyn / 31 de janeiro de 1974 / 91 / acidente vascular cerebral DEVIDO A arteriosclerose do coração

Gale Gordon / 30 de junho de 1955 / 89 / parada cardiopulmonar DEVIDA A câncer pulmonar

Stewart Granger / 16 de agosto de 1993 / 80 / falência respiratória crônica DEVIDA A câncer de próstata

Anne Gwynne / 31 de março de 2003 / 84 / infarto cerebral agudo DEVIDO A aterosclerose

Buddy Hackett / 30 de junho de 2003 / 78 / infarto agudo do miocárdio DEVIDO A doença cardíaca arteriosclerótica E diabetes melito

Joan Hackett / 8 de outubro de 1983 / 49 / metástase abdominal DEVIDA A carcinoma celular renal

Oliver Hardy / 7 de agosto de 1957 / 65 / acidente vascular cerebral agudo (trombose) superimposto DEVIDO A afasia hemiplégica direita crônica E aterosclerose generalizada

Jean Harlow / 7 de junho de 1937 / 26 / infecção respiratória aguda; nefrite aguda; uremia

William S. Hart / 23 de junho de 1946 / 81 / pielonefrite aguda DEVIDA A prostatite supurativa crônica com cálculos

Bryan Hartman / 28 de maio de 1998 / 40 / ferimento de bala na cabeça

Gabby Hayes / 9 de fevereiro de 1969 / 83 / infarto agudo do miocárdio DEVIDO A trombose coronariana E doença cardíaca arteriosclerótica

Susan Hayward / 14 de março de 1975 / 57 / convulsão cerebral e broncopneumonia DEVIDAS A câncer do cérebro

William Randolph Hearst / 14 de agosto de 1951 / 88 / acidente vascular cerebral DEVIDO A arteriosclerose

Paul Henreid / 29 de março de 1992 / 84 / parada cardiorrespiratória DEVIDA A falência respiratória progressiva E mal de Parkinson

Jon-Erik Hexum / 18 de outubro de 1984 / 27 / ferimento de bala na cabeça

Bob Hope / 27 de julho de 2003 / 100 / pneumonia

Hedda Hopper / 1º de fevereiro de 1966 / 75 / edema pulmonar agudo DEVIDO A doença cardíaca arteriosclerótica

Curly Howard / 18 de janeiro de 1952 / 48 / hemorragia cerebral DEVIDA A arteriosclerose cerebral

Moe Howard / 4 de maio de 1975 / 77 / câncer do pulmão

Shemp Howard / 22 de novembro de 1955 / 60 / trombose coronariana aguda

Roy Huggins / 3 de abril de 2002 / 87 / falência respiratória DEVIDA A fibrose pulmonar E doença obstrutiva pulmonar

Jill Ireland / 19 de maio de 1990 / insuficiência pulmonar DEVIDA A metástase pulmonar E carcinoma mamário

Graham Jarvis / 16 de abril de 2003 / 72 / mieloma múltiplo

George Jessel / 24 de maio de 1981 / 83 / parada cardiorrespiratória DEVIDA A arteriosclerose

Al Jolson / 23 de outubro de 1950 / 64 / infarto do miocárdio

Carolyn Jones / 3 de agosto de 1983 /

53 / carcinoma metastático DEVIDO A carcinoma do cólon

Danny Kaye / 3 de março de 1987 / 74 / ataque cardíaco DEVIDO A hepatite E hemorragia gastrintestinal

Buster Keaton / 1º de fevereiro de 1966 / 70 / carcinoma pulmonar

Ruby Keeler / 28 de fevereiro de 1998 / 82 / câncer renal metastático

Gene Kelly / 2 de fevereiro de 1996 / 83 / sepse DEVIDA A falência renal aguda E acidente vascular cerebral E diabetes melito

Robert F. Kennedy / 6 de junho de 1968 / 42 / ferimento de bala no mastóide direito, penetrando no cérebro

Percy Kilbride / 11 de dezembro de 1964 / 76 / pneumonia hipostática

Mabel King / 9 de novembro de 1999 / 66 / falência renal terminal

Nancy Kulp / 3 de fevereiro de 1991 / 69 / câncer laríngeo metastático

Fernando Lamas / 8 de outubro de 1982 / 66 / parada cardiorrespiratória DEVIDO A falência renal E carcinoma não diferenciado

Dorothy Lamour / 21 de setembro de 1996 / 81 / parada cardíaca DEVIDA A infarto intestinal E trombose mesentérica E arteriosclerose generalizada

Burt Lancaster / 24 de outubro de 1994 / 80 / doença cardíaca coronariana arteriosclerótica

Walter Lantz / 22 de março de 1994 / 94 / parada cardiopulmonar DEVIDA A falência cardíaca congestiva E regurgitação mitral

Wesley Lau / 30 de agosto de 1984 / 63 / parada cardíaca DEVIDA A infarto agudo do miocárdio E aterosclerose

Stan Laurel / 23 de fevereiro de 1965 / 74 / infarto maciço do miocárdio (posterior) DEVIDO A bloqueio arteriosclerótico do ramo esquerdo

Gypsy Rose Lee / 26 de abril de 1970 / 56 / falência cardíaca congestiva aguda e choque DEVIDOS A câncer do pulmão

Peggy Lee / 21 de janeiro de 2002 / 81 / parada cardiorrespiratória DEVIDA A infarto do miocárdio E aterosclerose cardíaca

Janet Leigh / 3 de outubro de 2004 / 77 / parada cardiopulmonar DEVIDA A cardiomiopatia dilatada

Jack Lemmon / 27 de junho de 2001 / 76 / carcinomatose DEVIDA A câncer metastático da bexiga ao cólon

Audra Lindley / 16 de outubro de 1997 / 79 / leucemia mielogênica aguda

Julie London / 18 de outubro de 2000 / 74 / parada respiratória DEVIDA A doença obstrutiva pulmonar crônica

Richard Long / 21 de dezembro de 1974 / 47 / parada cardíaca DEVIDA A infartos múltiplos do miocárdio E aterosclerose coronariana

Bela Lugosi / 16 de agosto de 1956 / 73 / oclusão coronariana com oclusão do miocárdio DEVIDAS A fibrose

Ida Lupino / 3 de agosto de 1995 / 77 / broncopneumonia DEVIDA A câncer do cólon metastático

Rita Lynn / 21 de janeiro de 1996 / 74 / câncer ovariano metastático

Meredith McRae / 14 de julho de 2000 / 56 / glioblastoma

Fred MacMurray / 5 de novembro de 1991 / 83 / edema pulmonar DEVIDO A síndrome de sepse E infecção do trato urinário

Guy Madison / 6 de fevereiro de 1996 / 74 / parada respiratória DEVIDA A enfisema terminal E histórico de tabagismo

Nancy Marchand / 18 de junho de 2000 / 71 / câncer do pulmão

Helen Martin / 25 de março de 2000 / 88 / parada cardiopulmonar DEVIDA A doença cardiovascular aterosclerótica

Mary Martin / 3 de novembro de 1990 / 77 / câncer do cólon metastático DEVIDO A adenocarcinoma do cólon

Walter Matthau / 1º de julho de 2000 / 79 / parada cardíaca DEVIDA A doença cardíaca aterosclerótica

Victor Mature / 8 de agosto de 1999 / 86 / mielodisplasia

Doug McClure / 5 de fevereiro de 1995 / 59 / parada cardiorrespiratória DEVIDA A câncer pulmonar metastático

Ann Miller / 22 de janeiro de 2004 / 80 / doença cardiovascular arteriosclerótica

Carmen Miranda / 5 de agosto de 1955 / 40 / oclusão coronariana

Robert Mitchum / 1º de julho de 1997 / 79 / parada respiratória DEVIDA A enfisema

Montie Montana / 20 de maio de 1998 / 87 / infarto cerebral direito DEVIDO A arteriosclerose cerebral

Vic Morrow / 23 de julho de 1982 / 53 / ferimentos na cabeça, no pescoço e nos ombros provocados por hélice de helicóptero

Edward Mulhare / 24 de maio de 1997 / 74 / câncer pulmonar metastático

George Nader / 4 de fevereiro de 2002 / 80 / falência cardiopulmonar DEVIDA A pneumonia aspirativa E infartos cerebrais múltiplos E aterosclerose

Alan Napier / 8 de agosto de 1988 / 85 / falência respiratória DEVIDA A pneumonia E embolia pulmonar devida a trombose das veias profundas

Harriet Nelson / 2 de outubro de 1994 / 85 / falência cardiorrespiratória DEVIDA A doença cardíaca arteriosclerótica E hipertensão

Ozzie Nelson / 3 de junho de 1975 / 69 / falência cardíaca DEVIDA A obstrução intestinal neoplásica com irritação E adenocarcinoma metastático (cólon)

Jeanette Nolan / 5 de junho de 1998 / 86 / falência respiratória DEVIDA A acidente cerebrovascular E infarto agudo do miocárdio E doença cardiovascular aterosclerótica

Lloyd Nolan / 27 de setembro de 1985 / 83 / parada respiratória DEVIDA A carcinoma do pulmão

Ramon Novarro / 31 de outubro de 1968 / 69 / sufocação DEVIDA A aspiração de sangue E ferimentos traumáticos múltiplos no rosto, nariz e boca

Alice Nunn / 1º de julho de 1988 / 60 / parada cardiorrespiratória DEVIDA A acidente cardiovascular repetido E arteriosclerose — generalizada

Pat O'Brien / 15 de outubro de 1983 / 83 / parada cardíaca DEVIDA A doença cardíaca arteriosclerótica E oclusão coronariana aguda

Carroll O'Connor / 21 de junho de 2001 / 76 / parada cardíaca DEVIDA A infarto agudo do miocárdio E doença cardíaca arteriosclerótica

Donald O'Connor / 27 de setembro de 2003 / 78 / falência cardíaca congestiva DEVIDA A doença arterial coronariana aterosclerótica

Hugh O'Connor / 28 de março de 1995 / 32 / ferimento de bala na cabeça

Heather O'Rourke / 1º de fevereiro de 1988 / 12 / parada cardiorrespiratória DEVIDA A suspeita de choque séptico E obstrução intestinal aguda

LaWanda Page / 14 de setembro de 2002 / 81 / parada cardiopulmonar DEVIDA A choque séptico E sepse fúngica E diabetes

Bert Parks / 2 de fevereiro de 1992 / 99 / pneumonia intersticial DEVIDA A câncer do pulmão

Louella Parsons / 9 de dezembro de 1972 / 91 / acidente cardiovascular DEVIDO A arteriosclerose generalizada

Gregory Peck / 12 de junho de 2003 / 87 / parada cardiorrespiratória DEVIDA A broncopneumonia

George Peppard / 8 de maio de 1994 / 65 / falência respiratória DEVIDA A leucemia

Anthony Perkins / 12 de setembro de 1992 / 60 / bacteremia Gram-negativa DEVIDA A pneumonite bilateral E aids

River Phoenix / 31 de outubro de 1993 / 23 / intoxicação aguda por drogas múltiplas

Mary Pickford / 29 de maio de 1979 / 85 / hemorragia cerebrovascular DEVIDA A doença cardíaca arteriosclerótica crônica E miocardite crônica

Cole Porter / 15 de outubro de 1964 / 73 / insuficiência do miocárdio DEVIDA A pielonefrite, broncopneumonia bilateral E enfisema, arteriosclerose

Robert Preston / 21 de março de 1987 / 68 / falência renal DEVI-

DA A carcinoma metastático de fígado e do pulmão E carcinoma primário da língua e do céu da boca

Vincent Price / 25 de outubro de 1993 / 82 / enfisema DEVIDO A carcinoma do pulmão

Freddie Prinze / 29 de janeiro de 1977 / 22 / ferimento de bala na cabeça

George Raft / 24 de novembro de 1980 / 85 / parada cardiorrespiratória DEVIDA A broncopneumonia aguda E enfisema pulmonar grave

Dirk Rambo / 5 de fevereiro de 1967 / 25 / queimaduras térmicas extensas em todo o corpo

Martha Raye / 19 de outubro de 1994 / pneumonia aspirativa DEVIDA A infarto cerebral múltiplo E arteriosclerose

Donna Reed / 14 de janeiro de 1986 / 64 / carcinoma metastático do pâncreas

Robert Reed / 12 de maio de 1992 / 59 / linfoma do cólon

Lee Remick / 2 de julho de 1991 / 55 / metástase cerebral

Tommy Rettig / 15 de fevereiro de 1996 / 54 / adiado

John Ritter / 11 de setembro de 2003 / 54 / parada cardiopulmonar DEVIDA A aneurisma aórtico torácico dissector ascendente

Edward G. Robinson / 26 de janeiro de 1973 / 79 / carcinoma metastático da bexiga

Robert Rockwell / 25 de janeiro de 2003 / 86 / parada cardiopulmonar DEVIDA A câncer de próstata metastático

Roy Rogers / 6 de julho de 1998 / 86 / falência cardíaca congestiva DEVIDA A doença cardíaca arteriosclerótica

Cesar Romero / 1º de janeiro de 1994 / 86 / parada cardiorrespiratória DEVIDA A embolia pulmonar E tromboflebite — perna direita E bronquite

Charlie Ruggles / 23 de dezembro de 1970 / 84 / carcinoma do cólon

Gail Russell / 27 de agosto de 1961 / 35 / esteatose hepática grave DEVIDA A alcoolismo agudo e crônico

Rosalind Russell / 28 de novembro de 1976 / 69 / obstrução intestinal DEVIDA A carcinoma da mama

Fran Ryan / 15 de janeiro de 2000 / 83 / arritmia cardíaca DEVIDA A doença arterial coronariana

George C. Scott / encontrado em 22 de setembro de 1999 / 71 / aneurisma aórtico abdominal roto

Randolph Scott / 2 de março de 1987 / 89 / descompensação cardíaca DEVIDA A doença coronariana cerebral arteriosclerótica

E. C. Segar / 13 de outubro de 1938 / 43 / cirrose portal

Ann Sheridan / 21 de janeiro de 1967 / 51 / adenocarcinoma gástrico esofágico com metástases hepáticas maciças

Elizabeth Short / 14 ou 15 de janeiro de 1947 / 22 / hemorragia e choque DEVIDOS A concussão cerebral E lacerações faciais

Bugsy Siegel / 20 de junho de 1947 / 41 / hemorragia cerebral DEVIDA A ferimento a bala na cabeça

Phil Silvers / 1º de novembro de 1985 / 74 / parada cardíaca DEVIDA A doença cardíaca coronariana arteriosclerótica

Nichole Brown Simpson / encontrada em 13 de junho de 1994 / 35 / ferimentos múltiplos por instrumento cortante

Hal Smith / encontrado em 28 de janeiro de 1994 / 77 / doença cardiovascular arteriosclerótica

Barbara Stanwyck / 20 de janeiro de 1990 / 82 / pneumonia DEVIDA A doença obstrutiva pulmonar crônica E enfisema

Craig Stevens / 10 de maio de 2000 / 81 / linfoma maligno

Jimmy Stewart / 2 de julho de 1997 / 89 / parada cardíaca DEVIDA A embolia pulmonar E trombose da perna direita

Robert Stack / 14 de maio de 2003 / 84 / infarto do miocárdio DEVIDO A doença arterial coronariana

Florence Stanley / 3 de outubro de 2003 / 79 / acidente cardiovascular

Rod Steiger / 9 de julho de 2002 / 77 / falência respiratória DEVIDA A sepse E falência renal E câncer pancreático

Inger Stevens / 30 de abril de 1970 / 35 / intoxicação aguda por barbitúricos DEVIDA A ingestão de overdose

Jay Stewart / 17 de setembro de 1989 / 71 / ferimento de bala na cabeça

Dorothy Stratten / encontrada em 14 de agosto de 1980 / 20 / ferimento de bala na cabeça

Lyle Talbot / 3 de março de 1996 / 94 / falência cardíaca congestiva DEVIDA A aterosclerose coronariana

Natalie Talmadge / 19 de junho de 1969 / 69 / edema pulmonar agudo maciço DEVIDO A doença cardiovascular arteriosclerótica

William Talman / 30 de agosto de 1968 / 53 / carcinoma broncogênico

Jessica Tandy / 11 de setembro de 1994 / 85 / parada cardiopulmonar DEVIDA A câncer ovariano

Sharon Tate / 9 de agosto de 1969 / 26 / ferimentos múltiplos no peito e nas costas provocados por arma perfurante, penetrando coração, pulmões e fígado e provocando hemorragia maciça

Vic Tayback / 25 de maio de 1990 / 60 / doença cardiovascular arteriosclerótica

Robert Taylor / 8 de junho de 1969 / 57 / câncer do pulmão

Danny Thomas / 6 de fevereiro de 1991 / 79 / parada cardiorrespiratória DEVIDA A edema pulmonar agudo E infarto agudo do miocárdio

Lawrence Tierney / 26 de fevereiro de 2002 / 82 / parada cardíaca DEVIDA A falência cardíaca congestiva E hipertensão

Mel Tormé / 5 de junho de 1999 / 73 / parada cardiopulmonar DEVIDA A falência cardíaca congestiva E doença cardíaca coronariana E diabetes melito

Claire Trevor / 8 de abril de 2000 / 90 / colapso cardiopulmonar DEVIDO A falência respiratória aguda E pneumonia

Bobby Troup / 7 de fevereiro de 1999 / 80 / parada cardiopulmonar DEVIDA A edema pulmonar E infarto do miocárdio E pneumonia

Lana Turner / 29 de junho de 1995 / 74 / câncer da nasofaringe

Robert Urich / 16 de abril de 2002 / 55 / parada cardiopulmonar DEVIDA A falência múltipla dos órgãos E sarcoma metastático

Vivian Vance / 17 de agosto de 1979 / 64 / parada cardiorrespiratória DEVIDA A carcinoma metastático

Nancy Walker / 25 de março de 1992 / 69 / adenocarcinoma de ambos os pulmões

Lew Wasserman / 3 de junho de 2002 / 89 / parada cardiorrespiratória DEVIDA A acidente cerebrovascular E hipertensão essencial

Ethel Waters / 1º de setembro de 1977 / 80 / falência renal DEVIDA A carcinoma endometrial metastático

Clifton Webb / 13 de outubro de 1966 / 76 / falência cardíaca congestiva aguda DEVIDA A falência cardíaca crônica E doença cardíaca aterosclerótica

Lawrence Welk / 17 de maio de 1992 / 89 / broncopneumonia

Orson Welles / 10 de outubro de 1985 / 70 / colapso cardiopulmonar

Mae West / 22 de novembro de 1980 / 87 / trombose cerebral

Mary Wickes / 22 de outubro de 1995 / 79 / falência renal aguda DEVIDA A sangramento gastrintestinal maciço E hipertensão grave E cardiomiopatia isquêmica

Billy Wilder / 27 de março de 2002 / 95 / falência respiratória DEVIDA A pneumonia

Walter Winchell / 20 de fevereiro de 1972 / 74 / parada cardíaca DEVIDA A carcinoma metastático da próstata

Marie Windsor / 10 de dezembro de 2000 / 80 / parada cardiopulmonar DEVIDA A doença vascular arteriosclerótica

Natalie Wood / encontrada em 29 de novembro de 1981 / 43 / afogamento

FONTES

Atestados de óbito: não existe uma fonte nacional única nos Estados Unidos da qual se possa obter certidões de óbito. Cada estado registra e arquiva os atestados de óbito originais dos cidadãos nele residentes. Apenas treze dos estados dos EUA são classificados como "estados abertos", o que significa que a maioria das certidões de óbito existentes no país já deixou de fazer parte do registro público. Citando o interesse em coibir o roubo de identidades e proteger a segurança nacional, vários legislativos estaduais impedem o acesso a muitos documentos históricos. O pesquisador pode, entretanto, solicitar uma "reprodução para finalidade informativa" ou uma cópia não-autenticada, sem o selo em relevo que aparece em documentos oficiais. Mesmo nos estados "fechados", muitos registros são isentos das restrições de privacidade, a partir de prazos que variam de estado a estado. Na Flórida, por exemplo, os registros arquivados antes de 1950 são abertos, ao passo que os arquivados após esse ano demandam um inquérito ou pedido especial para a obtenção de cada documento que se procura. Os registros utilizados neste livro foram obtidos das seguintes fontes:

Registros Vitais do Alabama: http://ph.state.al.us/chs/VitalRecords/
Burô de Estatísticas Vitais do Alasca: http://www.hss.state.ak.us/dph/bvs/
Escritório de Registros Vitais do Arizona: http://www.azdhs.gov/vitalrcd/death_index.htm
Departamento de Saúde do Arkansas: http://www.healthyarkansas.com/
Escritório de Registros Vitais da Califórnia: http://www.dhs.ca.gov/
Departamento de Ambiente de Saúde Pública do Colorado: http://www.cdphe.state.co.us/
Registros Vitais de Connecticut: http://www.dph.state.ct.us/PB/HISR/Vital_Records.htm

Escritório de Estatísticas Vitais de Delaware: http://www.dhss.delaware.gov/dhss/

Divisão de Registros Vitais do Distrito de Colúmbia: http://www.dchealth.dc.gov/

Departamento de Saúde da Flórida: http://www.cdc.gov/nchs/howto/w2w/florida.htm

Departamento de Recursos Humanos da Geórgia: http://health.state.ga.us/programs/

Departamento de Saúde do Estado do Havaí: http://www.hawaii.gov/health/vital-records

Unidade de Estatísticas Vitais de Idaho: http://www.healthandwelfare.idaho.gov/Default.aspx

Departamento de Saúde Pública de Illinois: http://www.idph.state.il.us/

Departamento de Saúde do Estado de Indiana: http://www.in.gov/isdh/index.htm

Departamento de Saúde Pública de Iowa: http://www.idph.state.ia.us/

Escritório de Estatísticas Vitais do Kansas: http://www.kdheks.gov/vital/

Escritório de Estatísticas Vitais do Kentucky: http://chfs.ky.gov/dph/

Escritório de Saúde Pública da Louisiana: http://www.dhh.louisiana.gov/offices/

Departamento de Serviços Humanos do Maine: http://www.maine.gov/

Departamento de Saúde e Higiene Mental de Maryland: http://www.vsa.state.md.us/

Registro de Estatísticas Vitais de Massachusetts: http://www.mass.gov/

Registros Vitais de Michigan: http://www.mdch.state.mi.us/

Departamento de Saúde de Minnesota: http://www.health.state.mn.us/

Departamento Estadual de Saúde do Mississípi: http://www.msdh.state.ms.us/

Departamento de Saúde do Missouri: http://www.dhss.mo.gov/BirthAndDeathRecords/

Departamento de Saúde Pública de Montana: http://www.dphhs.mt.gov/

Registros Vitais de Nebraska: http://www.hhss.ne.gov/vitalrecords/

Escritório de Registros Vitais de Nevada: http://health2k.state.nv.us/

Devisão de Estatísticas Vitais de New Hampshire: http://www.sos.nh.gov/vitalrecords/

Estatísticas Vitais de Nova Jersey: http://www.state.nj.us/health/vital/index.shtml

Registros Vitais do Novo México: http://www.health.state.nm.us/

Registros Vitais do Estado de Nova York: http://www.health.state.ny.us/

Departamento de Saúde da Cidade de Nova York: http://www.nyc.gov/health
Registros Vitais da Carolina do Norte: http://www.schs.state.nc.us/SCHS/
Departamento de Saúde de Dakota do Norte: http://www.health.state.nd.us/vital/
Departamento de Saúde de Ohio: http://www.vitalrec.com/oh.html
Departamento Estadual de Saúde de Oklahoma: http://www.health.state.ok.us/
Registros Vitais do Oregon: http://arcweb.sos.state.or.us/reference.html
Divisão de Registros Vitais da Pensilvânia: http://www.dsf.health.state.pa.us/health/
Departamento de Saúde de Rhode Island: http://www.health.ri.gov/
Escritório de Registros Vitais da Carolina do Sul: http://www.scdhec.net/administration/vr/
Departamento de Saúde de Dakota do Sul: http://www.state.sd.us/doh/vitalrec/vital.htm
Registros Vitais do Tennessee: http://www2.state.tn.us/health/vr/index.htm
Departamento de Saúde do Texas: http://www.dshs.state.tx.us/vs/
Escritório de Registros Vitais de Utah: http://health.utah.gov/vitalrecords/
Departamento de Saúde de Vermont: http://healthvermont.gov/
Departamento Estadual de Saúde da Virgínia: http://www.vdh.state.va.us/
Centro de Estatísticas de Saúde de Washington: http://www.doh.wa.gov/
Escritório de Registros Vitais da Virgínia Ocidental: http://www.wvdhhr.org/
Registros Vitais do Estado de Wisconsin: http://www.dhfs.state.wi.us/vitalrecords/
Serviço de Registros Vitais de Wyoming: http://wdhfs.state.wy.us/vital_records/

Os relatórios de autópsias foram obtidos dos departamentos de Medicina Legal dos condados ou municípios em que as mortes ocorreram. A maioria dos departamentos atende a pedidos feitos por pessoas que não são familiares dos mortos, desde que o relatório do médico-legista não faça parte de um inquérito criminal em curso, ou que não tenha tido seu acesso restrito especificamente a pedido dos responsáveis pelo espólio do morto ou do secretário de Justiça responsável pela jurisdição do departamento de Medicina Legal em questão. O local da morte citado no atestado de óbito determinará o departamento de Medicina Legal mais próximo e, a partir disso, se será ou não realizada uma autópsia. A Associação Nacional de Médicos-Legistas (NAME) dos EUA traz uma lista dos patologistas e profissionais da área a ela filiadas: http://www.thename.org/

Os obituários foram obtidos da Biblioteca do Congresso: Arquivos de Jornais / Índices / Necrotérios: http://www.loc.gov/rr/news/oltitles.html; NewspaperArchive.com; NewsLibrary.com; Smalltownpapers.com; Arquivos do *New York Times*: http://query.nytimes.com/; Arquivos do *Chicago Tribune*: http://pqasb.pqarchiver.com/chicagotribune/advancedsearch.html; Arquivos do *The Washington Post*: http://pqasb.pqarchiver.com/washingtonpost/search.html; Arquivos do *Boston Globe*: http://www.boston.com/tools/archives/; Arquivos do *The San Francisco Chronicle*: www.sfgate.com/; *Philadelphia Inquirer*: http://www.philly.com/mld/philly/archives/; *Atlanta Journal Constitution*: http://pqasb.pqarchiver.com/ajc_historic/search.html.

Muitos desses arquivos *online* de jornais, alguns datando da década de 1850, contêm os melhores relatos em primeira mão sobre os defuntos, além de obituários formais.

LEITURAS ADICIONAIS E FONTES CITADAS

Introdução: Trilling, Lionel, *Matthew Arnold*, Norton (1939); McAndrew, Frank, *et al.*, "Of Tabloids and Family Secrets: The Evolutionary Psychology of Gossip", *Journal of Applied Social Psychology* 32 (2002): 1-20; Andrews, Robert, *et al.*, *The Columbia World of Quotations*, Columbia University Press (1996).

História de obituários: Hayles, D. J., "The Roman Census", *Buried History* 9 (1973): 113-32; Graunt, John, "Natural and political observations on the Bills of Mortality", (1661) Ed. Birch, T. 1759; Egerton, Frank N., III., "John Graunt", Gillispie, Charles (ed.), *Dictionary of Scientific Biography*, Charles Scribner's, 1972, pp. 506-508; Coffin, Margaret M., *Death in Early America*, Thomas Nelson Publishers, 1976; Zinnser, H., *Rats, Lice and History*, Penguin, 1936; Moore, G. William, *et al.*, "Determining cause of death in 45,564 autopsy reports", *Theoretical Medicine and Bioethics* 9, nº 2 (1988); Rosen, George, *History of Public Health*, Johns Hopkins University Press,1993; Johnson, Marilyn, *The Dead Beat: Lost Souls, Lucky Stiffs, and the Perverse Pleasures of Obituaries*, HarperCollins Publishers, 2006; Hume, Janice, *Obituaries in American Culture*, University Press of Mississippi, 2000; Sehdev A. E. S., Hutchins G. M. "Problems with proper completion and accuracy of the cause-of-death statement", *Internal Medicine* 161 (2001): 277-84.

Causas de morte: Departamento de Saúde e Serviços Humanos dos EUA, Serviço de Saúde Pública, Centro Nacional de Estatísticas de Saúde. *Physicians' Handbook on Medical Certification of Death*, Government Printing Office, 2003. Publicação nº (phs) 2003-1108 do Departamento de Saúde e Serviços Humanos; Baden, Michael, *Unnatural Death: Confessions of a Medical Examiner*, Ballantine Books, 1990; Maples, Wm., *Dead Men Do Tell Tales*, Main Street Books, 1995; Wecht, Cyril H., *Cause of Death*, Onyx, 1994; Wilson, Keith, D., *Cause of Death*, Writers Digest Books, 1994; Knight, Bernard, *Forensic Pathology*, Hodder Arnold Publication, 1996; Autópsia de Elvis Presley: Escritório de Medicina Legal do Condado de Memphis, Tennessee, Caso 77-1944; Middlebrook, Diane Wood, *Anne Sexton: A Biography*, Houghton Miff in, Co., 1991; Pellegrino Ed, "From the couch to the grave: the Anne Sexton case", *Cambridge Q Healthclinical Ethics* 5 (1996):189-203; Sotos, John G., "Was President Taft cognitively impaired?" *Science News,* outubro de 2003.

História da televisão: Burns, R. W., *Television: An International History of the Formative Years*, London Institution of Electrical Engineers, 1998; Carey, G. R., "Seeing by Electricity", *Scientific American* 42 (junho de 1880): 255; Brooks, Tim, *The Complete Directory to Prime Time Network TV Shows*, Ballantine Books, 1981; Jackson, Ronald, *Classic TV Westerns*, Carol Publishing Group, 1994; Meyers, Ric, *Murder on the Air: Television's Great Mystery Series*, The Mysterious Press, 1989; Schwartz, David, *et al., The Encyclopedia of TV Game Shows*, Checkmark Books, 1999; Gwinn, Allison, ed., *The 100 Greatest Shows of All Time*, Entertainment Weekly Books, 1998; Jarvis, Everett, *Final Curtains*, Carol Publishing Group, 1994; Braudy, Leo, *The Frenzy of Renown: Fame and Its History*, Oxford University Press, 1996; Lasswell, Mark, *TV Guide: Fifty Years of Television*, Crown, 2002; Lewis, Bradley, *My Father, Uncle Miltie*, Barricade Books, 1999; Graysmith, Robert, *The Murder of Bob Crane*, Crown Publishers,1993; Cotter, Bill, *The Wonderful World of Disney Television: A Complete History*, Hyperion, 1997.

História da música: Armstrong, Louis, *Louis Armstrong in His Own Words*, Oxford University Press, 1999; Haney, Daniel Q., "Study: Marijuana Raises Heart Risks", *Medical Editorial*, (AP) 3 de março de 2000; Giddens, Gary, *Satchmo: The Genius of Louis Armstrong*, Da Capo Press, 2001; "Tommy Dorsey Chokes to Death on Food", *New York Times*, 27 de novembro de 1956, págs. 1, 2; "Duke Ellington, a Master of Music,

Dies at 75", *New York Times*, 5 de maio de 1974; Hayden, D., *Pox: Genius, Madness, and the Mysteries of Syphilis*, Basic Books, 2003; Fong-Torres, Ben, *The Hits Just Keep Coming*, Backbeat Books, 2001; Bronson, Fred, *Billboard's Hottest 100 Hits*, Billboard Books, 2003; Randel, Don Michael, *The Harvard Biographical Dictionary of Music*, Harvard University Press, 1996; Romanowski, Patricia, *et al.*, *The Rolling Stone Encyclopedia of Rock & Roll*, Fireside, 1995; Tyler, Don, *Hit Parade*, William Morrow, 1985; "William Donaldson, 54, Song Writer Dies", *New York Times*, 16 de junho de 1947; Crowther, Bruce, *The Jazz Singers*, Sterling Publishing Company, 1986.

Cinema e cultura: Bernstein, Jonathan, *Pretty in Pink: The Golden Age of Teenage Movies*, St. Martin's Griffin, 1997; Bodroghkozy, Aniko, "Reel Revolutionaries: An Examination of Hollywood's Cycle of 1960s Youth Rebellion Films", *Cinema Journal* 41, nº 3 (2002): 38-58; Shipman, David, *The Great Movie Stars: The Golden Years*, Little, Brown & Co., 1995; MacQuarrie, Brian, "Slain Lottery Winner Leaves Mixed Legacy", *Boston Globe*, 11 de maio de 1997; "Lottery winner dies of self neglect", obtido da BBC, terça-feira 22 de janeiro de 2002; Brown, Adele Q., *What a Way to Go*, Chronicle Books, 2001; "Basil King Dead", *New York Times*, 23 de junho de 1928; "Author of Pollyanna Dies", *New York Times*, 23 de maio de 1920; "Booth Tarkington, Novelist Dead", *New York Times*, 20 de maio de 1946; "Bruce Barton, Ad Man, Is Dead", *New York Times*, 6 de julho de 1967; "M. E. Perkins, Scribner's Editor", *New York Times*, 18 de junho de 1947; "Gerald Lee Dead", *New York Times*, 4 de abril de 1944; "Walter B. Pitkin, Author", *New York Times*, 26 de janeiro de 1953.

História antiga: Apeles, Teena, *Women Warriors*, Seal Press, 2003; Pearson, Will, ed., *Mental Floss*, HarperCollins, 2005; Fines, John, *Who's Who in the Middle Ages*, Barnes & Noble Books, 1995; Boyle, David, *et al.*, *History Makers*, Paragon Publishing, 2005; Matyszak, Philip, *Chronicle of the Roman Republic*, Thames & Hudson, 2003; Manley, Bill, *Penguin Historical Atlas of Ancient Egypt*, Penguin Books, 1996; Bagnall, Roger S., *Egypt in Late Antiquity*, Princeton University Press, 1993; Links de História Clássica e Medieval da Biblioteca do Congresso, http://www.loc.gov/rr/main/alcove9/classics.html

Invenções e negócios: Pratt, Fletcher, *All About Famous Inventors*, Random House, 1955; Calhoun, Chris, ed., *52 McGs*, Citadel Press, 2001; Tomecek, Stephen, *What a Great Idea*, Scholastic, 2003; Brands, H. W., *Master of Enterprise*, Simon & Schuster, 1999; "Woolworth Died with Will Undisclosed", *New York Times*, 15 de abril de 1919; "Mrs. Macy Is Dead, Aided Miss Keller", *New York Times*, 21 de outubro de 1936; "Earle E. Dickson, Devised Band-Aid", *New York Times*, 22 de setembro de 1969; "Jesse W. Reno", *New York Times*, 3 de junho de 1947; "Kool-Aid King Leaves Estate of $45 Million", *New York Times*, 8 de novembro de 1961; "Miss Mary Anderson", *New York Times*, 30 de junho de 1953; "Death List of a Day: Lewis Edson Waterman", *New York Times*, 2 de maio de 1901; "Frank Waterman Dies Here", *New York Times*, 7 de maio de 1938; "Dr. W. H. Carrier Dead Here at 73", *New York Times*, 8 de outubro de 1950; "Inventor Ferris Is Dead", *New York Times*, 23 de novembro de 1896; "Marconi Is Dead of Heart Attack", *New York Times*, 20 de julho de 1937; "Leo Gerstenzang, Head of Q-tip, 68", *New York Times*, 2 de fevereiro de 1961.

Cultura *pop* e seus ícones: Forbes, Malcolm, *They Went That-A-Way*, Barnes & Noble Books, 1989; McHenry, Robert, *Famous American Women*, G. & C. Merriam Company, 1980; Siegel, Marvin, ed., *The Last Word*, William Morrow, 1997; Adams, Rachel, *Sideshow U.S.A.*, University of Chicago Press, 2001; Bogdan, Robert, *Freak Show*, University of Chicago Press, 1988; Spignesi, Stephen J., *The U.S.A. Book of Lists*, New Page Books, 1990; Russo, Frank, *et al.*, *Bury My Heart at Cooperstown*, Triumph Books, 2006; "City Forbids Human Flies to Climb Skyscraper Walls", *New York Times*, 11 de abril de 1923; "Jockey Dies as He Wins His First Race", *New York Times*, 5 de junho de 1923; "Parachute Leap off Statue of Liberty", *New York Times*, 13 de fevereiro de 1912; "Woman Goes Over Niagara in a Barrel", *New York Times*, 25 de outubro de 1901.

AGRADECIMENTOS

Agradeço aos membros do HWA pelo Prêmio Bram Stoker, em especial a Peter Straub, Kathy Ptacek, Angeline Hawkins, Rob Reginald, Mike Arnzen e muitos outros mais do que há espaço para citar nominalmente. Aprecio o apoio recebido de Joanne Sinchuk e Bob Williamson, do MWA. Minha gratidão a Lynn e Lewis Riggle, Steve e Patty Largo, Jared, Shafina, Colette, Erik e Joey por seus aplausos. Meu reconhecimento a Michael Largo, Jr., pela ajuda que me deu com as pesquisas, e a minha doce esposa, Susy, por viver comigo. Meus aplausos a meu agente, Frank Weimann, do Literary Group International, e a Joelle Yudin e Mauro DiPreta, que aderiram ao projeto desde o primeiro momento. Este livro não teria sido possível sem a equipe talentosa da HarperCollins, especialmente o editor, Peter Hubbard, cavalheiro e erudito; Carrie Kania, a *publisher*; David Roth-Ey, diretor editorial; o olhar atento da gerente editorial Dori Carlson e do assistente editorial Kolt Beringer; o *designer* Justin Dodd; a gerente de *marketing* Nicole Reardon; a sempre entusiasta agente publicitária Courtney Morrow, e os muitos profissionais dedicados e dinâmicos da equipe de vendas. Para concluir, agradeço aos familiares das muitas pessoas listadas no livro por suas conversas e correspondência. Saibam que estendo minhas condolências a todos.

CRÉDITOS DAS IMAGENS

Cadê a Prova: Sande, Joan van. Biblioteca Nacional de Medicina; Bills of Mortality: Biblioteca Nacional de Medicina; Contando os Mortos: Collins, Marjory; Obituário *versus* Realidade: Ilustração de: *Harper's Weekly* (1862); Adler: Divisão de Gravuras e Fotografia da Biblioteca do Congresso; Alexandre, o Grande: gravura de Jacques Reich (1902); Desastres envolvendo músicos: Walcott, Marion. Escritório de Informações de Guerra; Joana d'Arc: Departamento do Tesouro dos Estados Unidos; Inquisição: Brito, Jose. G. Barrie and Son (1901); Arquimedes: *Enciclopédia Probert* (1910); Armstrong: Coleção Fotográfica do *New York World-Telegram* e do Jornal *The Sun*; Astaire: Coleção George Grantham Bain; Polka: Lee, Russell (1903); Astor: Coleção George Grantham Bain; Átila: Biblioteca do Congresso; Machadinha Anônima: Strohmeyer e Wyman (1899); Bach: Sociedade Histórica Estadual do Colorado; Baer: Coleção Fotográfica do *New York World-Telegram* e do Jornal *The Sun*; Balboa: Cady, Annie C. Gebbie and Co. (1893); Ball: Coleção Fotográfica do *New York World-Telegram* e do Jornal *The Sun*; Baron: Departamento de Defesa dos Estados Unidos; Barry: Coleção Fotográfica do *New York World-Telegram* e do Jornal *The Sun*; Barrymore: French, Herbert E., National Photo Company; Beethoven: Divisão de Gravuras e Fotografia da Biblioteca do Congresso; Bergman: Coleção Fotográfica do *New York World-Telegram* e do Jornal *The Sun*; Berle: Coleção Fotográfica do *New York World-Telegram* e do Jornal *The Sun*; Berlin: Aumuller, Al. World Telegram; Blackwell: Ilustração em: Blackwell Family Papers, Box 63, Biblioteca do Congresso; Boone: Divisão de Gravuras e Fotografia da Biblioteca do Congresso; Borden: Coleção George Grantham Bain; As Latas Conquistam o Mundo: Escritório de Informações de Guerra, Divisão de Fotografias do Exterior; Bowser: Coleção de Pôsters da Administração de Obras; Brahms: Divisão de Gravuras e Fotografia da Biblioteca do Congresso; Brando: Divisão de Serviços Especiais de Arquivos de Mídia, Arquivos Nacionais em

College Park; Buck: Divisão de Gravuras e Fotografia da Biblioteca do Congresso; Burke e Wills: cortesia da Biblioteca Nacional da Austrália; Burns: Coleção Fotográfica do *New York World-Telegram* e do Jornal *The Sun*; Burton: Coleção Fotográfica do *New York World-Telegram* e do Jornal *The Sun*; Camus: Coleção Fotográfica do *New York World-Telegram* e do Jornal *The Sun*; Cash: Arquivos Nacionais da Biblioteca Jimmy Carter (NLJC); Charles: Arquivos Nacionais da Equipe de Materiais Presidenciais de Nixon (NLNS); Carnegie: Divisão de Gravuras e Fotografia da Biblioteca do Congresso; Carrier: Horydczak, Theodor (1890); Carver: Rothstein, Arthur; Cary: Divisão de Gravuras e Fotografia da Biblioteca do Congresso; Cather: Coleção Fotográfica Carl Van Vechten; Chamberlain: Divisão de Gravuras e Fotografia da Biblioteca do Congresso; Chalibasvili: Projeto Artístico W. P. A. da Cidade de Nova York; Cleopatra: Divisão de Gravuras e Fotografia da Biblioteca do Congresso; A Morte como Parte do Menu: H. A. Thomas and Wylie Lith. Co.; Cole: Cortesia de Joe Romersa (www.shadowboxstudio.com); Colt: Divisão de Gravuras e Fotografia da Biblioteca do Congresso; Coltrane: Coleção Fotográfica do *New York World-Telegram* e do Jornal *The Sun*; Colombo: Divisão de Gravuras e Fotografia da Biblioteca do Congresso; Confúcio: Ilustração de Johann G. Heck (1851); Conte: Divisão de Gravuras e Fotografia da Biblioteca do Congresso; Cortes: Divisão de Gravuras e Fotografia da Biblioteca do Congresso; Malintzin: W. H. Ferguson Company (1902); Crapper: The Meyer-Sniffen Co., Limited (1895); Crow: Coleção Frances Benjamin Johnston; Curie: Press Illustrating Service, Nova York; Curtis: Divisão de Gravuras e Fotografia da Biblioteca do Congresso; Dandridge: Coleção Fotográfica do *New York World-Telegram* e do Jornal *The Sun*; Darrow: NYC: Projeto Federal de Arte; Decatur: Ilustração de H. R. Robinson; Dickson: Hine, Lewis W.; Dionísio: Museu Nacional de Ciência e Tecnologia; Disney: Coleção Fotográfica do *New York World-Telegram* e do Jornal *The Sun*; Doody: Coleção Fotográfica do *New York World-Telegram* e do Jornal *The Sun*; Drake: Divisão de Gravuras e Fotografia da Biblioteca do Congresso; Doss: Administração Nacional de Arquivos e Registros dos EUA; Eagels: Johnston, Alfred Cheney; Earhart: Coleção Fotográfica do *New York World-Telegram* e do Jornal *The Sun*; Eastman: Coleção George Grantham Bain; Mr. Ed: Divisão de Gravuras e Fotografia da Biblioteca do Congresso; Edison: Divisão de Gravuras e Fotografia da Biblioteca do Congresso; Edwards: Coleção Fotográfica G. Eric e Edith Matson; Einstein: Turner, Oren Jack; Ellington: Divisão de Gravuras e Fotografia da Biblioteca do Congresso; Epperson: Escritório de Informações de Guerra, Divisão de Fotografias do Exterior; Fahrenheit: Divisão de

Gravuras e Fotografia da Biblioteca do Congresso; Farnsworth: Coleção Gottscho-Schleisner; Faulkner: Coleção Fotográfica Carl Van Vechten; Ferris: Foto da Waterman Co.; Fitzgerald: Coleção Fotográfica Carl Van Vechten; Mosca Humana: Coleção National Photo Company; Ford: Coleção National Photo Company; Foster: Pintura de A. B. Leisser; São Francisco: Laurent, J.; Fuller: Underhill, Irving; Gabor: Comitê Nacional de Trabalho Infantil (EUA); Gallo: Coleção Gottsch-Schleiner; Vasco da Gama: Casanova, E. Ernesto; Garland: Coleção Fotográfica do *New York World-Telegram* e do Jornal *The Sun*; Garroway: Sociedade Zoológica de Nova York (1906); Sidarta Gautama: The Universal Photo Art Co.; Gehrig: Administração Nacional de Arquivos e Registros dos EUA; Geronimo: Wittick, Ben; Gershwin: Coleção George Grantham Bain; Mr. Magoo: Coleção Fotográfica do *New York World-Telegram* e do Jornal *The Sun*; Gleason: Coleção Fotográfica do *New York World-Telegram* e do Jornal *The Sun*; Glidden: Administração Nacional de Arquivos e Registros dos EUA; Gorman: Coleção George Grantham Bain; Malcomson: Coleção National Photo Company; Grant: Escritório de Informações de Guerra; Guthrie: Coleção Fotográfica do *New York World-Telegram* e do Jornal *The Sun*; Guttenberg: Sociedade Histórica de Vermont; Hale: Ilustração na *Harper's Weekly* (1860); Harding: Coleção George Grantham Bain; Hayes: Currier and Ives (1880); Hemingway: Divisão de Gravuras e Fotografia da Biblioteca do Congresso; Hendrix: Collier, John; Hepburn: Coleção Fotográfica do *New York World-Telegram* e do Jornal *The Sun*; Heron: Cortesia de www.mlahanas.com; Hitchcock: Coleção Fotográfica do *New York World-Telegram* e do Jornal *The Sun*; Hitler: Divisão de Serviços Especiais de Arquivos de Mídia (NWCS-S), Arquivos Nacionais em College Park; Hoffmann: Biblioteca Nacional de Medicina; Holiday: Coleção Fotográfica Carl Van Vechten; Ésquilo: Fotos AP/Wide World; Honnecout: Divisão de Gravuras e Fotografia da Biblioteca do Congresso; Jackson: Currier e Ives (1872); Jesus: Currier, N. (1848); Johnson: Administração Nacional de Arquivos e Registros dos EUA; Willie Johnson: Coleção Lomax; Jones: Coleção Fotográfica do *New York World-Telegram* e do Jornal *The Sun*; Keller: Whitman, Chelsea; Kelly: Coleção Fotográfica do *New York World-Telegram* e do Jornal *The Sun*; Gilliard: Coleção Fotográfica Carl Van Vechten; Key: Coleção Horydczak; Keynes: Coleção Fotográfica do *New York World-Telegram* e do Jornal *The Sun*; Genghis Khan: Cortesia Coleção de Roy Winkelman; Kubla Khan: Ilustração em *Mongols and Romans*, de John Ranking (1826); Killian: Coleção Fotográfica do *New York World-Telegram* e do Jornal *The Sun*; Mack the Knife: Coleção de Gravuras de Cartuns Britânicos; Kovacs: Divisão de Gravuras e Fotografia da Biblioteca do

Congresso; Kroc: Administração de Segurança Agrícola. Coleção Fotográfica do Escritório de Guerra; Landon: Departamento do Interior; Lassie: Sociedade Histórica Estadual do Colorado; Lee: Divisão de Gravuras e Fotografia da Biblioteca do Congresso; De Leon: de Denison, John Ledyard, ed. Ilustração em : *"Die illustrierte neue Welt"* (Nova York, H. Bill, 1858); Lewis: Coleção Fotográfica do *New York World-Telegram* e do Jornal *The Sun*; Lincoln: Divisão de Gravuras e Fotografia da Biblioteca do Congresso; Ricardo Coração de Leão: Little, Th. G. (1859); Liston: Coleção Fotográfica do *New York World-Telegram* e do Jornal *The Sun*; Livingstone: Ferd. Mayer and Sons; French-Sheldon: Divisão de Gravuras e Fotografia da Biblioteca do Congresso; Loterias: Pintura de Eward Hull, Biblioteca Nacional de Medicina; Ganhador na Loteria: Gravura Russell-Morgan; Lombardi: Coleção Fotográfica do *New York World-Telegram* e do Jornal *The Sun*; Magalhães: Ilustração em *Narrative and Critical History of America*, Winsor (1886); Vaughan: Coleção Fotográfica do *New York World-Telegram* e do Jornal *The Sun*; Harrison: Coleção Fotográfica do *New York World-Telegram* e do Jornal *The Sun*; Marciano: Herb Scharfman, da International News Photos; Marcianos: DeMarsico, Dick; Marx: Coleção Fotográfica do *New York World-Telegram* e do Jornal *The Sun*; McDonald: Vachon, John. Escritório de Informações de Guerra; McNamara: Endicott and Company; Mercer: Coleção Fotográfica do *New York World-Telegram* e do Jornal *The Sun*; Miller: Divisão de Gravuras e Fotografia da Biblioteca do Congresso; Mineo: Divisão de Gravuras e Fotografia da Biblioteca do Congresso; Mitchell: Coleção Fotográfica do *New York World-Telegram* e do Jornal *The Sun*; Montgomery: Coleção Fotográfica do *New York World-Telegram* e do Jornal *The Sun*; Monroe: Administração Nacional de Arquivos e Registros dos EUA Montessori: Coleção George Grantham Bain; Morrison: Largo, S.; Joplin: Kohn, Misch; *Cocaína: Parceria para uma América Livre de Drogas*, Biblioteca Nacional de Medicina; The Who: Gravura Russell-Morgan; Morton: Biblioteca do Congresso; Mozart: Desenho de Eugene A. Perry; Músicos Assassinados: U. S. Printing Co. (1900); Nefertiti: Coleção E. B. Thompson; Buddy Holly: Coleção Fotográfica do *New York World-Telegram* e do Jornal *The Sun*; Músicos Mortos em Desastres Aéreos: Divisão de Gravuras e Fotografia da Biblioteca do Congresso; Nero: The National Ptg. and Eng. Co. (1913); Niágara – Aventureiros: Cortesia da Biblioteca Pública de Rochester; Anna Edson Taylor: Divisão de Gravuras e Fotografia da Biblioteca do Congresso; Suttner: Divisão de Gravuras e Fotografia da Biblioteca do Congresso; Madre Teresa: Administração Nacional de Arquivos e Registros dos EUA; Pasternak: Coleção Fotográfica do *New York World-*

Telegram e do Jornal *The Sun*; Patton: Corpo de Sinaleiros do Exército dos EUA; Péricles: em álbum: *Athens, Egypt, Rhine, Switzerland. Tyrol, Salzburg*; Pizarro: D. M. Kelsey, National Publishing Company (1891); Platão: Divisão de Gravuras e Fotografia da Biblioteca do Congresso; Aristóteles: Baldung Grien, Hans; Pocahontas: Sociedade Histórica Estadual do Colorado; De Long: Departamento Naval dos EUA; Peary: Coleção Fotográfica do *New York World-Telegram* e do Jornal *The Sun*; Minik Wallace: Coleção Fotográfica do *New York World-Telegram* e do Jornal *The Sun*; Cook: Divisão de Gravuras e Fotografia da Biblioteca do Congresso; Henry Robertson Bowers: Biblioteca Nacional da Austrália; Byrd: Departamento da Marinha dos EUA; Marco Polo: Ilustração em *The Travels of Marco Polo* ("*Il milione*"), 1298; Papas: Bouton, A. M. (1835); Pyle: Departamento da Marinha dos EUA; O'Neill: Coleção Fotográfica Carl Van Vechten; Parker: Coleção Fotográfica do *New York World-Telegram* e do Jornal *The Sun*; Pemberton: Coleção Gottscho-Schleisner; Perkins: Horydczak, Theodor; Pollack: Coleção Fotográfica do Escritório de Informações de Guerra; Presley: Escritório de Medicina Legal do Condado de Memphis, Tennessee; Cavaleiro Solitário: Coleção Fotográfica do *New York World-Telegram* e do Jornal *The Sun*; TV Realidade: Escritório de Informações de Guerra dos EUA; Remarque: Coleção Fotográfica do *New York World-Telegram* e do Jornal *The Sun*; Roddenberry: Wladyslaw, Theodore (1873); Roebling: Ilustração em *Harper's Weekly* (1883); Rosenthal: Departamento de Defesa dos EUA; Ruth: Coleção George Grantham Bain; Sacagawea: Departamento do Tesouro dos EUA; Sartre: Coleção Fotográfica do *New York World-Telegram* e do Jornal *The Sun*; Savery: Real Sociedade de Londres; Sócrates: Bijur, A. (1859); Salomão: Gravura Russell-Morgan (1899); Longevidade bíblica: Hariot, Thomas. (1590); De Soto: James Little and Co. (1866); Ramsés II: Coleção Fotográfica G. Eric e Edith Matson; Schubert: Detroit Publishing Co.; Sexton: Dorfman, Elsa; Shaw: Davart Company, NYC (1934); Sinatra: Fotografias de Domínio Público da Biblioteca Franklin D. Roosevelt; Shore: Detroit Publishing Co. (1905); Singer: Coleção Fotográfica do *New York World-Telegram* e do Jornal *The Sun*; Skelton: Divisão de Gravuras e Fotografia da Biblioteca do Congresso; Smith: Coleção Fotográfica Carl Van Vechten; Espártaco: Ream, Vinnie; Steinbeck: Coleção Fotográfica Carl Van Vechten; Serling: Divisão de Gravuras e Fotografia da Biblioteca do Congresso; Ed Sullivan: LaClaire, Maurice Carnes; John Sullivan: Fox, Richard K.; Joe Louis: Coleção Fotográfica Carl Van Vechten; Superman: Escritório de Informações de Guerra, Divisão de Fotografias do Exterior; Taft: Glackens, L. M. Louis; Tesla: Coleção George Grantham Bain; Thorpe: Administração Nacional de Arquivos e Registros dos EUA; Pop Warner: Divisão de Gravuras e Fotografia da Biblioteca do Congresso; Tutankhamon: Divisão de Gravuras e Fotografia da Biblioteca do Congresso; Vallee: Cortesia de Edward Lozzi and Associates Media; Vanderbilt: Coleção George Grantham Bain; Walker: Xilogravura em *Harper's Weekly* (1860); Vespuccio: Galeria Uffizi; Vikings: Ilustração em *Harper's Weekly* (1875); Eles Andaram na Corda Bamba: Baillie, James; Waller: Coleção Fotográfica do *New York World-Telegram* e do Jornal *The Sun*; Washington: Stearns, J. B.; Grant: Divisão de Gravuras e Fotografia da Biblioteca do Congresso; Wayne: Departamento de Defesa dos EUA; Webb: Coleção Fotográfica do *New York World-Telegram* e do Jornal *The Sun*; Wells: Biblioteca Nacional de Medicina; Wharton: Divisão de Gravuras e Fotografia da Biblioteca do Congresso; Whilden: Coleção Fotográfica da Guerra Civil, Biblioteca do Congresso; Wilder: Coleção Fotográfica do *New York World-Telegram* e do Jornal *The Sun*; William I: Ilustração em *History of England*/Paul de Rapin-Thoyras e N. Tindal. Londres (1732); Wilson: Divisão de Gravuras e Fotografia da Biblioteca do Congresso; Wolfe: Coleção Fotográfica Carl Van Vechten; Woollcott: Coleção Fotográfica Carl Van Vechten; Woolworth: Irving Underhill (1912); Wright: Ravenna, Al; Brigham Young: Keppler, J. (1877); Cy Young: Coleção Benjamin K. Edwards; Lester Young: Coleção Fotográfica do *New York World-Telegram* e do Jornal *The Sun*; Robert Young: Coleção Fotográfica do *New York World-Telegram* e do Jornal *The Sun*; Zip-A-Dee-Doo-Dah: Hunter, Thos.; Código de Morte: Guerin, Fritz W.